Java 2
GE-PACKT

Herbert Schildt, Joe O'Neil

Java 2
GE-PACKT

Übersetzung aus dem Amerikanischen von
Jobst Giesecke

Bibliografische Information Der Deutschen Bibliothek
Die Deutsche Bibliothek verzeichnet diese Publikation in der Deutschen Nationalbibliografie; detaillierte bibliografische Daten sind im Internet über http://dnb.ddb.de abrufbar.

ISBN 3-8266-1555-7
2. Auflage 2005

Übersetzung der amerikanischen Originalausgabe:
Jobst Giesecke
Java 2 Programmer's Reference

Printed in Germany

Lektorat: Sabine Schulz
Korrektorat: Peter Heinen
Druck: Kösel, Krugzell
Satz und Layout: G&U e.Publishing Services, Flensburg

mitp

Inhaltsverzeichnis

E Einleitung

Java ist nicht nur die Programmiersprache des Internets sondern stellt gleichzeitig die nächste Stufe in der Entwicklung der Programmiersprachen dar. Die Ursprünge von Java gehen auf C und C++ zurück, wobei die Vorteile beider Sprachen genutzt wurden. Java wurde von James Gosling, Patrick Naughton, Chris Warth, Ed Frank und Mike Sheridan von Sun Microsystems entwickelt. Im Jahre 1991 lautete die Bezeichnung noch *Oak*, im Jahre 1995 wurde die Sprache dann in Java umbenannt. Java fand sehr schnell allgemeine Anerkennung und ist heute zweifellos eine der wichtigsten Programmiersprachen.

Java durchlief eine schnelle und umfangreiche Entwicklung. So wurden beispielsweise beim Wechsel von der Spezifikation 1.0 zur ersten Überarbeitung (Version 1.1) wesentliche funktionale Erweiterungen vorgenommen, wozu auch eine völlig neue Art der Ereignisbehandlung gehörte. Das gilt auch für die letzte größere Überarbeitung: Java 2. Java 2 bewahrte den funktionalen Umfang von Java 1.1, aber eine beträchtliche Anzahl neuer und innovativer Eigenschaften wurde hinzugefügt. Die beiden wichtigsten Erweiterungen sind das Collection Framework und das Swing-Toolset, die beide in diesem Buch behandelt werden.

Dieses Buch beschreibt die wichtigsten Eigenschaften von Java 2, alle Schlüsselwörter und die am häufigsten eingesetzten Bestandteile der API-Bibliothek. Die Java-API definiert Hunderte von Klassen und Methoden. Selbstverständlich können sie nicht alle im Rahmen dieses Handbuchs behandelt werden. Es beschränkt sich auf den

Kern der Java-API sowie auf die Klassen und Methoden, die der Programmierer täglich benötigt. Außerdem wurde ein Anhang zu dem wichtigen Swing-Toolset hinzugefügt. Ferner erörtert dieses Buch für diejenigen Programmierer, die sich mit der Aktualisierung von älterem Code befassen, zahlreiche inzwischen verworfene Methoden.

1 Datentypen und Variablen

Java stellt dem Programmierer ein großes Sortiment vordefinierter Datentypen zur Verfügung. Sie können mit diesen Typen einzelne Variablen oder Arrays erstellen oder sie auch als Rückgabetypen von Methoden verwenden.

Java ist eine stark typorientierte Sprache, und ein guter Teil der Sicherheit und Robustheit von Java basiert letztlich auf dieser Tatsache. Jede Variable gehört zu einem Typ, jeder Ausdruck besitzt einen Typ und jeder Typ ist streng definiert. Alle Zuweisungen, ob sie nun explizit sind oder bei Methodenaufrufen über Weitergabe via Parameter erfolgen, werden auf ihre Typkompatibilität hin geprüft. Es gibt keine automatischen Zwangszuweisungen oder Umwandlungen nicht zusammenpassender Typen, wie dies in einigen anderen Sprachen üblich ist. Der Java-Compiler überprüft alle Ausdrücke und Parameter, um sicherzustellen, dass die Typen kompatibel sind. Jede Typdifferenz gilt als Fehler, der korrigiert werden muss, bevor der Compiler die Klassen abschließend kompiliert.

1.1 Die einfachen Typen

Java definiert acht einfache (das heißt reine oder elementare) Datentypen: `byte`, `short`, `int`, `long`, `char`, `float`, `double` und `boolean`. Diese elementaren Typen stehen für einzelne Werte, nicht für komplexe Objekte. Sie können in vier Gruppen unterteilt werden:

- Ganze Zahlen: `byte`, `short`, `int` und `long`. Hierbei handelt es sich um ganzzahlige Werte mit Vorzeichen
- Gleitkommazahlen: `float` und `double` für rationale Zahlen mit Bruchanteilen
- Zeichen: `char` für die Symbole eines Zeichensatzes wie zum Beispiel Buchstaben und Ziffern
- Boole'sche Werte: `boolean`, ein spezieller Typ für die Darstellung der Werte `true` und `false`

Diese Typen können in einfacher Form, für Arrays oder als eigene Klassentypen verwendet werden. Sie bilden somit die Grundlage aller Datentypen, die erstellt werden können.

Jeder dieser einfachen Typen wird im Folgenden beschrieben.

Ganze Zahlen

Java definiert vier ganzzahlige Typen: `byte`, `short`, `int` und `long`. Alle vier Typen besitzen Vorzeichen. Java unterstützt keine vorzeichenlosen, positiven ganzen Zahlen. In der folgenden Tabelle werden die Breite in Bit und der Wertebereich der ganzzahligen Typen aufgeführt:

Name	Breite in Bit	Wertebereich
`long`	64	-9.223.372.036.854.775.808 bis 9.223.372.036.854.775.807
`int`	32	-2.147.483.648 bis 2.147.483.647
`short`	16	-32.768 bis 32.767
`byte`	8	-128 bis 127

Gleitkommatypen

Gleitkommazahlen, die rechnerinterne Formulierung rationaler Zahlen, werden zur Auswertung von Ausdrücken verwendet, bei denen die Genauigkeit des Bruchanteils benötigt wird. Der Gleitkommatyp wird beispielsweise beim Wurzelziehen oder für Sinus- und Cosinusumwandlungen benötigt. Es werden zwei Gleitkommatypen unterschieden: `float` und `double`, die Zahlen mit einfacher beziehungsweise doppelter Genauigkeit darstellen. Sie besitzen folgende Größen und Wertebereiche:

Name	Größe in Bit	Wertebereich
`double`	64	1.7e-308 bis 1.7e+308
`float`	32	3.4e-038 bis 3.4e+038

Zeichen

Java verwendet für Zeichen den Datentyp `char`. C/C++-Programmierer müssen sich aber darüber im Klaren sein, dass `char` in Java nicht das Gleiche ist wie `char` in C oder C++. In C/C++ ist `char` ein `int`-Typ, der acht Bit breit ist. Dies ist in Java nicht der Fall, da Java für die Darstellung der Zeichen *Unicode* verwendet. Unicode definiert einen vollständigen internationalen Zeichensatz, der alle Zeichen aller menschlichen Sprachen darstellen kann. Hierfür werden 16 Bit benötigt. Daher ist `char` in Java ein 16-Bit-Typ. Der Wertebereich für `char` liegt zwischen 0 und 65.536. Negative Werte sind für `char` nicht zulässig. Der ASCII-Standardzeichensatz benötigt nach wie vor den Bereich von 0 bis 127, während der erweiterte 8-Bit-Zeichensatz ISO-Latin-1 einen Bereich von 0 bis 255 benötigt. Sie können also auch weiterhin im alten ASCII-Rahmen operieren, wenngleich auch Java Unicode verwendet.

Boolean

Java verwendet den einfachen Typ `boolean` für logische Werte. Er kann nur einen der beiden Werte `true` oder `false` annehmen, bei denen es sich um Schlüsselwörter handelt. Dieser Typ wird bei allen relationalen Operatoren benutzt, wie zum Beispiel `a < b`. Der Typ `boolean` wird auch für Bedingungen verwendet, die Anweisungen wie `if` und `for` steuern.

1.2 Literale

Von einem Programm verwendete konstante Werte werden in Java als *Literal* bezeichnet. Es gibt für jeden Elementtyp von Java Literale.

Integer-Literale

Ganze Zahlen sind wahrscheinlich die in einem normalen Programm am häufigsten verwendeten Literale. Jede ganze Zahl ist ein Integer-Literal, zum Beispiel 1, 2, 3 und 42. Dies sind alles Dezimalwerte. Integer-Literale können auch oktal (Basis 8) und hexadezimal (Basis 16) dargestellt werden. Oktalwerte werden in Java nicht durch eine vorangestellte Null gekennzeichnet und dürfen nur die Ziffern 0 bis 7 verwenden. 011 ist beispielsweise der Oktalwert für den Dezimalwert 9. Hexadezimale Konstanten beginnen mit einer vorangestellten Null und darauffolgendem `x` (`0x` oder `0X`) und können mit den Ziffern 0 bis 9 sowie den Buchstaben A bis F (oder a bis f) dargestellt werden, wobei die Buchstaben für die Zahlen 10 bis 15 stehen. Der Dezimalwert 255 wird also hexadezimal als `0xFF` dargestellt.

Gleitkommaliterale

Gleitkommazahlen stellen Dezimalwerte mit einem Bruchanteil dar. Sie können sowohl in der Standard-Schreibweise als auch in der wissenschaftlichen dargestellt werden. Die Standardschreibweise besteht aus einer ganzen Zahl, auf die nach dem Komma ein Bruchanteil folgt. Beispiele für Gleitkommazahlen in der Standardschreibweise sind: 2.0, 3.14159 oder 0.6667. Die wissenschaftliche Notation verwendet eine Standardschreibweise (Gleitkommazahl plus ein Suffix), die eine 10er-Potenz angibt, mit der die Zahl multipliziert werden muss. Der Exponent wird mit einem `E` oder `e` gefolgt von einer Dezimalzahl gekennzeichnet, die positiv oder negativ sein kann, zum Beispiel: 6.022E23, 314159E-05 oder 2e+100.

Gleitkommaliterale haben in Java standardmäßig die Genauigkeit `double`. Für die Definition eines `float`-Literals muss ein `F` oder `f` an die Konstante angehängt werden. Ein `double`-Literal kann zwar explizit durch ein `D` oder `d` angegeben werden, was allerdings redundant ist. Der Standardtyp `double` benötigt 64 Bit Speicherplatz, während der ungenauere `float`-Typ nur 32 Bit benötigt.

Boole'sche Literale

Der Typ `boolean` kann nur die Werte `true` oder `false` annehmen. Diese Werte werden nicht in eine numerische Darstellung umgewandelt. Das Schlüsselwort `true` entspricht in Java nicht dem Wert `1` und das Schlüsselwort `false` ist nicht gleich `0`. In Java können die Werte `true` und `false` nur als `boolean` deklarierten Variablen zugewiesen oder in Ausdrücken mit Boole'schen Operatoren verwendet werden.

Zeichenliterale

Ein Zeichenliteral wird in einfache Anführungszeichen gesetzt. Alle sichtbaren ASCII-Zeichen können unmittelbar in Anführungszeichen angegeben werden, beispielsweise 'a', 'z' und '@'. Für Zeichen, die nicht direkt eingegeben werden können, gibt es zahlreiche Escape-Sequenzen, mit deren Hilfe die benötigten Zeichen eingegeben werden können, beispielsweise '\'' für das einfache Anführungszeichen selbst und '\n' für einen Zeilenvorschub. Sie können ein Zeichen auch in oktaler oder hexadezimaler Schreibweise angeben. Für die oktale Schreibweise wird ein Backslash gefolgt von einer dreistelligen Zahl verwendet. '\141' steht beispielsweise für den Buchstaben a. Die hexadezimale Schreibweise wird gekennzeichnet durch einen Backslash gefolgt von einem u (\u), auf das genau vier Hexadezimalzahlen folgen. Die folgende Tabelle enthält die Escape-Sequenzen:

Escape-Sequenz	Beschreibung
\nnn	Oktalzahl (nnn)
\unnnn	hexadezimales Unicode-Zeichen (nnnn)
\'	einfaches Anführungszeichen
\"	doppeltes Anführungszeichen
\\	Backslash
\r	Wagenrücklauf
\n	Zeilenschaltung (oder Zeilenvorschub)
\f	Seitenumbruch (Formfeed)
\t	horizontaler Tabulator
\b	Rückschritt (Backspace)

String-Literale

Literale vom Typ `string` werden in Java wie in den meisten anderen Sprachen innerhalb doppelter Anführungszeichen angegeben. Die Escape-Sequenzen für Zeichenliterale gelten auch für `string`-Literale. Beispiele für `string`-Literale sind:

```
"I like Java"
"eins\nzwei\ndrei"
"hier folgt:\tein Tabulatorsprung"
```

Eine Besonderheit von Java ist, dass `string`-Typen auf der gleichen Zeile beginnen und enden müssen. Es gibt keine Escape-Sequenz für eine Fortsetzungszeile, wie dies in anderen Programmiersprachen der Fall ist.

1.3 Variablen

Die Variable bildet in Java-Programmen die Grundeinheit für das Speichern. Eine Variable wird mit einer Kombination aus Bezeichner, Typ und einem optionalen Initialisierungswert definiert. Außerdem besitzen alle Variablen einen Gültigkeitsbereich, der ihre Sichtbarkeit und die Lebensdauer festlegt. Diese Themen werden im Folgenden behandelt.

Deklaration einer Variablen

Alle Variablen müssen vor ihrer Verwendung deklariert werden. Eine einfache Variablendeklaration sieht wie folgt aus:

Typ Bezeichner[= *Wert*][, *Bezeichner* [= *Wert*] ...] ;

Beim *Typ* handelt es sich um einen einfachen Java-Typ oder den Namen einer Klasse oder Schnittstelle. Der *Bezeichner* ist der Name der Variablen. Sollen mehrere Variablen gleichen Typs deklariert werden, dann werden sie in einer durch Kommata getrennten Liste aufgeführt. Beispiele:

```
int a;
double kontostand;
char c1, c2, c3;
```

Mit dem Zuweisungsoperator = und einem Wert kann eine Variable initialisiert werden. Dabei ist zu beachten, dass der Initialisierungsausdruck ein Wert sein muss, der vom gleichen Typ wie der für die Variable angegebene Typ sein muss (kompatibel). Mit der folgenden Deklaration wird `zähler` der Anfangswert `10` zugewiesen:

```
int zähler = 10;
```

Programmiertipp

Java-Variablen können mit einem beliebigen zum Zeitpunkt der Initialisierung gültigen Ausdruck deklariert werden. Das folgende kleine Programmbeispiel berechnet die Länge der Hypotenuse eines rechtwinkligen Dreiecks anhand der beiden Katheten:

```
// Beispiel für die dynamische Initialisierung.
class DynInit {
  public static void main(String args[]) {
  double a = 3.0, b = 4.0;
  // c wird dynamisch initialisiert
  double c = Math.sqrt(a * a + b * b);
```

```
    System.out.println("Länge der Hypotenuse " + c);
  }
}
```

In diesem Beispiel werden die drei lokalen Variablen a, b und c deklariert. Die beiden ersten Variablen (a und b) werden mit Konstanten deklariert. c wird dagegen dynamisch mit der Länge der Hypotenuse initialisiert (nach dem Satz des Pythagoras). Das Programm verwendet zur Berechnung der Quadratwurzel des Arguments die vordefinierte Java-Methode sqrt(), die ein Member der Math-Klasse ist. Der Kernpunkt hierbei ist, dass der Initialisierungsausdruck ein beliebiges Element verwenden kann, das zum Zeitpunkt der Initialisierung gültig ist, einschließlich Methodenaufrufe, anderer Variablen oder Literale.

Gültigkeitsbereich und Lebensdauer einer Variablen

Variablen können innerhalb eines beliebigen Blocks deklariert werden. Ein Block beginnt mit einer öffnenden geschweiften Klammer und wird von einer schließenden geschweiften Klammer geschlossen. Ein Block legt einen Gültigkeitsbereich fest. Daher wird mit dem Beginn eines neuen Blocks jeweils auch ein neuer Gültigkeitsbereich eingerichtet. Ein Gültigkeitsbereich legt fest, welche Objekte für andere Teile des Programms sichtbar sind. Ferner bestimmt er die Lebensdauer dieser Objekte.

Ein mit einer Methode definierter Gültigkeitsbereich beginnt mit einer öffnenden geschweiften Klammer. Aber auch eventuelle Parameter der Methode werden in den Gültigkeitsbereich der Methode übernommen.

Allgemein gilt, dass Variablen, die innerhalb eines Gültigkeitsbereichs definiert werden, für Code außerhalb dieses Gültigkeitsbereichs nicht sichtbar sind (das heißt, es kann nicht darauf zugegriffen werden). Wird also eine Variable innerhalb eines Gültigkeitsbereichs deklariert, dann handelt es sich um eine lokale Variable, die vor unzulässigem Zugriff und/oder vor unzulässigen Veränderungen geschützt ist. Die Regeln für den Gültigkeitsbereich bilden die eigentliche Grundlage für das Einkapseln.

Gültigkeitsbereiche können geschachtelt werden. Jedes Mal, wenn ein neuer geschachtelter Gültigkeitsbereich eingerichtet wird, schließt der äußere den inneren Gültigkeitsbereich ein. Das bedeutet, dass im äußeren Gültigkeitsbereich deklarierte Objekte für den Code des inneren Gültigkeitsbereichs sichtbar sind. Der Umkehrschluss trifft jedoch nicht zu. Objekte, die im inneren Gültigkeitsbereich deklariert werden, sind außerhalb seiner Grenzen nicht sichtbar.

Der Gültigkeitsbereich einer Variablen berührt auch deren Lebensdauer. Variablen werden beim Eintritt in ihren Gültigkeitsbereich erzeugt und beim Verlassen ihres Gültigkeitsbereichs wieder zerstört. Die Variable verliert also ihren Wert, wenn sie ihren Gültigkeitsbereich verlassen hat. Daher behalten die innerhalb einer Methode deklarierten Variablen ihre Werte zwischen den Aufrufen dieser Methode nicht. Darüber hinaus verliert die innerhalb eines Blocks deklarierte Variable ihren Wert, wenn der Block verlassen wird. Die Lebensdauer einer Variablen beschränkt sich somit auf ihren Gültigkeitsbereich.

1.4 Typumwandlung und Zuweisung

Es ist allgemein üblich, den Wert eines Variablentyps einem anderen Typ zuzuweisen. Sind beide Typen miteinander kompatibel, führt Java die Konvertierung automatisch durch. Zum Beispiel kann einer `long`-Variablen grundsätzlich ein `int`-Wert zugewiesen werden. Aber nicht alle Typen sind miteinander kompatibel, und daher sind auch nicht alle impliziten Typumwandlungen zulässig. Eine Typumwandlung von `double` zu `byte` ist beispielsweise nicht vorgesehen. Eine Konvertierung inkompatibler Typen ist aber dennoch möglich. Dies geschieht mit einer Zuweisung, bei der eine explizite Umwandlung der inkompatiblen Typen durchgeführt wird. Die unterschiedlichen Varianten werden in den folgenden Abschnitten beschrieben.

Automatische Typumwandlung

Bei der Zuweisung eines Datentyps zu einer Variablen anderen Typs wird eine *automatische Typumwandlung* durchgeführt, wenn die beiden folgenden Bedingungen erfüllt sind:

- Die beiden Typen sind kompatibel.
- Der Zieltyp ist größer als der Quelltyp.

In diesem Fall wird eine *erweiternde Konvertierung* durchgeführt. Der Typ `int` ist beispielsweise immer groß genug, um einen gültigen `byte`-Wert aufzunehmen, so dass keine explizite Zuweisung erforderlich ist.

Bei der erweiternden Konvertierung sind die numerischen Typen (ganzzahlige und Gleitkommatypen) miteinander kompatibel. Nicht kompatibel sind die numerischen Typen mit den Typen `char` oder `boolean`. Die Typen `char` und `boolean` sind ebenfalls nicht miteinander kompatibel.

Java führt darüber hinaus eine automatische Typkonvertierung durch, wenn eine ganzzahlige Literalkonstante in Variablen vom Typ `byte`, `short` oder `long` gespeichert wird.

Zuweisung inkompatibler Typen

In den Fällen, in denen die automatische Konvertierung von Java nicht zum Tragen kommt, muss eine explizite Zuweisung erfolgen. Dies ist beispielsweise dann erforderlich, wenn ein `int`-Wert einer `byte`-Variablen zugewiesen werden soll, da der `byte`-Wert kleiner als der `int`-Wert ist. Diese Art der Umwandlung wird auch *einschränkende Konvertierung* genannt, weil der Zieltyp kleiner als der Ausgangstyp ist.

Eine einschränkende Konvertierung ist einfach eine explizite Typzuweisung mit dem Format

`(`*Zieltyp*`)` *Wert*

Der *Zieltyp* gibt den Typ an, in den der *Wert* umgewandelt werden soll. Das folgende Fragment wandelt beispielsweise einen `int`-Typ in einen `byte`-Typ um:

```
int i;
byte b;
// ...
b = (byte) i;
```

Liegt der `int`-Wert außerhalb des Wertebereichs des `byte`-Werts, gehen die oberen Bits verloren.

Wird ein Gleitkommawert dem Typ `int` zugewiesen, geht ein Teil der Genauigkeit verloren. Da ganze Zahlen keinen Bruchanteil haben, geht dieser Anteil eines Gleitkommawerts verloren, wenn er dem Typ `int` zugewiesen wird. Wird beispielsweise einer Variablen vom Typ `int` der Wert `1,23` zugewiesen, lautet das Ergebnis 1. Die Nachkommastellen `0,23` werden abgeschnitten. Ist die gesamte Zahl jedoch zu groß für den Zieltyp `int`, wird der Wert auf den Restwert des Wertebereichs des Zieltyps reduziert.

1.5 Automatische Typumwandlung bei Ausdrücken

Java definiert einige Regeln für die Typumwandlung für Ausdrücke. Sie lauten wie folgt: Alle `byte`- und `short`-Werte werden zu `int` umgewandelt. Gehört ein Operand zum Typ `long`, wird der gesamte Ausdruck in den Typ `long` umgewandelt. Ist ein Operand vom Typ `float`, wird der gesamte Ausdruck in `float` umgewandelt. Gehört einer der Operanden zum Typ `double`, ist das Ergebnis auch `double`.

1.6 Arrays

Ein Array ist eine Gruppe von Variablen gleichen Typs, die über einen gemeinsamen Namen angesprochen werden. Es können Arrays von allen Typen angelegt werden, die eine oder mehrere Dimensionen haben können. Auf ein bestimmtes Element innerhalb eines Arrays wird über einen Index zugegriffen. Arrays bieten eine einfache Möglichkeit, gleichartige Informationen zu gliedern.

Ein Array wird in zwei Schritten angelegt. Zuerst wird eine Variable des gewünschten Array-Typs angelegt. Anschließend muss der Array-Variablen mit `new` Speicherplatz zugewiesen werden. Mit Java erfolgen die Zuweisungen für die Arrays also immer dynamisch.

Eindimensionale Arrays

Ein eindimensionales Array besteht eigentlich aus einer Liste von Variablen gleichen Typs. Um ein Array erstellen zu können, muss zuerst eine Array-Variable des gewünschten Typs eingerichtet werden. Das allgemeine Format einer Deklaration eines eindimensionalen Arrays sieht wie folgt aus:

Typ Variablenname`[ ];`

Mit *Typ* wird der Grundtyp des Arrays definiert. Dieser Grundtyp legt den Datentyp jedes Array-Elements und somit den Datentyp des Arrays fest. Wurde die Array-Variable erzeugt, muss dem Array mit `new` Speicherplatz zugewiesen werden. Ein Beispiel:

```
int iArray[];
iArray = new int[32];
```

In diesem Beispiel wird ein Array mit der Bezeichnung `iArray` deklariert und Speicherplatz für 32 Elemente zugewiesen. Die beiden Schritte können auch zusammengefasst werden:

```
int iArray[] = new int[32];
```

Nachdem dem Array Speicherplatz zugewiesen wurde, kann über Angabe des Index in eckigen Klammern auf ein bestimmtes Element zugegriffen werden. Alle Array-Indizes beginnen mit Null.

Arrays können bei der Deklaration initialisiert werden. Dieser Vorgang ist im Wesentlichen der gleiche wie bei der Initialisierung einfacher Typen. Eine Array-Initialisierung besteht aus einer Liste durch Kommata getrennter Ausdrücke, die in geschweiften Klammern steht. Die Kommata trennen die Werte der Array-Elemente voneinander. Das Array wird automatisch so angelegt, dass es groß genug zur Aufnahme der bei der Initialisierung angegebenen Anzahl der

Elemente ist. new muss daher nicht mehr verwendet werden. Für die Deklaration, Zuweisung und Initialisierung des Arrays intx reicht beispielsweise die folgende Zeile aus:

```
int intx[] = { 1, 2, 3, 4, 5 };
```

Mehrdimensionale Arrays

In Java sind mehrdimensionale Arrays eigentlich Arrays von Arrays. Für die Deklaration einer mehrdimensionalen Array-Variablen wird jeder zusätzliche Index mit weiteren eckigen Klammern angegeben. Im folgenden Beispiel wird die zweidimensionale Array-Variable zweiD deklariert:

```
int zweiD[][] = new int[4][5];
```

Diese Deklaration weist dem Array zweiD ein 4 × 5 großes Array zu. Intern wird diese Matrix als ein Array von Arrays des Typs int implementiert. Eine Speicherzuweisung für ein mehrdimensionales Array muss lediglich für die erste Dimension (die ganz links genannt wird) erfolgen. Die übrigen Dimensionen können getrennt zugewiesen werden. Im folgenden Auszug wird bei der Deklaration nur der ersten Dimension von zweiD Speicherplatz zugewiesen. Die Zuweisung für die zweite Dimension erfolgt manuell.

```
int zweiD[][] = new int[4][];
zweiD[0] = new int[5];
zweiD[1] = new int[5];
zweiD[2] = new int[5];
zweiD[3] = new int[5];
```

Die individuelle Zuweisung für die zweite Dimension des Arrays bietet in diesem Fall keine besonderen Vorteile, was aber unter anderen Umständen durchaus der Fall sein kann. Werden Dimensionen manuell zugewiesen, dann muss beispielsweise nicht für jede Dimension die gleiche Anzahl von Elementen gewählt werden. Wie bereits erwähnt wurde, sind mehrdimensionale Arrays tatsächlich Arrays von Arrays, so dass die Länge jedes einzelnen Arrays unter Kontrolle bleibt. Der folgende Codeauszug erzeugt ein zweidimensionales Array, bei dem sich die Größe der zweiten Dimension unterscheidet:

```
int zweiD[][] = new int[4][];
zweiD[0] = new int[1];
zweiD[1] = new int[2];
zweiD[2] = new int[3];
zweiD[3] = new int[4];
```

Programmiertipp

Ein Array kann auch auf die folgende Weise deklariert werden:

Typ[ ] *Variablenname*;

In diesem Fall folgt die eckige Klammer auf den Typbezeichner und nicht auf den Namen der Array-Variablen. Die beiden folgenden Deklarationen sind daher gleichbedeutend:

```
int a1[] = new int[3];
int[] a2 = new int[3];
```

Auch nächsten beiden Deklarationen führen zum gleichen Ergebnis:

```
char zweiD1[][] = new char[3][4];
char[][] zweiD2 = new char[3][4];
```

Diese Art der Array-Deklaration bietet sich oft als Alternative an.

1.7 Zeichenfolgen

Java verwendet für Zeichenfolgen den Typ `string`, bei dem es sich weder um einen einfachen Typ noch um ein einfaches Array von Zeichen handelt (wie dies in C/C++ der Fall ist). Der Typ `string` definiert vielmehr ein Objekt, das im Zusammenhang mit `java.lang` erörtert wird.

2 Klassen und Methoden

Die Klassen bilden den eigentlichen Kern von Java. Sie sind das logische Konstrukt, auf welchem die ganze Java-Sprache basiert, denn sie definieren Form und Gegenstand eines Objekts. Klassen bilden die Basis für die objektorientierte Java-Programmierung. Die Implementierung jedes Konzepts eines Java-Programms muss zu einer Klasse zugeordnet sein. Alle Aktionen innerhalb einer Klasse werden mit Methoden durchgeführt. Die Methode ist die Java-Variante zum Einrichten einer benannten Subroutine. In diesem Abschnitt werden alle Themen im Zusammenhang mit Klassen und Methoden erörtert.

2.1 Klassengrundlagen

Eine Klasse ist eine *Vorlage* für ein Objekt, welches seinerseits eine *Instanz* der Klasse bildet. Bei der Definition einer Klasse werden deren genaue Form und ihre Eigenschaften festgelegt. Hierzu wird angegeben, welche Daten und welchen Code für den Umgang mit den Daten sie enthält. Während sehr einfache Klassen entweder nur Code oder nur Daten enthalten, umfassen die meisten in der Praxis verwendeten Klassen meist beides.

Eine Klasse wird mit dem Schlüsselwort `class` deklariert. Das Format einer Klassendefinition sieht wie folgt aus:

```
class Klassenname {
  Typ Instanzvariable1;
  Typ Instanzvariable2;
```

```
    // ...
  Typ InstanzvariableN;
  Typ Methodenname1(Parameterliste) {
    // Kernstück der Methode
  }
  Typ Methodenname2(Parameterliste) {
    // Kernstück der Methode
  }
// ...
  Typ MethodennameN(Parameterliste) {
    // Kernstück der Methode
  }
}
```

Die innerhalb einer Klasse definierten Daten oder Variablen werden als *Instanzenvariablen* bezeichnet. Der Code ist in den *Methoden* enthalten. Innerhalb einer Klasse definierte Methoden und Variablen werden *Members* der Klasse genannt. In den meisten Klassen wird über die Methoden auf die Instanzvariablen zugegriffen und von den für diese Klasse definierten Methoden bearbeitet. Daher legen die Methoden fest, wie die Daten einer Klasse verwendet werden können.

Alle Methoden werden innerhalb der Klassen definiert und verwenden das allgemeine Format:

```
Typ Name(Parameterliste) {
// Kern der Methode
}
```

Typ gibt den von der Methode zurückgegebenen Datentyp an. Dabei kann es sich um jeden gültigen Typ handeln, auch um selbst definierte Klassentypen. Gibt die Methode keinen Wert zurück, muss der Rückgabetyp `void` sein. Der Name der Methode wird mit *Name* angegeben. Hierbei kann es sich um eine beliebige zulässige Bezeichnung handeln, die sich aber von den anderen in diesem Gültigkeitsbereich verwendeten Bezeichnungen unterscheiden muss. Die *Parameterliste* ist eine Sequenz von Typ- und Bezeichnerpaaren, die durch Kommata voneinander getrennt werden. Parameter sind im Wesentlichen Variablen, die die beim Aufruf der Methode als Argument übergebenen Werte enthalten. Verfügt die Methode nicht über Parameter, dann ist die Parameterliste leer.

Methoden mit einem anderen Rückgabetyp als `void` geben der aufrufenden Routine einen Wert im Format der folgenden `return`-Anweisung zurück:

`return` *Wert*;

Wert steht hier für den Rückgabewert.

Das folgende Beispiel zeigt eine einfache Klasse.

```
class Beispiel {
  int a, b;
  int sum() {
    return a+b;
  }
}
```

Diese Klasse hat die Bezeichnung `Beispiel`. Sie enthält die beiden Instanzvariablen `a` und `b` sowie die Methode `sum( )`.

2.2 Klassenobjekte deklarieren

Beim Erstellen einer Klasse wird ein Datentyp erzeugt. Mit diesem Typ können Objekte dieses Typs deklariert werden. Das Erzeugen von Objekten einer Klasse ist jedoch ein zweistufiger Prozess. Zuerst wird eine Variable des Klassentyps deklariert. Diese Variable definiert selbst kein Objekt, sondern ist einfach eine Variable, die *auf ein Objekt verweisen* kann. Im zweiten Schritt wird eine tatsächliche physikalische Kopie des Objekts angelegt und der Variablen zugewiesen. Dies geschieht mit Hilfe des Operators `new`. Der `new`-Operator weist einem Objekt dynamisch Speicherplatz zu (das heißt, der Speicherplatz wird während der Ausführung zugewiesen) und gibt einen Verweis auf das Objekt zurück. Bei diesem Verweis handelt es sich mehr oder weniger um die Speicheradresse des mit `new` zugewiesenen Objekts. Der Verweis wird in der Variablen gespeichert. Alle Klassenobjekte werden in Java daher dynamisch zugewiesen.

Im folgenden Beispiel wird ein Objekt der Klasse `Beispiel` (siehe oben) erstellt:

```
Sample ob = new Sample();
```

Diese Anweisung beinhaltet die beiden oben beschriebenen Schritte. Um die einzelnen Schritte deutlich zu machen, kann sie auch wie folgt geschrieben werden:

```
Sample ob; // Deklaration des Verweises auf das Objekt
ob = new Sample(); // ein Objekt zuweisen
```

In der ersten Zeile wird `ob` als Verweis auf ein Objekt vom Typ `Beispiel` deklariert. Nach Ausführung dieser Zeile enthält `ob` den Wert `null`, was anzeigt, dass noch nicht auf ein tatsächliches Objekt verwiesen wird. Jeder Versuch, `ob` an dieser Stelle zu verwenden, führt zwangsläufig zu einem Compilerfehler. Die nächste Zeile weist ein tatsächliches Objekt und `ob` einen Verweis auf dieses Objekt zu. Nachdem die zweite Zeile ausgeführt wurde, kann `ob` wie ein `Beispiel`-Objekt selbst verwendet werden. Tatsächlich enthält `ob` jedoch lediglich die Speicheradresse des eigentlichen `Beispiel`-Objekts.

Nachdem ein Klassenobjekt erzeugt wurde, kann mit dem Punktoperator (.) auf die Member zugegriffen werden. Das allgemeine Format lautet:

Objektname.Member-Name

Um beispielsweise dem Member `a` von `ob` den Wert `10` zuzuweisen, verwenden Sie folgende Anweisung:

```
ob.a = 10;
```

2.3 Konstruktoren

Ein Konstruktor initialisiert ein Objekt unmittelbar bei der Erstellung. Er trägt die gleiche Bezeichnung wie die Klasse, zu der er gehört, und ist syntaktisch mit einer Methode vergleichbar. Allerdings besitzen Konstruktoren keinen Rückgabetyp, nicht einmal den Typ `void`. Das liegt daran, dass der implizite Rückgabetyp eines Klassenkonstruktors der Klassentyp selbst ist. Aufgabe des Konstruktors ist es, den internen Status eines Objekts einzurichten, damit dem eine Instanz erzeugenden Code ein vollständig initialisiertes und brauchbares Objekt zur Verfügung steht.

Konstruktoren können Parameter besitzen. Diese Parameter übernehmen die beim Erzeugen eines Objekts an den Konstruktor übergebenen Argumente. Üblicherweise werden die Parameter eines

Konstruktors für die Initialisierung eines Objekts verwendet. Die dem Konstruktor übergebenen Argumente werden beim Erzeugen jedes Objekts angegeben. Im folgenden Beispiel wurde der Klasse `Beispiel` ein parameterisierter Konstruktor hinzugefügt:

```
class Beispiel {
  int a, b;
  // Konstruktor
  Beispiel(int x, int y) {
    a = x;
    b = y;
  }
  int sum() {
    return a+b;
  }
}
```

Die folgende Klasse erstellt ein Objekt vom Typ `Beispiel` und übergibt ihm die Werte `-99` und `88`. Das bedeutet, dass `a` den Wert `-99` und `b` den Wert `88` erhält.

```
class Example {
public static void main(String args[]) {
Beispiel ob = new Beispiel(-99, 88);
System.out.println(ob.sum());
  }
}
```

Dieses Programm gibt den Wert `-11` aus.

Wird für eine Klasse kein expliziter Konstruktor definiert, erzeugt Java einen Standardkonstruktor. Der Standardkonstruktor initialisiert automatisch alle Instanzvariablen als Null. Der Standardkonstruktor reicht für einfache Klassen oft aus, was jedoch nicht für komplexere Klassen gilt. Definieren Sie einen eigenen Konstruktor, dann wird der Standardkonstruktor nicht mehr verwendet.

2.4 Garbage Collector

In einigen Programmiersprachen wie zum Beispiel C++ müssen dynamisch zugewiesene Objekte mit dem `delete`-Operator manuell wieder freigegeben werden. Bei Java ist dies anders. Hier wird die Zuweisung vom so genannten Garbage Collector automatisch wieder aufgehoben. Der Vorgang verläuft wie folgt: Existieren keine Verweise auf ein Objekt, wird angenommen, dass dieses Objekt nicht mehr länger benötigt wird, und der vom Objekt beanspruchte Speicherplatz wird freigegeben. Anders als in C++ besteht keine explizite Notwendigkeit, Objekte wieder zu zerstören. Der Garbage Collector wird während der Ausführung des Programms (wenn überhaupt) nur sporadisch ausgeführt. Er wird nicht ausgelöst, wenn nur ein oder mehrere Objekte vorhanden sind, die nicht mehr benötigt werden. Die verschiedenen Java-Laufzeitimplementierungen verfahren mit diesem Vorgang zwar unterschiedlich, aber in der Regel muss dies bei der Programmierung nicht berücksichtigt werden.

2.5 Die finalize( )-Methode

Manchmal muss sichergestellt werden, dass ein Objekt bestimmte Aktionen durchgeführt hat, bevor es zerstört wird. Hat ein Objekt beispielsweise bestimmte Systemressourcen wie etwa einen Datei-

Handler angefordert, muss eventuell sichergestellt sein, dass diese Ressource wieder freigegeben wird, bevor das Objekt zerstört wird. Für solche Situationen stellt Java einen Beendigungsmechanismus zur Verfügung. Für diesen Mechanismus können spezifische Aktionen festgelegt werden, die ausgeführt werden, wenn der Garbage Collector darauf zugreift.

Programmiertipp

Wenn Sie mit C++ vertraut sind, dann wissen Sie, dass Sie einen Destruktor für eine Klasse definieren können, der aufgerufen wird, wenn ein Objekt nicht mehr benötigt wird. Java unterstützt dieses Verfahren nicht und verwendet keine Destruktoren. Die Methode `finalize()` führt zwar in einigen Situationen ähnliche Funktionen aus, entspricht aber nicht einem Destruktor. Deshalb können Sie beim Portieren von C++-Code die `finalize()`-Methode nicht als Ersatz für einen Destruktor verwenden.

Ein Beendigungsmechanismus wird einer Klasse mit der Methode `finalize()` hinzugefügt. Das Java-Laufzeitmodul ruft diese Methode immer dann auf, wenn ein Objekt dieser Klasse zurückgegeben wird. Innerhalb der `finalize()`-Methode können Sie die Aktionen angeben, die vor der Zerstörung eines Objekts durchgeführt werden sollen. Das allgemeine Format der Methode lautet:

```
protected void finalize()
{
// Code für die Beendigung
}
```

Es ist wichtig zu wissen, dass `finalize()` nur unmittelbar vor dem Garbage Collector aufgerufen wird. Die Methode wird beispielsweise nicht aufgerufen, wenn ein Objekt seine Gültigkeit verliert. Das bedeutet, dass unbekannt ist, wann und ob `finalize()` überhaupt ausgeführt wird. Daher sollte ein Programm andere Möglichkeiten nutzen, um Systemressourcen und ähnliche Objekte wieder freizugeben. Für normale Programmoperationen reicht `finalize()` allein nicht aus.

2.6 Methoden überladen

Mit Java können zwei oder mehrere Methoden mit gleicher Bezeichnung innerhalb derselben Klasse definiert werden, wenn sich die Parameterdeklarationen unterscheiden. In einem solchen Fall spricht man vom Überladen von Methoden oder Methodenüberladung. Wird eine überladene Methode aufgerufen, dann verwendet Java den Typ und/oder die Anzahl der Argumente als Entscheidungshilfe dafür, welche der überladenen Methoden tatsächlich aufgerufen werden soll.

Überladene Methoden besitzen zwar unterschiedliche Rückgabetypen, der Typ alleine reicht aber nicht aus, um zwischen zwei Versionen einer Methode zu unterscheiden. Stößt Java auf einen Aufruf einer überladenen Methode, wird die Version der Methode ausgeführt, deren Parameter mit den Argumenten des Aufrufs übereinstimmen.

Neben normalen Methoden können auch Konstruktoren überladen werden. Das folgende einfache Beispiel veranschaulicht das Überladen einer Methode:

```
// Überladen einer Methode
class UeberladenDemo {
  void test( ) {
    System.out.println("Keine Parameter");
  }
// Überladetest mit einem Parameter vom Typ int.
  void test(int a) {
    System.out.println("a: " + a);
  }
// Überladetest für zwei Parameter vom Typ int.
  void test(int a, int b) {
    System.out.println("a und b: " + a + " " + b);
  }
// Überladetest für einen Parameter vom Typ double
  double test(double a) {
    System.out.println("double a: " + a);
    return a*a;
  }
}
```

`test( )` wird viermal überladen. Die erste Version übernimmt keinen Parameter, die zweite einen `int`-Parameter, die dritte zwei `int`-Parameter und die vierte übernimmt einen `double`-Parameter. Die Tatsache, dass die vierte Version von `test( )` auch einen Wert zurückgibt, bleibt hinsichtlich des Überladens ohne Bedeutung, weil Rückgabetypen beim Auflösen der Überladung keine Rolle spielen.

Die folgende Klasse demonstriert die überladene `test( )`-Methode.

```
class Ueberladen {
  public static void main(String args[]) {
    UeberladenDemo ob = new UeberladenDemo();
    double result;
// Aufruf aller Versionen von test()
    ob.test(); // ruft test() auf
    ob.test(10); // ruft test(int) auf
    ob.test(10, 20); // ruft test(int, int) auf
    result = ob.test(123.2); //ruft test(double) auf
// ...
  }
}
```

2.7 Argumentübergabe

Im Allgemeinen übergeben Programme Argumente auf zwei Weisen an eine Subroutine. Die erste Art wird *Aufruf nach Wert* genannt. Bei dieser Vorgehensweise wird der *Wert* eines Arguments in einen formalen Parameter der Subroutine kopiert. Daher haben Veränderungen am Parameter der Subroutine keine Auswirkung auf das Argument, mit dem es aufgerufen wurde. Die zweite Möglichkeit, wie ein Argument übergeben werden kann, wird *Aufruf über einen Verweis* genannt. Bei dieser Methode wird ein Verweis auf ein Argument (nicht der Wert des Arguments) an den Parameter übergeben. Innerhalb der Subroutine wird dieser Verweis für den Zugriff auf das eigentliche Argument des Aufrufs verwendet. In diesem Fall betreffen Veränderungen am Parameter das für den Aufruf der Subroutine verwendete Argument. Je nachdem, was übergeben wird, benutzt Java beide Methoden.

Wird einer Methode ein einfacher Typ übergeben, verwendet Java den Wert. Was mit dem Parameter geschieht, der das Argument übernimmt, hat somit außerhalb der Methode keine Auswirkungen.

Wird einer Methode ein Objekt übergeben, dann ändert sich die Situation dramatisch, weil Objekte über einen Verweis übergeben werden. Bedenken Sie, dass beim Erstellen einer Variablen eines Klassentyps nur ein Verweis auf ein Objekt eingerichtet wird. Wird dieser Verweis einer Methode übergeben, bezieht sich der den Verweis übernehmende Parameter auf dasselbe Objekt, auf welches sich auch das Argument bezieht. Das hat zur Folge, dass den Methoden die Objekte durch einen Aufruf über einen Verweis übergeben werden. Änderungen am Objekt innerhalb der Methode *haben* Auswirkungen auf das als Argument verwendete Objekt.

2.8 Rekursion

Java unterstützt Rekursionen. Eine *Rekursion* ist ein Vorgang, bei dem etwas innerhalb des Vorgangs selbst definiert wird. Bei der Java-Programmierung ist eine Rekursion das Attribut, welches es gestattet, dass eine Methode sich selbst aufruft. Eine Methode, die sich selbst aufruft, wird als *rekursiv* bezeichnet.

Das klassische Beispiel für eine Rekursion ist die Berechnung des Faktorenprodukts einer Zahl. Das Faktorenprodukt der Zahl *N* ist das Produkt aller ganzen Zahlen zwischen 1 und *N*. Das Faktorenprodukt der Zahl 3 ist das Produkt von 1 * 2 * 3 gleich 6. So kann das Faktorenprodukt mit einer rekursiven Methode berechnet werden:

```
// Einfaches Beispiel für eine Rekursion.
class Faktorprodukt {
  // dies ist eine rekursive Methode
```

```
  int fact(int n) {
    int result;

    if(n==1) return 1;
    result = fact(n-1) * n;
    return result;
  }
}
class Rekursion {
  public static void main(String args[]) {
    Faktorprodukt f = new Faktorprodukt ();
    System.out.println("Das Faktorenprodukt von 3 beträgt "
   + f.fact(3));
    System.out.println("Das Faktorenprodukt von 4 beträgt "
   + f.fact(4));
    System.out.println("Das Faktorenprodukt von 5 beträgt "
   + f.fact(5));
  }
}
```

Die Ausgabe dieses Programms sieht wie folgt aus:

```
Das Faktorenprodukt von 3 beträgt 6
Das Faktorenprodukt von 4 beträgt 24
Das Faktorenprodukt von 5 beträgt 120
```

Programmiertipp

Rekursive Methoden sind zwar sehr leistungsfähig, sollten aber mit Vorsicht verwendet werden. Die rekursive Version vieler Routinen wird wegen der zusätzlichen Methodenaufrufe etwas langsamer ausgeführt, als ihr iteratives Äquivalent. Viele rekursive Aufrufe einer Methode können zu einem Stapelüberlauf führen. Da Parameter und lokale Variablen im Stapel gespeichert werden und jeder erneute Aufruf eine Kopie dieser Variablen erzeugt, kann der Stapel überlaufen. Ist dies der Fall, löst das Java-Laufzeitsystem eine Ausnahme aus. Solange eine rekursive Methode aber nicht ausufert, müssen Sie sich nicht darum kümmern.

Beim Programmieren einer rekursiven Methode muss eine Bedingung eingebaut werden, welche die Methode veranlasst, ohne Ausführung des rekursiven Aufrufs zurückzukehren. Andernfalls wird die Methode bis zu einem Stapelüberlauf ausgerufen. Dieser Fehler tritt bei der Entwicklung rekursiver Routinen häufiger auf. Verwenden Sie während der Programmierung Ausgabeanweisungen, damit der Ablauf verfolgt und die Ausführung abgebrochen werden kann, wenn ein Fehler vorliegt.

Die Methode `fact( )`funktioniert wie folgt: Beim Aufruf mit dem Argument 1 gibt `fact( )` den Wert 1 zurück. In den anderen Fällen wird das Produkt von `fact(n-1)*n` zurückgegeben. Für die Berechnung dieses Ausdrucks wird `fact( )` mit `n-1` aufgerufen. Dieser Vorgang wird wiederholt, bis `n` den Wert 1 hat und die Methodenaufrufe abgebrochen werden.

Wenn eine Methode sich selbst aufruft, wird neuen lokalen Variablen und den Parametern Speicherplatz im Stapel zugewiesen und der Code der Methode von Beginn an mit den neuen Variablen ausgeführt. Ein rekursiver Aufruf erzeugt keine neue Kopie der Methode, lediglich die Argumente sind neu. Bei der Rückkehr jedes rekursiven Aufrufs werden die alten Variablen und Parameter aus dem Stapel entfernt und die Ausführung am Punkt des Aufrufs innerhalb der Methode wieder aufgenommen. Bildlich gesprochen sind rekursive Methoden mit dem Ein- und Ausfahren eines Teleskops vergleichbar.

2.9 static verstehen

Werden die Members einer Klasse als `static` definiert, kann darauf zugegriffen werden, noch bevor irgendein Objekt dieser Klasse erzeugt wurde, und ohne einen Verweis auf ein Objekt. Daher ist ein `static`-Member für die meisten Zwecke und Absichten global. Sowohl Methoden als auch Variablen können als `static` definiert werden. Die gebräuchlichste Verwendung von `static` ist die Deklaration der `main( )`-Methode. Mit `static` kann auch ein Block erstellt werden, in dem `static`-Variablen initialisiert werden. Ein `static`-Block wird genau einmal ausgeführt, wenn die Klasse zum ersten Mal geladen wird.

Außerhalb der Klasse, in der sie definiert wurden, können `static`-Methoden und -Variablen unabhängig von Objekten benutzt werden. Hierfür muss lediglich der Name ihrer Klasse gefolgt von einem Punktoperator angegeben werden. Soll beispielsweise eine `static`-Methode außerhalb ihrer Klasse aufgerufen werden, dann kann dies mit dem folgenden allgemeinen Format geschehen:

Klassenname.*Methode*( )

Klassenname steht hier für den Namen der Klasse, in welcher die `static`-Methode deklariert wurde. Dieses Format ähnelt dem Aufruf nicht statischer Methoden über Objektverweisvariablen. Auf eine `static`-Variable wird in gleicher Weise zugegriffen, nämlich mit dem Punktoperator und dem Namen der Klasse.

2.10 Zugriffskontrolle

Wie auf ein Klassen-Member zugegriffen werden kann, wird von der Zugriffsangabe festgelegt, welche dessen Deklaration verändert. Die Zugriffsangaben von Java lauten `public`, `private` und `protected`. Außerdem ist eine Standardzugriffsebene definiert.

Diese Schlüsselwörter werden in Kapitel 4 »Vererbung, Pakete und Schnittstellen« genauer definiert.

2.11 Die main( )-Methode

Die Ausführung eines Java-Programms beginnt mit der Methode `main( )`. Sie wird üblicherweise wie folgt deklariert:

```
public static void main(String args[]) {
```

Die `main( )`-Methode wird als `public static` deklariert, damit sie von Code außerhalb der Klasse, in sie deklariert wurde, und vor dem Erzeugen von Objekten ihrer Klasse aufgerufen werden kann.

In manchen Situationen werden einem Programm Informationen für die Ausführung übergeben. Dies geschieht über *Argumente*, die `main( )` in der *Befehlszeile* übergeben werden. Ein Befehlszeilenargument besteht aus den Informationen, die beim Programmaufruf in der Befehlszeile direkt auf den Programmnamen folgen. Der Zugriff auf Argumente aus der Befehlszeile kann innerhalb des Java-Programms sehr einfach durchgeführt werden: Die Argumente sind als Zeichenfolgen in einem String-Array gespeichert, das main( ) übergeben wird. Das folgende Programm zeigt alle Argumente der Befehlszeile beim Aufruf des Programms an:

```
// Anzeige aller Befehlszeilenargumente
class Befehlszeile {
  public static void main(String args[]) {
    for(int i=0; i<args.length; i++)
      System.out.println("args["+i +"]:"+args[i]);
  }
}
```

Führen Sie das Programm wie folgt aus:

```
java Befehlszeile Dies ist ein Test 100 -1
```

Die Ausgabe sieht so aus:

```
args[0]: Dies
args[1]: ist
args[2]: ein
args[3]: Test
args[4]: 100
args[5]: -1
```

Dabei ist zu beachten, dass alle Argumente als Zeichenfolge übergeben werden. Numerische Werte müssen manuell in das entsprechende Format umgewandelt werden.

3 Operatoren

Java bietet eine Vielzahl von Operatoren. Die meisten dieser Operatoren können einer der folgenden vier Gruppen zugeordnet werden: Es gibt *arithmetische*, *bitweise*, *relationale* und *logische* Operatoren. Darüber hinaus verfügt Java über einige zusätzliche Operatoren für spezielle Situationen.

3.1 Arithmetische Operatoren

Arithmetische Operatoren werden wie in der Algebra in mathematischen Ausdrücken verwendet. Die folgende Tabelle führt die arithmetischen Operatoren auf:

Operator	**Resultat**
+	Addition
-	Subtraktion (auch negatives Vorzeichen)
*	Multiplikation
/	Division
%	Restwert
++	Inkrement
--	Dekrement

Die Operanden der arithmetischen Operatoren müssen numerischen Typs sein. Man kann sie nicht als `boolean`-Typ verwenden. Der Typ `char` ist jedoch zulässig, da dieser in Java eine Untergruppe des `int`-Typs bildet.

Die einfachen arithmetischen Operatoren

Die grundlegenden arithmetischen Operationen (Addition, Subtraktion, Multiplikation und Division) verhalten sich so, wie dies für alle numerischen Typen zu erwarten ist. Der Minusoperator kann auch mit nur einem Operanden verwendet werden und dient dann als negatives Vorzeichen. Wird der Divisionsoperator in Verbindung mit ganzen Zahlen benutzt, dann wird kein Bruchanteil an das Ergebnis angehängt.

Der Restwertoperator

Der Restwertoperator % liefert den Restwert einer Division. Er kann sowohl für Gleitkommazahlen als auch für ganze Zahlen angewendet werden.

Inkrement und Dekrement

++ und -- sind die Inkrement- und Dekrementoperatoren von Java. Der Inkrementoperator erhöht den Operanden um den Wert 1. Der Dekrementoperator verringert den Operanden um den Wert 1. Diese Operatoren sind insofern einzigartig, als sie dem Operanden sowohl *vorangestellt* als auch *nachgestellt* werden können. Wird der Operator vorangestellt, dann wird der Operand erhöht oder erniedrigt, bevor der Wert in den Ausdruck eingesetzt wird. Nachgestellt wird der vorherige Wert in den Ausdruck eingesetzt und erst anschließend verändert.

3.2 Bitweise Operatoren

Java verwendet mehrere *bitweise Operatoren* für die ganzzahligen Typen `long`, `int`, `short`, `char` und `byte`. Diese Operatoren bearbeiten einzelne Bits ihrer Operanden. Die bitweisen Operatoren unterteilen sich in zwei Kategorien: logische und Schiebeoperatoren.

Logische bitweise Operatoren

Folgende logische bitweise Operatoren können benutzt werden:

Operator	Resultat
~	Einerkomplement (bitweise Invertierung)
&	bitweise UND
|	bitweise ODER
^	bitweise exklusives ODER

Die folgende Tabelle zeigt die Ergebnisse der einzelnen Operationen. Dabei ist zu beachten, dass die bitweisen Operatoren für jedes einzelne Bit des Operanden angewendet werden.

A	B	A | B	A & B	A ^ B	~A
0	0	0	0	0	1
1	0	1	0	1	0
0	1	1	0	1	1
1	1	1	1	0	0

Die bitweisen Schiebeoperatoren

Folgende Schiebeoperatoren stehen zur Verfügung:

Operator	Ergebnis
>>	Verschiebung nach rechts
>>>	Verschiebung nach rechts, mit Null auffüllen
<<	Verschiebung nach links

Der Operator << verschiebt alle Bits eines Wertes so oft wie angegeben nach links. Das allgemeine Format lautet:

Wert << Anz

Anz gibt die Anzahl der Positionen an, um die der *Wert* nach links verschoben wird. Das bedeutet, dass jedes Bit des angegebenen Wertes um die Anzahl der mit *Anz* angegebenen Positionen nach links verschoben wird. Bei jeder Verschiebung nach links wird das höherwertige Bit hinausgeschoben (und geht verloren). Gleichzeitig wird rechts eine Null eingeschoben.

Der Verschiebeoperator >> verschiebt alle Bits eines Wertes um die angegebenen Anzahl Positionen nach rechts. Das allgemeine Format lautet:

Wert >> Anz

Anz gibt die Anzahl der Positionen an, um die der `Wert` nach rechts verschoben wird. Bei jeder Verschiebung nach rechts wird das niederwertige Bit hinten hinaus geschoben (und geht dabei verloren), der Wert des Vorzeichenbits (das höherwertige Bit) bleibt jedoch erhalten. Das bedeutet, dass der Operator >> bei jeder Verschiebung nach rechts automatisch das höherwertige Bit mit dem vorherigen Wert füllt.

Manchmal soll das Vorzeichenbit bei einer Verschiebung nach rechts nicht erhalten bleiben. Wird beispielsweise etwas verschoben, was keinen numerischen Wert darstellt, dann kann die Beibehaltung des Vorzeichens unerwünscht sein. In diesen Situationen sollte man in der Regel eine Null in das höherwertige Bit schieben, unabhängig davon, wie der Ausgangswert war. Dies wird als *vorzeichenlose Schiebeoperation* bezeichnet. Hierfür stellt Java den vorzeichenlosen Schiebeoperator >>> zur Verfügung, der jeweils eine Null in das höherwertige Bit schiebt.

3.3 Relationale Operatoren

Die relationalen Operatoren beziehen sich auf die Beziehung zwischen Operanden:

Operator	**Ergebnis**
==	gleich
!=	ungleich
>	größer als
<	kleiner als
>=	größer als oder gleich
<=	kleiner als oder gleich

Bei den Ergebnissen dieser Operationen handelt es sich um einen Wert vom Typ `boolean`. Die relationalen Operatoren werden meist in Ausdrücken verwendet, mit denen eine `if`-Anweisung oder andere Schleifenanweisungen gesteuert werden.

Programmiertipp

Wenn Sie sich mit C oder C++ auskennen, dann berücksichtigen Sie bitte die folgende Anmerkung. In C/C++ sind solche Anweisungen sehr verbreitet.

```
int done;
// ...
if(!done) ... // Gültig für C und C++
if(num) ... // aber nicht für Java
```

In Java müssen diese Anweisungen wie folgt geschrieben werden:

```
if(done == 0) ... // So geht es in Java
if(num != 0) ...
```

Der Grund dafür ist die Tatsache, dass die Werte `true` und `false` in Java anders definiert werden als in C/C++. In C/C++ hat `true` den Wert *ungleich Null* und `false` den Wert *Null*. In Java sind `true` und `false` keine numerischen Werte und können somit nicht über Null oder ungleich Null bestimmt werden. Um Werte auf den Wert Null oder ungleich Null hin zu testen, müssen daher explizit einer oder mehrere relationale Operatoren benutzt werden.

Java-Typen wie ganze Zahlen, Gleitkommazahlen, Zeichen und `boolean`-Werte können mit dem Gleichheitsoperator == und dem Ungleichheitsoperator != getestet werden. Dabei ist zu beachten, dass Java für den Gleichheitsoperator ein doppeltes Gleichheitszeichen verwendet, während das einfache Gleichheitszeichen als Zuweisungsoperator dient. Mit diesen Operatoren können nur die Größen numerischer Typen miteinander verglichen werden, also nur ganze Zahlen, Gleitkommazahlen und Zeichen.

3.4 Boole'sche Operatoren

Die unten zusammenfassend aufgeführten logischen Boole'schen Operatoren können nur für Boole'sche Operanden angewendet werden. Alle binären logischen Operatoren bilden aus zwei Boole'schen Werten einen Boole'schen Vergleichswert.

Operator	Ergebnis
&	logisches UND
|	logisches ODER
^	logisches XOR (exklusives ODER)
||	ODER mit Short-Circuit-Evaluation
&&	UND mit Short-Circuit-Evaluation
!	logisches NICHT
==	gleich
!=	ungleich
?:	dreifaches if-then-else

Die logischen Boole'schen Operatoren &, | und ^ behandeln Werte vom Typ `boolean` in der gleichen Weise wie die Bits eines Wertes vom Typ `int`. Der logische Operator ! invertiert den Boole'schen Zustand: `!true == false` und `!false == true`. Die folgende Tabelle zeigt die Auswirkungen der einzelnen logischen Operationen:

A	B	A | B	A & B	A ^ B	!A
false	false	>false	false	false	true
true	false	>true	false	true	false
false	true	>true	false	true	true
true	true	>true	true	false	false

Logische Short-Circuit-Operatoren

Die logischen Operatoren UND (&) und ODER (|) werten immer die Ausdrücke rechts und links vom Operator aus. Doch die Short-Circuit-Operatoren UND (&&) und ODER (||) werten allerdings nicht immer den Ausdruck rechts vom Operator aus. Wie in der oben angeführten Tabelle zu erkennen ist, ergibt der Operator ODER den Wert `true`, wenn `A` den Wert `true` hat, egal, welchen Wert `B` hat. In ähnlicher Weise ergibt der UND-Operator den Wert `false`, wenn `A` den Wert `false` hat, unabhängig davon, welchen Wert `B` hat. Werden anstelle von | und & die Operatoren || und && verwendet, dann wertet Java den rechten Operanden nicht aus, wenn das Ergebnis des Ausdrucks allein über den linken Operanden bestimmt werden kann. Ein Beispiel:

```
if((einkommen >>= 40000) && (alter >>= 65)){
  // ...
}
```

Ist der Wert von `einkommen` kleiner als 40.000, ergibt der Test in diesem Fall den Wert `false`, egal welchen Wert `alter` hat. Daher ist es nicht erforderlich, den rechten Ausdruck auszuwerten. Ein weiteres Beispiel:

```
if((einkommen >>= 40000) || (alter >>= 65)) {
  // ...
}
```

Ist der Wert von `einkommen` größer als 40.000, ergibt der Test den Wert `true`, egal, welchen Wert `alter` hat. Auch in diesem Fall muss der rechte Ausdruck nicht ausgewertet werden.

Mit den Short-Circuit-Operatoren kann effizienterer Code geschrieben werden. In Situationen, in denen der linke Operand das Ergebnis ermitteln kann, wird keine Zeit für die Auswertung des rechten Operanden vergeudet. Allerdings ist Vorsicht geboten, wenn der Code irgendwo einen Nebeneffekt der Auswertung des rechten Operanden nutzt. In solchen Fällen darf kein Short-Circuit-Operator verwendet werden.

3.5 Der Zuweisungsoperator

Als Zuweisungsoperator dient das einfache Gleichheitszeichen =. Der Zuweisungsoperator funktioniert in Java genauso, wie in allen anderen Programmiersprachen. Das allgemeine Format lautet:

var = *Ausdruck*;

Der Typ *var* muss mit dem Typ von *Ausdruck* kompatibel sein.

Mit dem folgenden Format erlaubt Java eine bequeme Kurzzuweisung:

```
var = var op Ausdruck;
```

Zuweisungen dieser Art lassen sich noch verkürzen:

```
var op = Ausdruck;
```

Der Ausdruck

```
a = a + b;
```

kann beispielsweise durch den Ausdruck

```
a += b;
```

ersetzt werden. Folgende Kurzzuweisungsoperatoren werden von Java unterstützt:

Operator	Ergebnis
+=	Additionszuweisung
–=	Subtraktionszuweisung
*=	Multiplikationszuweisung
/=	Divisionszuweisung
%=	Restwertzuweisung
&=	bitweise UND-Zuweisung
|=	bitweise ODER-Zuweisung
^=	bitweise exklusive ODER-Zuweisung
>>=	Zuweisung über Verschiebung nach rechts
>>>=	Zuweisung über Verschiebung nach rechts, mit Null auffüllen
<<=	Zuweisung über Verschiebung nach links
&=	UND-Zuweisung
|=	ODER-Zuweisung
^=	XODER-Zuweisung

Programmiertipp

Sie können zwei oder mehreren Variablen mit einer einzigen Anweisung einen allgemeinen Wert zuweisen, wenn Sie eine Reihe von Zuweisungsoperatoren verwenden. Die folgende Zuweisung ist beispielsweise durchaus zulässig:

```
int a, b, c;
a = b = c = 100; // weist a, b und c den Wert 100 zu
```

Nach Ausführung dieser Anweisung, haben die Variablen a, b und c den Wert 100.

3.6 Der Fragezeichenoperator

Java verwendet einen speziellen dreifachen Operator, der bestimmte Arten von if-then-else-Anweisungen ersetzen kann. Der Fragezeichenoperator ? hat das allgemeine Format

Ausdruck1 ? *Ausdruck2* : *Ausdruck3*

Bei *Ausdruck1* kann es sich um einen beliebigen Ausdruck handeln, der einen Wert vom Typ boolean liefert. Hat *Ausdruck1* den Wert true, dann wird *Ausdruck2* ausgewertet, andernfalls wird *Ausdruck3* ausgewertet. Das Ergebnis der ?-Operation ist das des ausgewerteten Ausdrucks. *Ausdruck2* und *Ausdruck3* müssen den gleichen Typ zurückliefern, bei dem es sich aber nicht um den Typ void handeln darf.

Im folgenden Beispiel wird mit den Fragezeichenoperator eine Division durch Null vermieden:

```
c = a!=0 ? b/a : 0;
```

Ist a ungleich Null, wird c der Wert von b/a zugewiesen. Andernfalls wird keine Division durchgeführt und c erhält den Wert 0.

3.7 Der Punktoperator

Der Punktoperator (.) dient zum Verweis auf das Member einer Klasse. Mehr hierzu finden Sie in Kapitel 2 »Klassen und Methoden«.

3.8 Vorrangregeln für Operatoren

Tabelle 3.1 zeigt die Vorrangregeln für die Java-Operatoren.

Höchste Priorität

<table>
<tr><td>()</td><td>[]</td><td>.</td><td></td></tr>
<tr><td>++</td><td>--</td><td>~</td><td>!</td></tr>
<tr><td>*</td><td>/</td><td>%</td><td></td></tr>
<tr><td>+</td><td>-</td><td></td><td></td></tr>
<tr><td>>></td><td>>>></td><td><<</td><td></td></tr>
<tr><td>></td><td>>=</td><td><</td><td><=</td></tr>
<tr><td>==</td><td>!=</td><td></td><td></td></tr>
<tr><td>&</td><td></td><td></td><td></td></tr>
<tr><td>^</td><td></td><td></td><td></td></tr>
<tr><td>|</td><td></td><td></td><td></td></tr>
<tr><td>&&</td><td></td><td></td><td></td></tr>
<tr><td>||</td><td></td><td></td><td></td></tr>
<tr><td>?:</td><td></td><td></td><td></td></tr>
<tr><td>=</td><td>op=</td><td></td><td></td></tr>
</table>

Niedrigste Priorität

Tabelle 3.1: Die Vorrangregeln für Java-Operatoren

4 Vererbung, Pakete und Schnittstellen

In diesem Abschnitt werden drei Haupteigenschaften von Java erörtert: Vererbung, Pakete und Schnittstellen. Vererbung ist ein Vorgang, bei dem eine Klasse die Attribute einer anderen Klasse übernimmt. Ein Paket partitioniert den Name-Space der Klasse. Eine Schnittstelle definiert eine Reihe von Methoden, die andere Klassen implementieren müssen.

4.1 Vererbung

In Java kann eine Klasse die Eigenschaften einer anderen Klasse erben. Eine ererbte Klasse heißt in der Java-Terminologie *Superklasse*. Die erbende Klasse wird als *Unterklasse* oder abgeleitete Klasse bezeichnet. Eine abgeleitete Klasse ist also eine spezielle Version einer Superklasse. Sie erbt alle für die Superklasse definierten Instanzvariablen und Methoden und wird durch eigene, einmalige Elemente ergänzt.

Eine Klasse wird vererbt, indem die Definition der einen Klasse über das Schlüsselwort `extends` in die andere Klasse eingebunden wird:

```
class Unterklasse extends Superklasse {
// Rumpf der Klasse
   }
```

Eine Klasse kann nur aus einer *Superklasse* abgeleitet werden. Java unterstützt nicht die Vererbung mehrerer Superklassen an eine einzige abgeleitete Klasse. Es kann aber eine Vererbungshierarchie eingerichtet werden, bei der eine abgeleitete Klasse zur Superklasse einer weiteren abgeleiteten Klasse werden kann. Aber keine Klasse kann eine Superklasse der eigenen Klasse sein.

Der folgende Code zeigt ein einfaches Beispiel für die Vererbung. Das Programm erzeugt die Superklasse A und eine abgeleitete Klasse B. Beachten Sie, wie mit dem Schlüsselwort extends eine von A abgeleitete Klasse erstellt wird.

```
// Erstellen einer Superklasse.
class A {
  int i, j;
  void showij(){
System.out.println("i und j: " + i + " " + j);
  }
}
// Eine abgeleitete Klasse über eine Erweiterung der Klasse
   A erstellen
class B extends A {
  int k;

     void showk() {
System.out.println("k: " + k);
  }
  void sum() {
System.out.println("i+j+k: " + (i+j+k));
  }
}
```

```
   class SimpleInheritance {
  public static void main(String args[]) {
A superOb = new A();
B subOb = new B();

   // Die Superklasse kann sich selbst verwenden.
superOb.i = 38;
superOb.j = 48;
System.out.println("Inhalt von superOb: ");
superOb.showij();
System.out.println();
/* Die abgeleitete Klasse hat Zugriff auf alle öffentlichen
   Members seiner Superklasse. */
subOb.i = 46;
subOb.j = 45;
subOb.k = 19;
System.out.println("Inhalt von subOb: ");
subOb.showij();
subOb.showk();
System.out.println();

System.out.println("Summe von i, j und k in subOb:");
subOb.sum();
  }
   }
```

Wie dieses Beispiel zeigt, enthält die abgeleitete Klasse `B` alle Members seiner Superklasse `A`. Daher kann `subOb` auf `i` und `j` zugreifen und `showij()` aufrufen. Ferner kann innerhalb von `sum()` direkt auf `i` und `j` verwiesen werden, als seien sie ein Teil von `B`. Obwohl `A` eine Superklasse für `B` ist, ist sie dennoch eine vollständig unabhängige, einzelne Klasse. Die Tatsache, dass eine Klasse die Superklasse für einige abgeleitete Klasse bildet, bedeutet nicht unbedingt, dass die Superklasse selbst nicht verwendet werden kann.

4.2 super verwenden

Wenn eine abgeleitete Klasse auf seine unmittelbare Superklasse verweisen muss, kann dies mit dem Schlüsselwort `super` geschehen. `super` verwendet zwei allgemeine Formate. Das erste ruft den Superklassenkonstruktor auf. Das zweite dient zum Zugriff auf ein Member der Superklasse, welches von einem Member einer abgeleiteten Klasse verborgen wurde. Die beiden Verwendungen werden im Folgenden erläutert.

Mit super Superklassenkonstruktoren aufrufen

Eine abgeleitete Klasse kann eine von der Superklasse definierte Konstruktormethode mit dem folgenden Format für `super` aufrufen:

`super(`*Parameterliste*`);`

Parameterliste enthält die vom Konstruktor der Superklasse benötigen Parameter. `super()` muss immer die erste Anweisung sein, die von einem Konstruktor einer abgeleiteten Klasse ausgeführt wird.

Mit super auf ein Member der Superklasse verweisen

Bei der zweiten Verwendungsart verhält sich `super` ähnlich wie `this`, mit dem Unterschied, dass immer auf die Superklasse der abgeleiteten Klasse verwiesen wird, in der es verwendet wird. Hierfür wird das folgende Format verwendet:

`super.`*member*

member kann entweder eine Methode oder eine Instanzvariable angeben.

Diese zweite Verwendungsart von `super` eignet sich besonders für Situationen, in denen Member-Namen einer abgeleiteten Klasse Members der Superklasse mit gleichem Namen verbergen.

4.3 Wann Konstruktoren aufgerufen werden

Konstruktoren einer Klassenhierarchie werden für die Ableitung einer Klasse von einer Superklasse aufgerufen. Da es sich bei `super()` außerdem um die erste ausgeführte Anweisung des Konstruktors einer abgeleiteten Klasse handeln muss, bleibt die Reihenfolge die gleiche, egal ob `super()` verwendet wird oder nicht. Wird `super()` nicht verwendet, wird der Standardkonstruktor oder der parameterlose Konstruktor jeder Superklasse ausgeführt.

4.4 Methoden überschreiben

Hat eine Methode einer abgeleiteten Klasse einer Klassenhierarchie die gleiche Bezeichnung und den gleichen Typ wie eine Methode der Superklasse, dann *überschreibt* die Methode der abgeleiteten Klasse die Methode der Superklasse. Wird eine überschriebene Methode aus einer abgeleiteten Klasse heraus aufgerufen, bezieht sich dieser Aufruf immer auf die in der abgeleiteten Klasse definierte Version der Methode. Die Version der Methode innerhalb der Superklasse wird verborgen.

Dynamische Methodensuche

Das Überschreiben von Methoden bildet die Grundlage für eines der leistungsfähigsten Java-Konzepte, nämlich für die *dynamische Methodensuche*. Die dynamische Methodensuche ist ein Vorgang, mit dem der Aufruf einer überschrieben Funktionen während der Ausführung und nicht beim Kompilieren aufgelöst wird. Die dynamische Methodensuche ist deswegen so wichtig, weil Java auf diese Weise die Vielschichtigkeit während der Ausführungszeit handhabt.

Die dynamische Methodensuche basiert auf einem wichtigen Prinzip: Eine Verweisvariable einer Superklasse kann sich auf ein Objekt einer abgeleiteten Klasse beziehen. Java nutzt diesen Umstand, um Aufrufe überschriebener Methoden während der Laufzeit aufzulösen. Dies geschieht folgendermaßen: Wird eine überschriebene Methode über einen Superklassenverweis aufgerufen, dann entscheidet Java anhand des Objekttyps zum Zeitpunkt des Aufrufs, welche Version dieser Methode ausgeführt wird. Diese Festlegung erfolgt also während der Ausführung. Wird auf unterschiedliche Objekttypen verwiesen, werden unterschiedliche Versionen einer überschriebenen Methode aufgerufen. Es ist also der *Objekttyp, auf den verweisen wird*, der festlegt, welche Version einer überschriebenen Methode ausgeführt wird, und nicht der Typ der Verweisvariablen. Daher werden bei einer überschriebenen Methode einer Superklasse unterschiedliche Versionen der Methode ausgeführt, wenn über eine Verweisvariable der Superklasse auf unterschiedliche Objekttypen verwiesen wird.

Programmiertipp

Mit überschriebenen Methoden unterstützt Java die Vielschichtigkeit während der Ausführungszeit. Diese Vielschichtigkeit ist für die objektorientierte Programmierung deshalb von besonderer Bedeutung, weil sie gestattet, dass eine allgemeine Klasse Methoden angibt, die allen Ableitungen gemeinsam sind, während die abgeleiteten Klassen spezifische Implementierungen einiger oder aller dieser Methoden definieren können. Überschriebene Methoden sind eine Möglichkeit, wie Java den Aspekt *eine Schnittstelle und mehre Methoden* der Vielschichtigkeit handhabt.

Ein Schlüssel zur erfolgreichen Nutzung dieser Vielschichtigkeit ist das Verständnis der Superklassen sowie der abgeleiteten Klassen einer Klassenhierarchie, die sich von geringer zu immer größerer Spezialisierung bewegt. Korrekt eingesetzt bieten die Superklassen alle Elemente, die eine abgeleitete Klasse direkt verwenden kann. Ferner definiert sie die Methoden, welche die abgeleitete Klasse selbst implementieren muss. So erhält die abgeleitete Klasse die Flexibilität zur Definition eigener Methoden, was die Konsistenz einer Schnittstelle noch steigert. Durch die Kombination von Vererbung und überschriebenen Methoden kann eine Superklasse die eigentlichen Methoden definieren, die von allen abgeleiteten Klassen verwendet werden.

4.5 Abstrakte Klassen

Es ist möglich, eine Superklasse zu definieren, die ihre Form und Struktur ohne eine vollständige Implementierung ihrer Methoden deklariert. Eine solche Klasse wird als *abstrakte* Klasse bezeichnet. Abstrakte Klassen sind Klassen, in denen mindestens eine Methode nicht implementiert ist. Eine Methode ohne Implementierung (einen Rumpf) wird ebenfalls als abstrakt bezeichnet.

Eine abstrakte Methode wird mit dem Schlüsselwort `abstract` deklariert und besitzt keine definierte Implementierung. Daher muss jede abgeleitete Klasse die abstrakte Methode einer Superklasse überschreiben und kann nicht einfach die von der Superklasse definierte Version verwenden, da diese nicht existiert. Eine abstrakte Methode wird wie folgt definiert:

`abstract` *Typ Name*`(`*Parameterliste*`);`

Ein Methodenrumpf ist nicht vorhanden.

Jede Klasse, die eine oder mehrere abstrakte Methoden enthält, muss als abstrakt deklariert werden. Hierfür wird zu Beginn der Klassendeklaration lediglich das Schlüsselwort `abstract` vor das Schlüsselwort `class` gesetzt.

Das folgende einfache Beispiel verwendet eine abstrakte Methode und eine abstrakte Klasse:

```
// Beispiel für eine abstrakte Methode und eine abstrakte
   Klasse.
abstract class Square {
  abstract int square(int i); // abstrakte Methode
}
```

```
/* SqrIt muss square implementieren. Geschieht dies nicht,
   kommt es zu einem Compilerfehler. */
class SqrIt extends Square {
  int square(int i) {return i*i; }
}

class AbstractDemo {
  public static void main(String args[]) {
SqrIt ob = new SqrIt();
System.out.println("10 zum Quadrat ergibt" +
   ob.square(10));
  }
}
```

Die Kommentare weisen darauf hin, dass die Klasse `Square` abstrakt sein muss, weil `square()` ebenfalls abstrakt ist. Daher muss `SqrIt`, das Klasse `Square` erweitert, `square()` implementieren. Geschieht dies nicht, wird das Programm nicht kompiliert.

Eine abstrakte Klasse kann keine Objekte besitzen. Das bedeutet, dass eine abstrakte Klasse nicht direkt mit dem `new`-Operator als Instanz eingerichtet werden kann, was einer Erklärung bedarf. Solche Objekte wären nutzlos, weil eine abstrakte Klasse nicht vollständig definiert ist. Ferner können keine abstrakten Konstruktoren oder abstrakte statische Methoden deklariert werden. Jede von einer abstrakten Klasse abgeleitete Klasse muss entweder alle abstrakten Methoden in der Superklasse implementieren oder selbst als `abstract` deklariert werden.

4.6 Das Schlüsselwort final

Java definiert das Schlüsselwort `final`, für welches es drei Verwendungen gibt. Zwei davon beziehen sich direkt auf die Vererbung. Die dritte erlaubt die Einrichtung benannter Konstanten. Alle drei Verwendungen werden im Folgenden untersucht.

Mit final das Überschreiben verhindern

Das Überschreiben von Methoden ist zwar eine der leistungsfähigsten Java-Eigenschaften, manchmal muss es aber auch vermieden werden. Um das Überschreiben einer Methode zu verhindern, wird zu Beginn der Deklaration der Modifikator `final` angegeben. Ein Beispiel:

```
class A {
  final void meth() {
System.out.println("Dies ist eine final-Methode.");
  }
}


class B extends A {
  void meth() { // FEHLER! Überschreiben nicht möglich
System.out.println("Illegal!");
  }
}
```

`meth()` kann in `B` nicht überschrieben werden, weil es als `final` deklariert wurde. Ein solcher Versuch würde zu einem Compilerfehler führen. Außerdem kann der Code der als `final` deklarierten Methoden auch in-line erzeugt und so die Belastung durch den normalen Aufruf- und Rückgabevorgang vermieden werden.

Mit final die Vererbung verhindern

In manchen Situationen darf eine Klasse nicht vererbt werden. Hierfür wird der Klassendeklaration `final` vorangestellt. Eine als `final` deklarierte Klasse deklariert alle ihre Methoden implizit ebenfalls als `final`. Wie zu erwarten war, ist es nicht zulässig, eine Klasse gleichzeitig als `abstract` und `final` zu deklarieren, weil eine abstrakte Klasse an sich unvollständig ist und für alle Implementierungen von den abgeleiteten Klassen abhängig ist.

Das folgende Beispiel zeigt eine `final`-Klasse:

```
final class A {
  // ...
}


// Die folgende Klasse ist nicht zulässig.
class B extends A { // FEHLER! Keine abgeleitete Klasse A
   möglich
  // ...
}
```

Wie der Kommentar deutlich macht, darf `B` nicht von `A` erben, da `A` als `final` deklariert wurde

Mit final eine benannte Konstante einrichten

Bei der dritten Verwendungsart von `final` wird das Äquivalent einer benannten Konstante erzeugt. Wird eine Variablendeklaration mit `final` vorangestellt, kann die Variable nicht verändert werden. Das bedeutet, dass eine `final`-Variable beim Deklarieren initialisiert werden muss. Ein Beispiel:

```
final int COUNT = 100;
```

`COUNT` ist in diesem Fall eine Konstante mit dem Wert `100`.

4.7 Pakete

Pakete bilden Container für Klassen. Sie gliedern den Name-Space der Klasse. Aus diesem Grund ist die Java-Standardbibliothek in einer Sammlung von Paketen gespeichert.

Das Paket ist sowohl ein Kontrollmechanismus für die Benennung als auch für die Sichtbarkeit. Innerhalb eines Pakets können Klassen definiert werden, auf die Code außerhalb dieses Pakets nicht zugreifen kann. Es können auch Klassen-Member ausschließlich für die Member des gleichen Pakets definiert werden.

Ein Paket definieren

Zum Erzeugen eines Pakets wird in den Java-Quellcode lediglich `package` als erste Anweisung aufgenommen. Die `package`-Anweisung definiert einen Name-Space, in dem Klassen gespeichert werden. Wird die `package`-Anweisung weggelassen, werden die Klassennamen dem namenlosen Standardpaket zugeordnet.

Die `package`-Anweisung hat folgendes Format:

```
package pkg;
```

pkg steht für den Namen des Pakets.

Java verwendet zum Speichern der Pakete Verzeichnisse des Dateisystems. Ein Paket mit der Bezeichnung `MyPack` muss beispielsweise in einem Verzeichnis mit der Bezeichnung `MyPack` gespeichert werden. Der Verzeichnisname muss mit der Bezeichnung des Pakets exakt übereinstimmen.

Wird jeder Paketname vom folgenden durch einen Punkt getrennt, dann wird eine Pakethierarchie eingerichtet. Die Syntax für eine mehrschichtige `package`-Anweisung sieht wie folgt aus:

```
package pkg1[.pkg2[.pkg3]];
```

Die Pakethierarchie muss mit den Unterverzeichnissen auf der Festplatte übereinstimmen.

CLASSPATH

Der spezifische Standort, den der Java-Compiler als Basis einer Pakethierarchie betrachtet, wird über `CLASSPATH` gesteuert. Standardmäßig ist für die Umgebungsvariable `CLASSPATH` das aktuelle Verzeichnis (`"."`) für das Java-System definiert. `CLASSPATH` legt den Ausgangspunkt der Klassenhierarchie fest.

4.8 Pakete importieren

Auf die Klasse eines Pakets kann auf zwei Arten verwiesen werden. Einmal kann der vollständige Name über den Paketnamen und den Namen angegeben werden. Die Eingabe langer, durch Punkte getrennter Paketnamen und Pfade für jede Klasse eines Programms kann jedoch sehr umständlich sein. Daher gibt es noch eine zweite Möglichkeit, wie auf den Code anderer Pakete zugegriffen werden kann, nämlich die `import`-Anweisung.

Die `import`-Anweisung übernimmt bestimmte Klassen oder vollständige Pakete in den aktuellen Name-Space. Wurde eine Klasse importiert, wird für einen Verweis nur noch der Name benötigt. Die `import`-Anweisung ist für den Programmierer eine praktische Angelegenheit, aber rein technisch betrachtet für ein vollständiges Java-Programm nicht erforderlich.

Die `import`-Anweisungen folgen in einer Java-Quelldatei unmittelbar auf die `package`-Anweisung (falls vorhanden) und stehen vor allen Klassendefinitionen. Die `import`-Anweisung wird wie folgt verwendet:

`import` *pkg1*`[.`*pkg2*`].(`*Klassenname*`|*);`

pkg1 gibt den Namen eines Toplevel-Pakets, *pkg2* gibt durch einen Punkt getrennt den Namen eines untergeordneten Pakets innerhalb des äußeren Pakets an. Neben den Beschränkungen des Dateisystems gibt es keine festgelegte Grenze für die Tiefe einer Pakethierarchie. Außerdem kann explizit ein `Klassenname` oder ein Stern (*) angegeben werden. Der Stern weist den Java-Compiler an, das gesamte Paket zu durchsuchen, wenn er auf einen Klassennamen stößt, für den keine Paketangabe vorliegt.

4.9 Zugriffssteuerung

Im Allgemeinen steuert Java den Zugriff über die Schlüsselwörter `public`, `private` und `protected`. Darüber hinaus definiert Java eine Standardzugriffsebene, die sich von `public` unterscheidet. Sowohl Klassen als auch Pakete bieten eine Zugriffssteuerung, die jeweils miteinander kooperieren. Hinsichtlich der Pakete stellt Java vier Kategorien für die Sichtbarkeit von Klassen-Members zur Verfügung:

- abgeleitete Klassen im gleichen Paket
- nicht abgeleitete Klassen im gleichen Paket
- abgeleitete Klassen in unterschiedlichen Paketen
- Klassen, die weder zum gleichen Paket gehören noch abgeleitete Klassen sind

Mit den drei Zugriffsangaben `private`, `public` und `protected` können viele unterschiedliche Zugriffsstufen für die aufgeführten Kategorien eingerichtet werden. Tabelle 4.1 fasst die Möglichkeiten zusammen. Die Spaltenbezeichnungen geben die verschiedenen Zugriffsangaben an, die für ein Member einer Klasse eingerichtet werden können. Die Zeilenbezeichnungen geben den Ort an, von dem aus auf ein Member zugegriffen oder nicht zugegriffen werden kann. An den Schnittpunkten kann abgelesen werden, welcher Zugriff erlaubt ist.

	private Member	**Standard-Member**	**geschützte Member**	**öffentliche Member**
Sichtbar innerhalb der gleichen Klasse	ja	ja	ja	ja
Für die abgeleitete Klasse im gleichen Paket sichtbar	nein	ja	ja	ja
Für nicht abgeleitete Klassen im gleichen Paket sichtbar	nein	ja	ja	ja

	private Member	Standard-Member	geschützte Member	öffentliche Member
Für abgeleitete Klassen in unterschiedlichen Paketen sichtbar	nein	nein	ja	ja
Für nicht abgeleitete Klassen innerhalb unterschiedlicher Pakete sichtbar	nein	nein	nein	ja

Tabelle 4.1: Zugriffe auf Klassen-Member

Im Allgemeinen garantiert `public` den Zugriff für jeden. `private` gestattet nur dem Code der Klasse den Zugriff. `protected` gewährt dem gesamten Code des gleichen Pakets sowie den abgeleiteten Klassen aus unterschiedlichen Paketen Zugriff. Der Standardzugriff schränkt den Zugriff innerhalb des gleichen Pakets ein.

Tabelle 4.1 gilt nur für Klassen-Members. Für eine Klasse selbst gibt es nur zwei Zugriffsebenen: `default` und `public`. Wird eine Klasse als `public` deklariert, kann jeder beliebige Code darauf zugreifen. Beim Standardzugriff kann auf eine Klasse nur über Code aus dem gleichen Paket zugegriffen werden.

4.10 Schnittstellen

Über eine Schnittstelle (`interface`) kann eine Klasse vollständig von ihrer Implementierung abstrahiert werden. Schnittstellen sind syntaktisch mit Klassen vergleichbar, ihre Methoden werden jedoch ohne einen Rumpf deklariert. Mit einer `interface`-Anweisung kann angegeben werden, was eine Klasse tun muss, aber nicht, was sie nicht tun darf. Ist eine Schnittstelle einmal definiert, kann sie sich aus einer beliebigen Anzahl von Klassen zusammensetzen. Umgekehrt kann eine Klasse eine beliebige Anzahl von Schnittstellen implementieren. Da Schnittstellen in einer anderen Hierarchie stehen als Klassen, können Klassen, die nicht in Form einer Klassenhierarchie zueinander in Beziehung stehen, die gleiche Schnittstelle implementieren.

Eine Schnittstelle definieren

Eine Schnittstelle wird ähnlich wie eine Klasse definiert. Das Format der `interface`-Anweisung lautet:

```
Zugriff interface Name {
   Rückgabetyp Methodenname1(Parameterliste);
   Rückgabetyp Methodenname2(Parameterliste);
   Typ final-Varname1 = Wert;
   Typ final-Varname2 = Wert;
   // ...
   Rückgabetyp MethodennameN(Parameterliste);
   Typ final-VarnameN = Wert;
}
```

Für *Zugriff* steht entweder `public` oder es erfolgt keine Angabe. Wurde keine Zugriffsart angegeben, gilt die Standardzugriffsart und die Schnittstelle steht nur anderen Members des Pakets zur Verfügung, in dem sie deklariert wurde. Wurde die Schnittstelle als `public` deklariert, dann kann sie von jedem anderen Code benutzt werden. *Name* steht für den Namen der Schnittstelle, wobei es sich um einen beliebigen gültigen Bezeichner handeln kann. Zu beachten ist, dass diese Methoden keinen Deklarationsrumpf besitzen. Sie werden nach der Parameterliste mit einem Semikolon abgeschlossen. Es handelt sich im Wesentlichen um abstrakte Methoden. Eine Standardimplementierung einer mit einer Schnittstelle deklarierten Methode ist nicht möglich. Jede Klasse, die eine Schnittstelle implementiert, muss auch alle Methoden implementieren. Variablen können innerhalb von Schnittstellendeklarationen deklariert werden. Sie sind implizit `final` und `static` und können daher von der implementierenden Klasse nicht verändert werden. Außerdem müssen sie mit einem konstanten Wert initialisiert werden. Alle Methoden und Variablen sind implizit `public`, wenn die Schnittstelle selbst als `public` deklariert wurde.

Der folgende Code zeigt ein Beispiel für eine Schnittstellendefinition:

```
Interface Series {
  int nextNumber(); // Holt die nächste Nummer der Reihe
  void setStart(int i); // Startpunkt setzen
}
```

`Series` ist der Name der Schnittstelle, die die Methoden `nextNumber()` und `setStart()` definiert. Diese Methoden müssen von jeder Klasse erzeugt werden, die `Series` implementiert.

Schnittstellen implementieren

Wurde ein `interface` einmal definiert, können eine oder mehrere Klassen diese Schnittstelle implementieren. Zum Implementieren einer Schnittstelle werden der Klassendefinition die Klausel `implements` hinzugefügt und anschließend die von der Schnittstelle definierten Methoden erzeugt. Das allgemeine Format einer Klasse mit einer `implements`-Klausel sieht wie folgt aus:

Zugriff `class` *Klassenname* `implements` *Schnittstelle* `{`

```
  // Deklarationsrumpf der Klasse
}
```

Für den *Zugriff* steht entweder `public` oder es erfolgt keine Angabe. Implementiert eine Klasse mehr als eine Schnittstelle, dann werden die Schnittstellen durch Kommata voneinander getrennt. Die Methoden, die eine Schnittstelle implementieren, müssen mit `public` deklariert werden. Ferner muss der Typ der implementierenden Methode mit dem in der Schnittstellendefinition angegebenen Typ übereinstimmen.

Die folgende Klasse implementiert beispielsweise die Schnittstelle `Series`:

```
class MySeries implements Series {
  int num;

  // Zähler um 2 hochsetzen
  public int nextNumber() {
    num += 2;
    return num;
  }
  public void setStart(int i) {num = i; }
}
```

Programmiertipp

Sie können Variablen als Objektverweise deklarieren, die eine Schnittstelle anstatt eines Klassentyps verwenden. Jede Instanz jeder Klasse, welche die deklarierte Schnittstelle implementiert, kann in einer solchen Variablen gespeichert werden. Rufen Sie eine Methode über einen dieser Verweise auf, dann wird basierend auf der aktuellen Instanz der verwiesenen Schnittstelle die korrekte Version aufgerufen. `Series` kann beispielsweise auch so implementiert werden:

```
class AnotherSeries implements Series {
  int num;

  // Zähler um 3 erhöhen
  public int nextNumber() {
    num += 3;
    return num;
  }
  public void setStart(int i) { num = i;
}
```

Der folgende Code ist jetzt gültig:

```
class TestSeries {
  public static void main(String args[]) {
    Series ob = new MySeries();
      // ob verweist auf das Objekt MySeries
```

```
        ob.setStart(10);
        System.out.println(ob.nextNumber() + " "
                           + ob.nextNumber());

        ob = new AnotherSeries();
          // ob verweist auf das Objekt AnotherSeries
        ob.setStart(22);
        System.out.println(ob.nextNumber() + " "
                           + ob.nextNumber());
    }
}
```

In diesem Fall ist `ob` ein Verweis auf die Schnittstelle. Daher werden die ausgeführten Versionen von `setStart()` und `nextNumber()` über den Objekttyp bestimmt, auf den `ob` verweist. Dies ist eine Schlüsseleigenschaften von Schnittstellen. Die auszuführende Methode wird während der Ausführung dynamisch gesucht. Dies ist eine andere Möglichkeit, wie Java die Vielschichtigkeit zur Laufzeit unterstützen kann, und sie ist vergleichbar mit der Verwendung eines Superklassenverweises für den Zugriff auf ein Objekt einer abgeleiteten Klasse, wie dies bereits beschrieben wurde.

Schnittstellen erweitern

Eine Schnittstelle kann über das Schlüsselwort `extends` eine andere Schnittstelle erben. Die Syntax ist die gleiche wie beim Vererben von Klassen. Implementiert eine Klasse eine Schnittstelle, die eine andere Schnittstelle erbt, müssen Implementierungen für alle Methoden bereitgestellt werden, die innerhalb der Vererbungskette der Schnittstelle definiert werden.

5 Schlüsselwörter

In der Programmiersprache Java sind die folgenden Wörter als Schlüsselwörter reserviert:

abstract	default	if	private	this
boolean	do	implements	protected	throw
break	double	import	public	throws
byte	else	instanceof	return	transient
case	extends	int	short	try
catch	final	interface	static	void
char	finally	long	strictfp	volatile
class	float	native	super	while
const	for	new	switch	
continue	goto	package	synchronized	

Die Schlüsselwörter `const` und `goto` sind zwar reserviert, werden aber nicht verwendet. Neben den Schlüsselwörtern sind auch die folgenden Wörter reserviert: `true`, `false` und `null`. Diese Werte sind von Java vordefiniert. Sie dürfen diese Wörter nicht für die Namen von Variablen, Klassen oder anderer Elemente benutzen. Das Schlüsselwort `strictfp` wurde mit der Version Java 2 hinzugefügt.

In diesem Kapitel wird jedes einzelne Schlüsselwort erklärt und seine Verwendung beschrieben.

5.1 abstract

Das Schlüsselwort `abstract` kann für eine Methode oder Klasse angewendet werden. Eine `abstract`-Methode definiert keine Implementierung. (Das bedeutet, dass die `abstract`-Methode keinen Deklarationsteil besitzt.) Eine Implementierung muss von einer abgeleiteten Klasse bereitgestellt werden. Die allgemeine Syntax einer `abstract`-Methode lautet:

`abstract` *Rückgabetyp Name(Parameterliste)*;

Wie zu erkennen ist, folgt kein Deklarationsteil für die Methode.

Eine `abstract`-Klasse enthält eine oder mehrere Methoden. Abstrakte Klassen können nicht als Instanzen eingerichtet werden. Um eine Klasse als abstrakt zu deklarieren, wird der Deklaration das Schlüsselwort `abstract` vorangestellt.

Weitere Einzelheiten zu abstrakten Klassen und Methoden finden Sie in Kapitel 4.

5.2 boolean

`boolean` ist einer der acht elementaren Datentypen von Java. Er dient zur Deklaration Boole'scher Variablen und Rückgabewerte.

5.3 break

Mit `break` wird eine `do`-, `for`- oder `while`-Schleife abgebrochen und die normale Schleifenbedingung außer Acht gelassen. Ferner kann mit `break` eine `switch`-Anweisung unterbrochen werden.

Das folgende Beispiel zeigt `break` in einer Schleife:

```
int x = 5;

while(true) {
  if(x < 0) break;
  System.out.println("x = " + x);
x--;
}
```

In diesem Beispiel wird die Schleife abgebrochen, wenn x negativ ist.

Eine break-Anweisung beendet nur die for-, do-, while- oder switch-Anweisung, in der sie enthalten ist. Geschachtelte Schleifen- oder switch-Anweisungen werden nicht abgebrochen. In einer switch-Anweisung unterbricht break die Programmausführung nur für die nächste Fallunterscheidung. (Weitere Informationen finden Sie im Abschnitt "switch".)

5.4 byte

byte ist einer der acht elementaren Datentypen von Java. Mit ihm werden Bytevariablen (mit acht Bit) und Rückgabetypen deklariert.

5.5 case

Siehe "switch"

5.6 catch

Siehe "try"

5.7 char

char ist einer der acht elementaren Datentypen von Java. Mit ihm werden Variablen und Rückgabetypen deklariert.

5.8 class

Mit dem Schlüsselwort class beginnt die Definition einer Klasse:

```
class Sphere {
  double radius;
  Sphere(double radius) {
    this.radius = radius;
  }
  double area() {
    return 4 * Math.PI * radius * radius;
  }
}
```

Dem Schlüsselwort class können die Schlüsselwörter abstract oder final vorangestellt werden. Eine Superklasse wird mit dem Schlüsselwort extends angegeben. Von Klassen implementierte Schnittstellen werden mit dem Schlüsselwort implements angegeben.

Weitere Informationen zu Klassen finden Sie in Kapitel 2.

5.9 continue

Nach dem Schlüsselwort continue wird der verbleibende Teil des Codes einer Schleife übersprungen und eine erneute Abfrage der

Schleifenbedingung durchgeführt. Die folgende for-Schleife gibt beispielsweise Zahlen aus, die kleiner als 100 und gleichzeitig ein Vielfaches von 3 und 5 sind:

```
for(int i=0; i<100; i++) {
  if((i%3 != 0) || (i%5 != 0)) continue;
  System.out.println(+ i "ist ein Vielfaches von 3 und 5");
}
```

Ist i weder durch 3 noch durch 5 teilbar, wird die Schleife fortgesetzt. Andernfalls wird die println()-Anweisung ausgeführt.

5.10 default

Siehe "switch"

5.11 do

Die do-Schleife ist eine der drei Schleifenkonstruktionen von Java. Die allgemeine Syntax einer do-Schleife lautet:

```
do {
  Anweisungsblock
} while(Bedingung);
```

Wird nur eine Anweisung wiederholt, müssen die geschweiften Klammern nicht gesetzt werden, sie verschaffen jedoch eine bessere Übersicht. Die *Bedingung* muss ein Boole'scher Ausdruck sein. Die do-Schleife wird so lange durchlaufen, wie die Bedingung erfüllt ist.

Die do-Schleife ist die einzige Java-Schleife, die mindestens einmal durchlaufen wird, weil die Bedingung am Ende der Schleife überprüft wird.

Ein Beispiel:

```
int x = 10;
do {
  System.out.println("x = " + x);
  x -= 2;
} while(x > 0);
```

Diese Schleife wird verlassen, wenn x negativ ist.

5.12 double

double ist einer der acht elementaren Datentypen von Java. Er dient zur Deklaration von Gleitkommavariablen und Rückgabewerten mit doppelter Genauigkeit.

5.13 else

Siehe "if"

5.14 extends

Das Schlüsselwort extends dient zur Angabe der Superklasse einer Klasse. Die allgemeine Syntax lautet:

class *Klassenname* extends *vererbter Klassenname*{

Ein Beispiel:

```
// Eine Superklasse erstellen
class A {
  int a;
}
// Eine abgeleitete Klasse durch Erweitern der Klasse A
   erstellen
class B extends A {
  int b;
}
```

In diesem Beispiel erbt Klasse B die Klasse A. Ein Objekt vom Typ B besitzt daher gleichzeitig die Instanzvariable a.

Mit dem Schlüsselwort extends kann eine Schnittstelle auch eine andere Schnittstelle erben. Die Syntax ist die gleiche wie beim Vererben von Klassen. Implementiert eine Klasse eine Schnittstelle, die eine andere Schnittstelle erbt, muss sie wie im folgenden Beispiel die Implementierungen für alle in der Schnittstellenvererbungskette definierten Methoden zur Verfügung stellen:

```
// Eine Schnittstelle kann eine andere erweitern.
interface A {
  void a1();
  void a2();
}
// B enthält jetzt a1() und a2()-- b1() wird hinzugefügt.
interface B extends A {
  void b1();
}
```

```
// Diese Klasse muss A und B vollständig implementieren.
class MyClass implements B {
  public void a1() {
    System.out.println("Implementierung a1().");
  }
  public void a2() {
    System.out.println("Implementierung a2().");
  }
   public void b1() {
    System.out.println("Implementierungb1().");
  }
}
```

In diesem Beispiel erbt Schnittstelle B die Schnittstelle A. Daher müssen bei der Implementierung von B durch MyClass auch die von A und B angegebenen Methoden implementiert werden.

5.15 false

false ist einer der beiden möglichen boolean-Werte. Der zweite mögliche Wert ist true.

5.16 final

Das Schlüsselwort final kann für Klassen, Methoden oder Variablen angewendet werden. Von einer als final deklarierten Klasse können keine Klassen abgeleitet werden. Eine als final definierte Methode kann nicht überschrieben werden. Eine final-Variable darf nicht verändert werden und ist somit eine Konstante.

5.17 finally

Siehe "`try`"

5.18 float

`float` ist einer der acht elementaren Datentypen von Java. Er dient zur Deklaration von Gleitkommavariablen und Rückgabewerten mit einfacher Genauigkeit.

5.19 for

Die `for`-Schleife erlaubt die automatische Initialisierung und das Heraufsetzen einer Variablen für die Schleifensteuerung. Die gebräuchliche Syntax lautet:

`for(`*Initialisierung*`;` *Bedingung*`;` *Erhöhung*`) {`

Anweisungsblock

`}`

Enthält der *Anweisungsblock* nur eine Anweisung, sind keine geschweiften Klammern erforderlich.

Die `for`-Schleife lässt zwar eine Reihe von Varianten zu, im Allgemeinen dient die *Initialisierung* aber zum Setzen der Variablen für die Schleifensteuerung auf den Anfangswert. Bei der *Bedingung* handelt es sich im Allgemeinen um eine relationale Anweisung, mit der die Steuervariable mit einem Abbruchwert verglichen wird, und *Erhöhung* gibt den Wert für das Erhöhen der Steuervariablen an. Die Schleife wird so lange ausgeführt, bis die Bedingung den Wert `false` liefert. Wird `false` als Ausgangsbedingung angegeben, wird der Code der `for`-Schleife kein einziges Mal ausgeführt.

Der folgende Code gibt zehnmal die Meldung »Hallo« aus:

```
for(int t = 0; t < 10; t++) System.out.println("Hallo");
```

5.20 for-each

Das Iterieren über den Inhalt eines Arrays kann mit Hilfe einer for-each-Schleife wesentlich vereinfacht werden. Die for-each-Schleife besteht aus einer vereinfachten Syntax der for-Schleife. Ein each-Statement existiert nicht.

Das nachfolgende Beispiel definiert ein Array aus fünf int-Werten, die in der Methode sum() addiert werden. Dazu wird die klassische for-Schleife eingesetzt:

```
public class obj {
 public static void main(String param[]) {
  obj o=new obj();
 }
 public obj() {
  int[] arr={1,2,3,4,5};
  System.out.println("\nResult: "+sum (arr));
 }
 public int sum(int[] a)  {
  int result = 0;
  for (int index=0;index<a.length;index++) {
   result += a[index];
        System.out.println("\nWert:  "+a[index]+"  Result:
   "+result);
```

```
  }
  return result;
 }
}
```

Dir for-Schleife in der sum()-Methode kann mit Hilfe von for-each vereinfacht werden:

```
public int sum(int[] a) {
 int result = 0;
 for (int index : a) {
  result += index;
  System.out.println("\nWert: "+index+" Result: "+result);
 }
 return result;
}
```

Der Unterschied zur klassischen for-Schleife besteht for-each aus einer einfacheren Syntax:

```
for (int i : a) {
```

Es wird zuerst der int-Wert angegeben, der aus dem Array ausgelesen wird. Vereinfacht ausgedruckt bedeutet diese for-each-Schleife: *für jedes int i in a.* Man spart dadurch die Angabe der Laufbedingung. Die for-each-Schliefe ist erst ab J2SE 5.0 verfügbar.

5.21 if

`if` ist die Bedingungsanweisung von Java. Sie verwendet folgende allgemeine Syntax:

```
if(Bedingung) {
Anweisungsblock 1
}
else {
Anweisungsblock 2
}
```

Enthält der Anweisungsblock nur eine Anweisung, sind keine geschweiften Klammern erforderlich. Die `else`-Anweisung ist optional.

Bei der *Bedingung* muss es sich um einen Boole'schen Ausdruck handeln. Ergibt dieser Ausdruck den Wert `true`, wird *Anweisungsblock 1* ausgeführt. Sonst wird (falls vorhanden) *Anweisungsblock 2* ausgeführt.

Das folgende Fragment überprüft den Wert einer Variablen, die auf ein Farbobjekt verweist:

```
Color c = Color.blue;
if(c == Color.red) {
  System.out.println("Die Farbe ist Rot");
}

else {
  System.out.println("Die Farbe ist nicht rot");
}
```

5.22 implements

Mit dem Schlüsselwort `implements` werden eine oder mehrere Schnittstellen angegeben, die von einer Klasse implementiert werden. Die allgemeine Syntax lautet:

`class` *Klassenname* `implements` *Schnittstellenname*{

Um mehr als eine Schnittstelle zu implementieren, wird eine durch Kommata getrennte Schnittstellenliste angegeben.

Weitere Informationen zum Implementieren von Schnittstellen finden Sie in Kapitel 4.

5.23 import

`import`-Anweisungen können an den Beginn einer Java-Quelldatei gesetzt werden (nach der optionalen `package`-Anweisung). Eine `import`-Anweisung verwendet folgende Syntax:

`import` *pkg1*`[.` *pkg2*`].(`*Klassenname*`|*);`

pkg1 steht für den Namen des Top-Level-Pakets. Abgetrennt durch einen Punkt steht *pkg2* für die Bezeichnung eines untergeordneten Pakets innerhalb des äußeren Pakets. Für die Tiefe einer Pakethierarchie gibt es abgesehen von den Beschränkungen des Dateisystems theoretisch keine Begrenzung. Außerdem kann explizit ein *Klassenname* oder ein Stern (*) angegeben werden. Der Stern weist den Java-Compiler an, das gesamte Paket zu durchsuchen, wenn er auf einen Klassennamen stößt, für den keine Paketangabe vorliegt.

Eine `import`-Anweisung ermöglicht die direkte Benutzung der Klassen- und Schnittstellennamen des Pakets, so dass der Punktoperator und der Paketname nicht verwendet werden müssen. Zum Beispiel:

```
import java.awt.*;
```

Nach der import-Anweisung kann im Programm an Stelle von java.awt.Button die Kurzbezeichnung Button verwendet werden.

Mit dem Schlüsselwort import können wie im folgenden Beispiel auch einzelne Klassen importiert werden:

```
import java.awt.TextField;
```

Nach dieser Anweisung kann die Kurzbezeichnung TextField für java.awt.TextField benutzt werden.

Das Paket java.lang wird automatisch in die Quelldateien importiert. import-Anweisungen führen nicht dazu, dass die .class-Dateien umfangreicher werden. Allerdings kann die erforderliche Zeit für das Kompilieren beim Import von Paketen mit einer großen Anzahl von Klassen und Schnittstellen zunehmen.

5.24 instanceof

Der Operator instanceof überprüft, ob ein Objekt eine Instanz einer bestimmten Klasse ist oder ob ein Objekt eine bestimmte Schnittstelle implementiert. Der Operator gibt die Werte true oder false zurück. Die allgemeine Syntax lautet:

```
Component c = new Button("Start");
if(c instanceof Button) {
...
}
```

In diesem Fall wird die if-Anweisung erfolgreich ausgeführt, weil c tatsächlich eine Instanz von Button ist.

5.25 int

`int` ist einer der acht elementaren Datentypen von Java. Er dient zur Deklaration von Variablen und Rückgabewerten vom Typ `int`.

5.26 interface

Das Schlüsselwort `interface` steht am Beginn einer Schnittstellendefinition. Schnittstellen sind syntaktisch ähnlich wie Klassen aufgebaut, es fehlen jedoch die Instanzvariablen, und die Methoden werden ohne einen Deklarationsteil definiert.

Weitere Hinweise finden Sie in Kapitel 4.

5.27 long

`long` ist einer der acht elementaren Datentypen von Java. Er dient zur Deklaration von Variablen und Rückgabewerten vom Typ `long`.

5.28 native

Das Schlüsselwort `native` gibt an, dass eine Methode im Quellcode und nicht im Bytecode implementiert werden soll. (Der Quellcode enthält die Anweisungen, die tatsächlich von der CPU ausgeführt werden.) Die allgemeine Syntax lautet:

```
class Alarm {
public native void activate();
}
```

`activate()` ist eine öffentliche Methode der Klasse `Alarm`, die im Quellcode implementiert wird.

Die meisten Quellcodemethoden werden mit C implementiert.

5.29 new

Der Operator `new` erzeugt eine Instanz eines Objekts. Der `new`-Operator verlangt folgende Syntax:

Klassenvar= `new` *Klassenname*`();`

Klassenvar steht für den Namen einer Verweisvariablen und *Klassenname* für den Namen der Klasse, von der eine Instanz erzeugt werden soll. Die allgemeine Syntax lautet:

```
Button b = new Button("Start");
```

Die Variable `b` enthält einen Verweis auf das neue `Button`-Objekt.

5.30 null

Der Bezeichner `null` gibt einen Nullverweis an. Eine Instanzvariable mit dem Wert `null` verweist auf kein Objekt:

```
Button b = null;
```

Die Variable `b` wird für einen Verweis auf ein `Button`-Objekt deklariert und mit dem Wert `null` initialisiert, was bedeutet, dass sie nicht auf ein `Button`-Objekt verweist.

Auch eine Methode kann `null` zurückgeben.

5.31 package

Mit einer package-Anweisung am Anfang einer Java-Quelldatei wird angegeben, dass alle Klassen und Schnittstellen dieser Quelldatei dem angegebenen package zugeordnet werden sollen. Die allgemeine Syntax für package lautet:

```
Package pkg;
```

pkg gibt den Namen des Pakets an. Die allgemeine Syntax lautet:

```
package MyPack;
```

Diese Anweisung gibt an, dass die Klassen und Schnittstellen dieser Quelldatei in das Paket MyPack übernommen werden sollen.

Kapitel 4 enthält weitere Informationen zu den Paketen.

5.32 private

Das Attribut private kann für eine Methode oder Variable angewendet werden. Eine private-Methode oder -Variable ist außerhalb der Klasse, in der sie definiert wurde, nicht sichtbar.

5.33 protected

Das Attribut protected kann für Methoden oder Variablen angewendet werden. Eine geschützte Methode oder Variable ist nur für Code aus dem gleichen Paket und abgeleitete Klassen unterschiedlicher Pakete sichtbar.

5.34 public

Das Attribut public kann für eine Klasse, Schnittstelle, Methode oder Variable angewendet werden. Der Code eines Programms kann auf eine public-Klasse oder -Schnittstelle zugreifen. Eine öffentliche Methode oder Variable ist für jeden Code sichtbar, der auf die Klasse oder Schnittstelle zugreifen darf.

5.35 return

Die return-Anweisung erzwingt von einer Methode einen Rückgabewert und kann für die Übertragung eines Rückgabewertes an die aufrufende Methode verwendet werden. Die folgende Funktion liefert beispielsweise das Produkt zweier Argumente vom Typ int zurück:

```
public int multiply(int a, int b) {
return a * b;
}
```

Eine Methode kehrt sofort zurück, wenn sie auf eine return-Anweisung stößt und lässt den möglicherweise noch folgenden Code der Methode unberücksichtigt. Ferner ist zu beachten, dass eine Methode mehr als eine return-Anweisung enthalten kann.

5.36 short

short ist einer der acht elementaren Datentypen von Java. Er dient zur Deklaration von Variablen und Rückgabewerten vom Typ short.

5.37 static

Das Attribut `static` kann sich auf eine Variable oder eine Methode beziehen. Eine als `static` definierte Variable ist nur einmal im Speicher vorhanden und wird von allen Instanzen der Klasse, deren Member sie ist, gemeinsam genutzt. Auf eine statische Variable kann direkt über den Klassennamen zugegriffen werden, ohne dass dabei ein Objekt verwendet wird. Die allgemeine Syntax lautet:

```
double pi = Math.PI;
```

`Math.PI` ist eine statische Variable, die in der `Math`-Klasse definiert wird.

Auf eine als `static` definierte Methode kann direkt über den Klassennamen zugegriffen werden. Hierfür ist kein Objekt der Klasse erforderlich:

```
double y = Math.sin(degrees * Math.PI/180);
```

`sin()` ist eine von `Math` definierte statische Methode.

Als `static` deklarierte Methoden unterliegen mehreren Einschränkungen. Zum einen kann eine statische Methode nur statische Methoden aufrufen. Zum anderen kann nur auf statische Daten zugegriffen werden. Außerdem kann eine statische Methode nicht auf `this` oder `super` verweisen.

Auch ein Block kann die Deklaration `static` erhalten. Ein statischer Block wird nur einmal ausgeführt, wenn seine Klasse zum ersten Mal geladen wird.

5.38 strictfp

Das Schlüsselwort strictfp verlangt die Verwendung eines strikten Gleitkommamodells.

5.39 super

Mit dem Schlüsselwort super kann sich eine abgeleitete Klasse direkt auf seine unmittelbare Superklasse beziehen. super hat zwei allgemeine Verwendungen. Im ersten Fall wird wie im folgenden Beispiel der Konstruktor der Superklasse aufgerufen:

```
class MyButton extends Button {
  MyButton(string label) {
    super(label);
    // ...
  }
}
```

In diesem Fall ruft die Anweisung super(label) den Konstruktor von Button auf.

Bei der zweiten Verwendung von super wird auf ein Member der Superklasse zugegriffen, das vom Member einer abgeleiteten Klasse verborgen wird:

```
class X {
  int a;
  // ...
}
class Y extends X {
  int a; // Diese Variable verbrigt das a von X.
```

```
  void f() {
    // ...
    int b = super.a; // b erhält das a von X.
    int c = a; // c erhält das a von Y.
    // ...
  }
}
```

Weitere Informationen zu super finden Sie in Kapitel 4.

5.40 switch

switch ist die Java-Anweisung für eine mehrfache Verzweigung. Sie lenkt die Ausführung über einen von mehreren möglichen Wegen. Die allgemeine Syntax lautet:

```
switch(Ausdruck) {
  case Konstante1:
    Anweisungsfolge1
    break;
  case Konstante2:
  Anweisungsfolge2
    break
    ...
  case KonstanteN:
    AnweisungsfolgeN
    break;
default:
    Default-Anweisungen
}
```

Jede Anweisungsfolge kann aus einer oder mehreren Anweisungen bestehen. Der *default*-Abschnitt ist optional.

`switch` vergleicht den *Ausdruck* mit den Konstanten der `case`-Anweisungen. Bei Übereinstimmung wird die dazugehörige Folge von Anweisungen ausgeführt. Enthält die Anweisungsfolge keine `break`-Anweisung, wird die Ausführung mit der nächsten `case`-Anweisung fortgesetzt. Dieser Vorgang wird so lange fortgesetzt, bis entweder eine `break`-Anweisung erreicht wird oder die `switch`-Anweisung endet. Wird keine Übereinstimmung gefunden und ist eine `default`-Anweisung vorhanden, wird deren Anweisungsfolge ausgeführt. Andernfalls werden keine Aktionen durchgeführt. Das folgende Beispiel führt eine Menüauswahl durch:

```
switch(c) {
  case 'e':
    enter();
    break;
  case 'l':
    list();
    break;
  case 's':
    sort();
    break;
  default:
    System.out.println("Unbekannter Befehl");
}
```

5.41 synchronized

Das Schlüsselwort `synchronized` bietet zwei Möglichkeiten zur Koordination des Zugriffs auf mehrere Threads einer gemeinsam genutzten Ressource. Zum einen kann eine synchronisierte Methode definiert werden. Wenn ein Thread `T` eine synchronisierte Methode ausführt, müssen alle anderen Threads, die versuchen, diesen Thread (oder eine andere synchronisierte Methode) der gleichen Instanz aufzurufen, warten, bis Thread `T` von der synchronisierten Methode zurückkehrt. Die Syntax zum Synchronisieren einer Methode lautet wie folgt:

`synchronized` *Rückgabetyp Methode1*`(`*Parameterliste*`) {`

Zum anderen kann man mit `synchronized` auch einen Block synchronisieren. Für einen synchronisierten Anweisungsblock wird folgende Syntax benutzt:

`synchronized(`*Objekt*`) {`

zu synchronisierende Anweisungen

`}`

Objekt ist ein Verweis auf das zu synchronisierende Objekt. Führt ein Thread `T` einen synchronisierten Block aus, müssen alle anderen Threads warten, bis der Thread `T` den synchronisierten Block verlassen hat, bevor ein anderer Thread eine Methode für das *Objekt* aufrufen kann.

5.42 this

Mit dem Schlüsselwort `this` kann innerhalb einer beliebigen Methode auf das aktuelle Objekt verwiesen werden. Anders ausgedrückt ist `this` ein Verweis auf das Objekt, für das die Methode aufgerufen wurde.

5.43 throw

Siehe "try"

5.44 throws

Eine Ausnahme ist ein Objekt, das eine außergewöhnliche Bedingung (das heißt einen Fehler) während der Ausführung eine Codeabschnitts beschreibt. Ist eine Methode in der Lage, eine Ausnahme auszulösen, die sie nicht behandeln kann, dann muss dieses Verhalten angegeben werden, damit die aufrufende Methode sich selbst vor dieser Ausnahme schützen kann. Dies geschieht mit der throws-Klausel der Methodendeklaration. Eine throws-Klausel führt die Ausnahmetypen auf, die eine Methode auslösen kann. Folgende allgemeine Form wird verwendet:

Rückgabetyp Methodenname(*Parameterliste*) throws *Ausnahmeliste*{

// ...

}

Die *Ausnahmeliste* ist eine durch Kommata getrennte Liste von Ausnahmen, die eine Methode auslösen kann.

Ein Beispiel:

```
void method1() throws MalformedURLException,
SocketException {
  // ...
}
```

In diesem Beispiel wird angegeben, dass method1() die Ausnahmen MalformedURLException und SocketException auslösen kann.

Alle Ausnahmen außerhalb der Laufzeit Ausnahmen müssen abgefangen oder deklariert werden.

Siehe auch "`try`"

5.45 transient

Wird eine Instanzvariable als `transient` deklariert, muss ihr Wert beim Speichern des Objekts nicht aufbewahrt werden. Die allgemeine Syntax lautet:

```
class T {
  transient int a; // wird nicht aufbewahrt
  int b; // wird aufbewahrt
}
```

Wird ein Objekt vom Typ `T` in einen bewahrenden Speicherbereich geschrieben, wird der Inhalt von `b` aufbewahrt, was für `a` nicht der Fall ist.

5.46 true

`true` ist einer der beiden möglichen Boole'schen Werte. Der andere ist `false`.

5.47 try

Das Schlüsselwort `try` ist Teil der Ausnahmebehandlung von Java. Eine *Ausnahme* ist ein Objekt, das eine Ausnahmebedingung (einen Fehler) beschreibt, der in einem Codeabschnitt aufgetreten ist. Java handhabt die Ausnahmen mit fünf Schlüsselwörtern: `try`, `catch`, `throw`, `throws` und `finally`. Programmanweisungen, die auf Ausnahmen hin überwacht werden sollen, befinden sich innerhalb eines `try`-Blocks. Kommt es innerhalb des `try`-Blocks zu einer Ausnahme, dann wird diese gemeldet. Der Code kann diese Ausnahme abfangen (mit `catch`) und sie in sinnvoller Weise behandeln. Für jeden Ausnahmetyp, der abgefangen werden soll, muss eine `catch`-Anweisung vorhanden sein. Vom System erzeugte Ausnahmen werden vom Java-Laufzeitsystem automatisch gemeldet. Über das Schlüsselwort `throw` wird eine Ausnahme manuell gemeldet. Jede von einer Methode ausgelöste Ausnahme muss mit einer `throws`-Klausel gemeldet werden. Der Code, der ausgeführt werden muss, bevor eine Methode beendet wird, steht in einem `finally`-Block.

`try`, `catch`, `throw` und `finally` verwenden folgende Syntax:

```
try {
  // Codeblock, der auf den Ausnahmetyp hin überwacht wer-
    den soll; // Ausnahme auslösen
}
catch (Ausnahmetyp1 exOb) {
  // Ausnahme-Handler für Ausnahmetyp1
}
catch (Ausnahmetyp2 exOb) {
  // Ausnahme-Handler für Ausnahmetyp2
}
// ...
finally {
  // Code, der vor Beendigung des try-Blocks ausgeführt wer-
    den muss
}
```

Der *Ausnahmetyp* gibt den Typ der aufgetretenen Ausnahme an. Beim Auslösen einer Ausnahme legt der Ausnahmetyp fest, welche catch-Anweisung ausgeführt wird.

Siehe auch "throws"

Programmiertipp

Der eingebaute Mechanismus zur Behandlung von Ausnahmen kann zwar mit den gängigsten Fehlern umgehen, in bestimmten Situationen wird es aber erforderlich sein, eigene Ausnahmetypen für eine Anwendung einzurichten. Dies kann sehr einfach durchgeführt werden: Definieren Sie eine abgeleitete Klasse von Exception, die von der Klasse Throwable abgeleitet wird. Die abgeleiteten Klassen müssen weiter nichts implementieren, allein ihr Vorhandensein im Typsystem erlaubt ihre Verwendung als Ausnahmen. Es können aber selbstverständlich auch Eigenschaften für den zu behandelnden Ausnahmetyp hinzugefügt werden.

Die Exception-Klasse definiert selbst keine eigenen Methoden, sie erbt jedoch die Methoden von Throwable. Daher stehen allen Ausnahmen alle für Throwable definierten Methoden zur Verfügung, einschließlich den von Ihnen selbst erstellten. (Weitere Informationen zu Throwable finden Sie in Kapitel 6.)

Im folgenden Beispiel wird eine von Exception abgeleitete Klasse deklariert und zum Auslösen einer Ausnahme verwendet:

```
// Eigene Ausnahmen einrichten
class MeineAusnahme extends Exception {
  int pass;
  MeineAusnahme(int x) { pass = x; }
```

```
}
class Except {
  public static void main(String args[]) {
    try {
      for(int i=0; i<10; i++) {
        if(i==4) throw new MeineAusnahme(i);
        System.out.println("Durchlauf #" + i + "\n");
      }
    }
    catch(MeineAusnahme e) {
        System.out.println("Ausnahme in Durchlauf #" +
   e.pass);
    }
  }
}
```

Das Programm erzeugt die folgende Ausgabe:

```
Durchlauf #0
Durchlauf #1
Durchlauf #2
Durchlauf #3
Ausnahme in Durchlauf #4
```

In diesem Beispiel wird die Klasse MeineAusnahme von der Klasse Exception abgeleitet. Diese abgeleitete Klasse ist recht einfach: Sie besteht lediglich aus einem Konstruktor der Variablen pass vom Typ int. Die Klasse Except erzeugt eine for-Schleife, die von 1 bis 10 durchlaufen wird. Wird der Wert 4 erreicht, wird ein MeineAusnahme-Objekt erzeugt und somit eine Ausnahme ausgelöst. Dem Konstruktor wird der Wert von i übergeben, der in pass gespeichert wird. Beim Abfangen der Ausnahme wird angezeigt, in welchem Durchlauf die Ausnahme aufgetreten ist.

5.48 void

Das Schlüsselwort void gibt an, dass eine Methode keinen Wert zurückgibt.

Die allgemeine Syntax lautet:

```
void x1() {
  // ...
}
```

In diesem Fall gibt x1() keinen Wert zurück.

5.49 volatile

Das Attribut volatile teilt dem Compiler mit, dass sich der Wert einer Variablen auf eine Art und Weise ändern kann, die im Programm nicht explizit angegeben wird. Beispielsweise sollten Variablen, deren Werte von der Hardware (durch die Uhr, Interrupts oder andere Eingaben) geändert werden, als volatile deklariert werden.

5.50 while

Die `while`-Schleife besitzt folgende allgemeine Form:

while(*Bedingung*) {

Anweisungsblock

}

Enthält der *Anweisungsblock* nur eine einzige Anweisung, dann können die geschweiften Klammern fortgelassen werden. Bei der *Bedingung* muss es sich um einen Boole'schen Ausdruck handeln. Die `while`-Schleife wird so oft wiederholt, bis die Bedingung den Wert `false` ergibt..

Die `while`-Schleife überprüft die Bedingung zu Beginn der Schleife. Ist die Bedingung zu Beginn nicht erfüllt, wird die Schleife gar nicht ausgeführt.

Der folgende Code zeigt ein Beispiel für eine `while`-Schleife:

```
int x = 10;
while (x > 0) {
  System.out.println("x = " + x);
  x -= 2;
}
```

6 Klassen und Schnittstellen

In diesem Abschnitt werden die in `java.lang` definierten Klassen und Schnittstellen vorgestellt. Dies sind die grundlegenden Klassen und Schnittstellen für fast jede Art von Java-Programmierung. `java.lang` wird automatisch in alle Programme importiert. Sie enthält folgende Klassen:

Boolean	Byte	Character	Character.Subset
Character. UnicodeBlock	Class	ClassLoader	Compiler
Double	Float	InheritableThread-Local	Integer
Long	Math	Number	Object
Package	Process	ProcessBuilder	Runtime
RuntimePer-mission	SecurityMa-nager	Short	StackTraceElement
StrictMath	String	StringBuffer	StringBuilder
System	Thread	ThreadGroup	ThreadLocal
Throwable	Void		

Darüber hinaus werden in `java.lang` auch die folgenden Schnittstellen definiert:

Appendable	CharSequence
Cloneable	Comparable
Iterable	Readable
Runnable	Thread.UncaughtExceptionHandler

Die folgenden Klassen wurden mit der Java-Spezifikation 1.1 eingeführt: `Byte`, `Short` und `Void`.

Neu für Java 2 Version 1.2 sind die Klassen: `Character.Subset`, `Character.UnicodeBlock`, `InheritableThreadLocal`, `Package`, `RuntimePermission` und `ThreadLocal`. In Version 1.3 ist die Klasse `StrictMath` und in 1.4 wurde `StackTraceElement` eingeführt. Die Klasse `ProcessBuilder` ist erst ab J2SE 5.0 enthalten.

Die folgenden Klassen werden selten verwendet und in diesem Buch nicht behandelt: `Character.Subset`, `Character.UnicodeBlock`, `ClassLoader`, `Compiler`, `InheritableThreadLocal`, `ProcessBuilder`, `RuntimePermission`, `SecurityManager`, `StackTraceElement`, `StrictMath` und `ThreadLocal`.

6.1 Die Boolean-Klasse

Die `Boolean`-Klasse kapselt einen Wert vom Typ `boolean` ein. Für sie sind zwei `Boolean`-Konstanten definiert: `FALSE` und `TRUE`.

Seit der Java-Spezifikation 1.1 ist noch die `Boolean`-Konstante `TYPE` definiert. Diese Konstante enthält einen Verweis auf das `Class`-Objekt, welches den `boolean`-Typ darstellt.

Boolean

`public Boolean(boolean` *b*`)`

Dieser Konstruktor erzeugt ein Objekt, dessen Wert `boolean` *b* entspricht.

`public Boolean(String` *str*`)`

Dieser Konstruktor erzeugt ein Objekt, dessen Wert der Zeichenfolge *str* entspricht (das heißt, wenn *str* gleich `true` ist, enthält das `Boolean`-Objekt den Wert `true`).

booleanValue

`public boolean booleanValue()`

Diese Methode gibt den Wert des aufrufenden Objekts als `boolean` zurück.

compareTo

`public int compareTo(Boolean b)`

Diese Methode vergleicht das übergebene `Boolean`-Objekt mit einem anderen `Boolean`-Objekt. Der Rückgabewert ist 0, wenn die boolschen Werte beider Objekte übereinstimmen, ansonsten ist der Wert -1. Die Methode ist erst ab J2SE 5.0 verfügbar.

equals

`public boolean equals(Object` *obj*`)`

Diese Methode prüft, ob das aufrufende Objekt und *obj* den gleichen Wert haben.

getBoolean

`public static boolean getBoolean(String` *Eigenschaft*`)`

Diese Methode gibt den Wert `true` zurück, wenn die Systemeigenschaft *Eigenschaft* existiert und gleich dem Wert `true` ist. Andernfalls wird `false` zurückgegeben. Groß- und Kleinschreibung bleiben dabei unberücksichtigt.

hashCode

`public int hashCode()`

Diese Methode gibt den Hash-Code des aufrufenden Objekts zurück.

parseBoolean

`public static boolean parseBoolean(String s)`

Diese Methode parst den übergebenen String. Sollte dieser nicht leer sein und die Zeichenfolge `true` enthalten, ist der Rückgabewert der Methode `true`, andernfalls `false`. Die Methode ist erst ab J2SE 5.0 verfügbar.

toString

```
public String toString()
```

Diese Methode gibt den `String`-Wert des aufrufenden Objekts zurück.

valueOf

```
public static Boolean valueOf(String str)
public static Boolean valueOf(Boolean b)
```

Diese Methode gibt ein `Boolean`-Objekt zurück, dessen Wert dem Eingabeargument entspricht.

6.2 Die Byte-Klasse

Die `Byte`-Klasse kapselt einen `byte`-Wert ein. `Byte` definiert zwei `byte`-Konstanten: `MIN_VALUE` und `MAX_VALUE`. `MIN_VALUE` entspricht dem kleinsten möglichen Wert eines Bytes. `MAX_VALUE` entspricht dem größtmöglichen Wert eines Bytes.

Außerdem definiert `Byte` die Konstante `TYPE`. Diese Konstante enthält einen Verweis auf das `Class`-Objekt, welches den Typ `byte` darstellt.

Die Klasse wurde mit der Java-Spezifikation 1.1 eingeführt.

Byte

```
public Byte(byte b)
```

Dieser Konstruktor erzeugt ein Objekt, dessen Wert dem `byte` *b* entspricht.

`public Byte(String` *str*`)`

Dieser Konstruktor erzeugt ein Objekt, dessen Wert gleich der Zeichenfolge *str* ist. Er kann die Ausnahme `NumberFormatException` auslösen.

byteValue

`public byte byteValue()`

Diese Methode gibt den Wert des aufrufenden Objekts als `byte`-Wert zurück.

compareTo

`public int compareTo(Byte` *b*`)`

Diese Methode gibt den Wert eines numerischen Vergleichs zwischen zwei Bytes zurück. Wenn die Werte gleich sind, beträgt der Rückgabewert `0`. Besitzt das aufrufende Objekt einen niedrigeren Wert, wird ein negativer und bei einem höheren Wert ein positiver Wert zurückgegeben.

Die Methode wurde mit Java 2 eingeführt.

decode

`public static Byte decode(String` *Nummer*`)`

Diese Methode gibt den Wert eines `Byte`-Objekts zurück, der gleich der Zeichenfolge *Nummer* ist. *Nummer* kann eine Oktal-, Hexadezimal- oder eine Dezimalzahl sein. Dieses Methode kann eine `NumberFormatException` Ausnahme auslösen.

doubleValue

`public double doubleValue()`

Diese Methode gibt den Wert des aufrufenden Objekts als `double`-Wert zurück.

equals

`public boolean equals(Object` *obj*`)`

Diese Methode überprüft, ob das aufrufende Objekt und *obj* den gleichen Wert haben.

floatValue

`public float floatValue()`

Diese Methode gibt den Wert des aufrufenden Objekts als `float`-Wert zurück.

hashCode

`public int hashCode()`

Diese Methode gibt den Hash-Code des aufrufenden Objekts zurück.

intValue

`public int intValue()`

Diese Methode gibt den Wert des aufrufenden Objekts als `int`-Wert zurück.

longValue

`public long longValue()`

Diese Methode gibt den Wert des aufrufenden Objekts als `long`-Wert zurück.

parseByte

`public static byte parseByte(String` *str*`)`

Diese Methode gibt ein `byte` zurück, das dem Wert der Zeichenfolge *str* entspricht. Die Basis 10 wird verwendet. Die Methode kann eine `NumberFormatException` auslösen.

`public static byte parseByte(String` *str*`, int` *Basis*`)`

Diese Methode gibt ein `byte` mit dem Wert von `String` *str* zurück. *Basis* gibt die Basis an, die für die Umwandlung von *str* verwendet wird. Diese Methode kann eine `NumberFormatException` auslösen.

shortValue

`public short shortValue()`

Diese Methode gibt den Wert des aufrufenden Objekts als `short`-Wert zurück.

toString

`public String toString()`

Diese Methode gibt den `String`-Wert des aufrufenden Objekts zurück.

public static String toString(byte *b*)

Diese Methode gibt den Wert des `String`-Objekts für den Wert von `byte` *b* auf der Basis 10 zurück.

valueOf

`public static Byte valueOf(String` *str*`)`

Diese Methode gibt den Wert eines `Byte`-Objekts zurück, dessen Wert dem `String`-Objekt *str* auf der Basis 10 entspricht. Diese Methode kann eine `NumberFormatException` auslösen.

`public static Byte valueOf(String` *str*`, int` *Basis*`)`

Diese Methode gibt den Wert eines `Byte`-Objekts zurück, dessen Wert dem `String`-Objekt *str* entspricht. *Basis* gibt die zu verwendende Basis an. Diese Methode kann eine `NumberFormatException` auslösen.

6.3 Die Character-Klasse

Die `Character`-Klasse kapselt einen Wert vom Typ `character` ein. `Character` definiert zwei `int`-Konstanten: `MAX_RADIX` und `MIN_RADIX`.

Mit der Java-Spezifikation 1.1 wurden zahlreiche ergänzende Felder hinzugefügt. `TYPE` ist eine Konstante mit einem Verweis auf das `Class`-Objekt für den Typ `char`. `MIN_VALUE` und `MAX_VALUE` sind `char`-Konstanten, die die Minimal- und Maximalwerte für einen `char`-Wert angeben. Außerdem sind noch die folgenden `byte`-Konstanten vorhanden:

```
COMBINING_SPACING_MARK, CONNECTOR_PUNCTUATION, CONTROL,
CUR-RENCY_SYMBOL, DASH_PUNCTUATION, DECIMAL_DIGIT_NUMBER,
DIRECTIONALITY_ARABIC_NUMBER,
DIRECTIONALITY_BOUNDARY_NEUTRAL,
DIRECTIONALITY_COMMON_NUMBER_SEPARATOR,
DIRECTIONALITY_EUROPEAN_NUMBER,
DIRECTIONALITY_EUROPEAN_NUMBER_SEPARATOR,
DIRECTIONALITY_EUROPEAN_NUMBER_TERMINATOR,
DIRECTIONALITY_LEFT_TO_RIGHT,
DIRECTIONALITY_LEFT_TO_RIGHT_EMBEDDING,
DIRECTIONALITY_LEFT_TO_RIGHT_OVERRIDE,
DIRECTIONALITY_NONSPACING_MARK,
DIRECTIONALITY_OTHER_NEUTRALS,
```

DIRECTIONALITY_PARAGRAPH_SEPARATOR, DIRECTIONALITY_POP_DIRECTIONAL_FORMAT, DIRECTIONALITY_RIGHT_TO_LEFT, DIRECTIONALITY_RIGHT_TO_LEFT_ARABIC, DIRECTIONALITY_RIGHT_TO_LEFT_EMBEDDING, DIRECTIONALITY_RIGHT_TO_LEFT_OVERRIDE, DIRECTIONALITY_SEGMENT_SEPARATOR, DIRECTIONALITY_UNDEFINED, DIRECTIONALITY_WHITESPACE, EN-CLOSING_MARK, END_PUNCTUATION, FINAL_QUOTE_PUNCTUATION, FORMAT, INITIAL_QUOTE_PUNCTUATION, LETTER_NUMBER, LINE_SEPARATOR, LOWERCASE_LETTER, MATH_SYMBOL, MAX_CODE_POINT, MAX_HIGH_SURROGATE, MAX_LOW_SURROGATE, MAX_RADIX, MAX_SURROGATE, MAX_VALUE, MIN_CODE_POINT, MIN_HIGH_SURROGATE, MIN_LOW_SURROGATE, MIN_RADIX, MIN_SUPPLEMENTARY_CODE_POINT, MIN_SURROGATE, MIN_VALUE, MODIFIER_LETTER, MODIFIER_SYMBOL, NON_SPACING_MARK, OTHER_LETTER, OTHER_NUMBER, OTHER_PUNCTUATION, OTHER_SYMBOL, PARA-GRAPH_SEPARATOR, PRIVATE_USE, SPACE_SEPARATOR, START_PUNCTUATION, SURROGATE, TITLECASE_LETTER, TYPE, UNASSIGNED und UPPERCASE_LETTER. Mit diesen Konstanten wird eine Zeichenkategorie angegeben.

Die gebräuchlichsten Methoden dieser Klasse werden im Folgenden beschrieben.

Character

`public Character(char ch)`

Dieser Konstruktor erzeugt ein Objekt, dessen Wert dem Zeichen *ch* entspricht.

charValue

`public char charValue()`

Diese Methode gibt den Wert des aufrufenden Objekts als `char`-Wert zurück.

compareTo

```
public int compareTo(Character c)
```

Diese Methode führt einen numerischen Vergleich zweier `Character`-Objekte durch. Bei Gleichheit wird der Wert `0` zurückgegeben. Hat das aufrufende Objekt einen niedrigeren Wert, wird ein negativer und im Fall eines höheren Wertes ein positiver Wert zurückgegeben.

Die Methode wurde mit Java 2 eingeführt.

digit

```
public static int digit(char ch, int Basis)
```

Die Methode `digit()` gibt den `int`-Wert eines Zeichens zur angegebenen Basis zurück.

equals

```
public boolean equals(Object obj)
```

Diese Methode überprüft, ob das aufrufende Objekt und *obj* den gleichen Wert haben.

hashCode

```
public int hashCode()
```

Diese Methode gibt den Hash-Code des aufrufenden Objekts zurück.

isDigit

```
public static boolean isDigit(char ch)
```

Diese Methode überprüft, ob es sich bei einem Zeichen um eine Ziffer handelt.

isLetter

`public static boolean isLetter(char ch)`

Diese Methode überprüft, ob es sich bei einem Zeichen um einen Buchstaben handelt.

Sie wurde mit der Java-Spezifikation 1.1 eingeführt.

isLowerCase

`public static boolean isLowerCase(char ch)`

Diese Methode überprüft, ob ein Zeichen in Kleinschreibung steht.

isSpace

`public static boolean isSpace(char ch)`

Diese Methode stellt fest, ob es sich bei einem Zeichen um ein Leerzeichen handelt.

Sie wurde mit der Java-Spezifikation 1.1 verworfen. Verwenden Sie stattdessen `isWhitespace()`.

isUpperCase

`public static boolean isUpperCase(char ch)`

Diese Methode stellt fest, ob es sich bei einem Zeichen um einen Großbuchstaben handelt.

isWhitespace

`public static boolean isWhitespace(char ch)`

Diese Methode stellt fest, ob es sich bei *ch* um ein nicht anzuzeigendes Zeichen handelt.

Sie wurde mit der Java-Spezifikation 1.1 eingeführt.

toLowerCase

`public static char toLowerCase(char` *`ch`*`)`

Diese Methode wandelt ein Zeichen in Kleinschreibung um.

toString

`public String toString()`

Diese Methode gibt den `String`-Wert des aufrufenden Objekts zurück.

toUpperCase

`public static char toUpperCase(char` *`ch`*`)`

Diese Methode wandelt ein Zeichen en in einen Großbuchstaben um.

6.4 Die Class-Klasse

`Class` kapselt den Ausführungsstatus eines Objekts oder einer Schnittstelle ein. Objekte vom Typ `Class` werden beim Laden von Klassen automatisch erstellt. `Class`-Objekte können nicht explizit deklariert werden. Im Allgemeinen erhält man ein `Class`-Objekt, wenn man die vom Objekt definierte Methode `getClass()` aufruft.

Die am häufigsten in dieser Klasse verwendeten Methoden werden in den folgenden Abschnitten beschrieben.

forName

`public static native Class forName(String` *`Name`*`)`

Diese Methode gibt ein `Class`-Objekt mit dem angegebenen Namen zurück. Sie kann eine `ClassNotFoundException` auslösen.

getInterfaces

```
public Class[] getInterfaces()
```

Wird diese Methode für eine Klasse aufgerufen, dann gibt sie ein Array mit den von dieser Klasse implementierten Schnittstellen zurück. Wird sie für eine Schnittstelle aufgerufen, gibt sie ein Array mit Schnittstellen zurück, die von dieser Schnittstelle hinzugefügt wurden.

getName

```
public String getName()
```

Diese Methode gibt die vollständige Typbezeichnung des aufrufenden Objekts zurück.

getProtectionDomain

```
public ProtectionDomain getProtectionDomain()
```

Diese Methode gibt den Wert des `ProtectionDomain`-Objekts dieser Klasse zurück, wenn der Security-Manager dies zulässt. Sie kann eine `SecurityException` auslösen.

Die Methode wurde mit Java 2 eingeführt.

getSuperClass

```
public Class getSuperclass()
```

Diese Methode gibt die Superklasse des aufrufenden Objekts zurück. Ist das aufrufende Objekt vom Typ `Object`, wird `null` zurückgegeben.

isInterface

```
public boolean isInterface()
```

Diese Methode stellt fest, ob es sich beim aufrufenden Objekt um eine Schnittstelle handelt.

newInstance

`public Object newInstance()`

Diese Methode erstellt eine neue Instanz (ein neues Objekt), welches vom gleichen Typ ist wie das aufrufende Objekt. Dieser Vorgang entspricht der Verwendung von `new` in Verbindung mit dem Standardkonstruktor der Klasse. Das neue Objekt wird zurückgegeben. Diese Methode kann eine `IllegalAccessException`- oder `InstantiationException` auslösen.

toString

`public String toString()`

Diese Methode gibt den `String`-Wert des aufrufenden Objekts zurück.

6.5 Die Cloneable-Schnittstelle

Wenn eine Klassen die `Cloneable`-Schnittstelle implementiert, dann zeigt dies an, dass die vom Klassenobjekt geerbte `clone()`-Methode zum bitweisen Kopieren von Objekten dieser Klasse verwendet werden kann. Die `Cloneable`-Schnittstelle besitzt selbst keine Methoden.

Wird die `clone()`-Methode für eine Instanz aufgerufen, die die `Cloneable`-Schnittstelle nicht unterstützt, wird die Ausnahme `CloneNotSupportedException` ausgelöst.

6.6 Die Comparable-Schnittstelle

Diese Schnittstelle erlaubt eine Anordnung von Elementen. Objekte, die diese Schnittstelle implementieren, geben einen numerischen Vergleich zwischen den beiden verglichenen Elementen zurück.

Diese Schnittstelle wurde mit Java 2 eingeführt.

compareTo

`public int compareTo(Object` *Vergleichsobjekt*`)`

Diese Methode führt einen numerischen Vergleich zwischen dem aufrufenden Objekt und dem *Vergleichsobjekt* durch. Sind die Werte gleich, wird `0` zurückgegeben. Hat das aufrufende Objekt einen niedrigeren Wird, wird eine negative und bei einem höheren Wert ein positiver Wert zurückgegeben.

Die Methode wurde mit Java 2 eingeführt.

6.7 Die Double-Klasse

Die `Double`-Klasse kapselt einen `double`-Wert ein. `Double` definiert fünf `double`-Konstanten: `MIN_VALUE`, `MAX_VALUE`, `NEGATIVE_INFINITY`, `NaN` und `POSITIVE_INFINITY`. Sie stehen für den kleinsten positiven Wert, den maximalen positiven Wert, für eine negative und eine positive unendliche Größe (keine Zahl).

Seit der Java-Spezifikation 1.1 definiert `Double` außerdem die Konstante `TYPE`. Diese Konstante enthält einen Verweis auf das Klassenobjekt des Typs `double`.

Neu in J2SE 5.0 ist `SIZE`, das die Anzahl der Bits angibt, die den `double`-Wert repräsentieren.

Double

`public Double(double` *d*`)`

Dieser Konstruktor erzeugt ein Objekt, dessen Wert `double` *d* entspricht.

`public Double(String` *`str`*`)`

Dieser Konstruktor erzeugt ein Objekt, dessen Wert dem `String`-Wert *str* entspricht. Er kann die Ausnahme `NumberFormatException` auslösen.

byteValue

`public byte byteValue()`

Diese Methode gibt den Wert des aufrufenden Objekts als `byte`-Wert zurück.

Die Methode wurde mit der Java-Spezifikation 1.1 eingeführt.

compare

`public int compare(double` *`d1, double d2`*`)`

Diese Methode gibt vergleicht zwei double-Werte. Identisch mit dem Aufruf:

```
new Double(d1).compareTo(new Double(d2))
```

Die Methode ist erst ab J2SE 1.4 verfügbar.

compareTo

`public int compareTo(Double` *`d`*`)`

Diese Methode gibt den Wert eines numerischen Vergleichs zwischen `Double`-Werten zurück. Sind die Werte gleich, wird `0` zurückgegeben. Ist der Wert des aufrufenden Objekts kleiner, wird ein negativer Wert zurückgegeben. Bei einem höheren Wert wird ein positiver Wert zurückgegeben.

Die Methode wurde mit Java 2 Version 1.2 eingeführt.

doubleToLongBits

`public static long doubleToLongBits(double *Value*)`

Diese Methode gibt das IEEE-kompatible Bitmuster doppelter Genauigkeit des übergebenen Arguments zurück.

doubleValue

`public double doubleValue()`

Diese Methode gibt den Wert des aufrufenden Objekts als `double`-Wert zurück.

equals

`public boolean equals(Object *obj*)`

Diese Methode überprüft, ob das aufrufende Objekt und *obj* den gleichen Wert haben.

floatValue

`public float floatValue()`

Diese Methode gibt den Wert des aufrufenden Objekts als `float`-Wert zurück.

hashCode

`public int hashCode()`

Diese Methode gibt den Hash-Code des aufrufenden Objekts zurück.

intValue

`public int intValue()`

Diese Methode gibt den Wert des aufrufenden Objekts als `int`-Wert zurück.

isInfinite

`public boolean isInfinite()`

Diese Methode stellt fest, ob dem aufrufende Objekt die Attribute `Double.POSITIVE_INFINITY` oder `Double.NEGATIVE_INFINITY` zugeordnet sind.

`public static boolean isInfinite(double d)`

Diese Methode stellt fest, ob *d* `Double.POSITIVE_INFINITY` oder `Double.NEGATIVE_INFINITY` ist.

isNaN

`public boolean isNaN()`

Diese Methode stellt fest, ob das aufrufende Objekt `Double.NaN` zugeordnet ist.

`public static boolean isNaN(double d)`

Diese Methode stellt fest, ob *d* `Double.NaN` ist.

longBitsToDouble

`public static native double longBitsToDouble(long Bits)`

Diese Methode gibt das IEEE-kompatible Bitmuster doppelter Genauigkeit des übergebenen Arguments zurück.

longValue

`public long longValue()`

Diese Methode gibt den Wert des aufrufenden Objekts als `long`-Wert zurück.

parseDouble

`public static double parseDouble(String s)`

Diese Methode parst den übergebenen String. Der Rückgabewert der Methode ist der entsprechende `double`-Wert,

toHexString

`public static String toHexString(double d)`

Diese Methode gibt die hexadezimale Repräsentation des übergebenen `double`-Werts als String zurück. Die Methode ist erst ab J2SE 5.0 verfügbar.

shortValue

`public short shortValue()`

Diese Methode gibt den Wert des aufrufenden Objekts als `short`-Wert zurück.

Sie wurde mit der Java-Spezifikation 1.1 eingeführt.

toString

`public String toString()`

Diese Methode gibt den `String`-Wert des aufrufenden Objekts zurück.

`public static String toString(double` *d*`)`

Diese Methode gibt den `String`-Wert von *d* zurück.

valueOf

`public static Double valueOf(String` *str*`)`

Diese Methode gibt ein `Double`-Objekt zurück, das den angegebenen Wert enthält. Sie kann die Ausnahme `NumberFormatException` auslösen.

6.8 Die Float-Klasse

Die `Float`-Klasse kapselt einen `float`-Wert ein. `Float` definiert fünf `float`-Konstanten: `MIN_VALUE`, `MAX_VALUE`, `NEGATIVE_INFINITY`, `NaN` und `POSITIVE_INFINITY`. Sie stehen für den kleinsten und den maximalen positiven Wert sowie für eine negative und eine positive unendliche Größe (keine Zahl).

Seit der Java-Spezifikation 1.1 ist die Konstante `TYPE` definiert. Sie enthält einen Verweis auf ein Klassenobjekt des Typs `float`.

Neu in J2SE 5.0 ist `SIZE`, das die Anzahl der Bits angibt, die den `float`-Wert repräsentieren.

Float

`public Float(double` *d*`)`

Dieser Konstruktor erzeugt ein Objekt mit dem Wert `double` *d*.

`public Float(float` *f*`)`

Dieser Konstruktor erzeugt ein Objekt mit dem Wert `float` *f*.

`public Float(String` *str*`)`

Dieser Konstruktor erzeugt ein Objekt mit dem `String`-Wert *str*. Er kann die Ausnahme `NumberFormatException` auslösen.

byteValue

`public byte byteValue()`

Diese Methode gibt den Wert des aufrufenden Objekts als `byte`-Wert zurück.

Sie wurde mit der Java-Spezifikation 1.1 eingeführt.

compare

`public int compare(float` *f1, float f2*`)`

Diese Methode gibt vergleicht zwei `float`-Werte. Identisch mit dem Aufruf:

```
new Float(f1).compareTo(new Float(f2))
```

Die Methode ist erst ab J2SE 1.4 verfügbar.

compareTo

`public int compareTo(Float` *f*`)`

Diese Methode gibt den Wert eines numerischen Vergleichs zweier `Float`-Werte zurück. Sind die Werte gleich, wird `0` zurückgegeben. Ist der Wert des aufrufenden Objekts kleiner, wird ein negativer Wert zurückgegeben. Ist der Wert größer, ist der Rückgabewert positiv.

Die Methode wurde mit Java 2 Version 1.2 eingeführt.

doubleValue

`public double doubleValue()`

Diese Methode gibt den Wert des aufrufenden Objekts als `double`-Wert zurück.

equals

`public boolean equals(Object` *obj*`)`

Diese Methode überprüft, ob das aufrufende Objekt und *obj* den gleichen Wert haben.

floatToIntBits

`public static int floatToIntBits(float` *f*`)`

Diese Methode gibt den Wert des IEEE-kompatiblen Bitmusters einfacher Genauigkeit zurück, das dem übergebenen Argument entspricht.

floatValue

`public float floatValue()`

Diese Methode gibt den Wert des aufrufenden Objekts als `float`-Wert zurück.

hashCode

`public int hashCode()`

Diese Methode gibt den Hash-Code des aufrufenden Objekts zurück.

intBitsToFloat

`public static float intBitsToFloat(int` *`Bits`*`)`

Diese Methode gibt das als Argument übergebene Bit-Muster mit einfacher Genauigkeit als IEEE-kompatiblen `float`-Wert zurück.

intValue

`public int intValue()`

Diese Methode gibt den Wert des aufrufenden Objekts als `int`-Wert zurück.

isInfinite

`public boolean isInfinite()`

Diese Methode stellt fest, ob das aufrufende Objekt `Float.POSITIVE_INFINITY` oder `Float.NEGATIVE_INFINITY` ist.

`public static boolean isInfinite(float` *`f`*`)`

Diese Methode stellt fest, ob *f* `Float.POSITIVE_INFINITY` oder `Float.NEGATIVE_INFINITY` ist.

isNaN

`public boolean isNaN()`

Diese Methode stellt fest, ob das aufrufende Objekt vom Typ `Float.NaN` ist.

`public static boolean isNaN(float f)`

Diese Methode stellt fest, ob *f* vom Typ `Float.NaN` ist.

longValue

`public long longValue()`

Diese Methode gibt den Wert des aufrufenden Objekts als `long`-Wert zurück.

parseFloat

`public static float parseFloat(String s)`

Diese Methode parst den übergebenen String. Der Rückgabewert der Methode ist der entsprechende `float`-Wert,

toHexString

`public static String toHexString(float f)`

Diese Methode gibt die hexadezimale Repräsentation des übergebenen `float`-Werts als String zurück. Die Methode ist erst ab J2SE 5.0 verfügbar.

shortValue

`public short shortValue()`

Diese Methode gibt den Wert des aufrufenden Objekts als short-Wert zurück.

toString

```
public String toString()
```

Diese Methode gibt den String-Wert des aufrufenden Objekts zurück.

```
public static String toString(float f)
```

Diese Methode gibt den String-Wert von *f* zurück.

valueOf

```
public static Float valueOf(String str)
```

Diese Methode gibt ein Float-Objekt mit dem Wert des angegebenen Arguments zurück. Sie kann die Ausnahme NumberFormatException auslösen.

6.9 Die Integer-Klasse

Die Integer-Klasse kapselt einen int-Wert ein. Integer definiert zwei int-Konstanten: MIN_VALUE und MAX_VALUE. MIN_VALUE gibt den kleinsten möglichen int-Wert an. MAX_VALUE entspricht dem größtmöglichen int-Wert.

Seit der Java-Spezifikation 1.1 definiert Integer ebenfalls die Konstante TYPE. Sie enthält einen Verweis auf das Class-Objekt des int-Typs.

Neu in J2SE 5.0 ist SIZE, das die Anzahl der Bits angibt, die den integer-Wert repräsentieren.

Die wichtigsten Methoden dieser Klasse werden in den folgenden Abschnitten beschrieben.

Integer

`public Integer(int` *i*`)`

Dieser Konstruktor erzeugt ein Objekt mit dem Wert `int` *i*.

`public Integer(String` *str*`)`

Dieser Konstruktor erzeugt ein Objekt mit dem Wert `String` *str*. Er kann die Ausnahme `NumberFormatException` auslösen.

byteValue

`public byte byteValue()`

Diese Methode gibt den Wert des aufrufenden Objekts als `byte`-Werte zurück.

Sie wurde mit der Java-Spezifikation 1.1 eingeführt.

compareTo

`public int compareTo(Integer` *i*`)`

Diese Methode gibt den Wert eines numerischen Vergleich zweier `Integer`-Objekte zurück. Sind die Werte gleich, wird `0` zurückgegeben. Ist der Wert des aufrufenden Objekts kleiner, wird ein negativer Wert zurückgegeben. Ist der Wert größer, ist der Rückgabewert positiv.

Die Methode wurde mit Java 2 eingeführt.

decode

`public static Integer decode(String` *Nummer*`)`

Diese Methode gibt das `Integer`-Objekt der Zeichenfolge *Nummer* zurück. *Nummer* kann eine Oktal-, Hexadezimal- oder eine Dezimalzahl sein. Diese Methode kann eine `NumberFormatException` auslösen.

Sie wurde mit der Java-Spezifikation 1.1 eingeführt.

doubleValue

`public double doubleValue()`

Diese Methode gibt den Wert des aufrufenden Objekts als `double`-Wert zurück.

equals

`public boolean equals(Object` *obj*`)`

Diese Methode überprüft, ob das aufrufende Objekt und *obj* den gleichen Wert haben.

floatValue

`public float floatValue()`

Diese Methode gibt den Wert des aufrufenden Objekts als `float`-Wert zurück.

hashCode

`public int hashCode()`

Diese Methode gibt den Hash-Code des aufrufenden Objekts zurück.

intValue

`public int intValue()`

Diese Methode gibt den Wert des aufrufenden Objekts als `int`-Wert zurück.

longValue

```
public long longValue()
```

Diese Methode gibt den Wert des aufrufenden Objekts als `long`-Wert zurück.

parseInt

`public static int parseInt(String` *str*`)`

Diese Methode gibt den `int`-Wert für `String` *str* zur Basis 10 zurück. Diese Methode kann eine `NumberFormatException` auslösen.

`public static int parseInt(String` *str*`, int` *Basis*`)`

Diese Methode gibt den `int`-Wert für `String` *str* zurück. *Basis* gibt die Basis für die Konvertierung von *str* an. Diese Methode kann eine `NumberFormatException` auslösen.

shortValue

```
public short shortValue()
```

Diese Methode gibt den Wert des aufrufenden Objekts als `short`-Wert zurück.

Sie wurde mit der Java-Spezifikation 1.1 eingeführt.

toString

```
public String toString()
```

Diese Methode gibt den `String`-Wert des aufrufenden Objekts zurück.

`public static String toString(int` *i*`)`

Diese Methode gibt den `String`-Wert für `int` *i* zurück.

`public static String toString(int` *i*`, int` *Basis*`)`

Diese Methode gibt den `String`-Wert für `int` *i* zur angegebenen Basis (*Basis*) zurück.

valueOf

`public static Integer valueOf(String str)`

Diese Methode gibt ein Objekt mit dem Wert `String` *str* zurück, wobei die Basis 10 verwendet wird. Diese Methode kann eine `NumberFormatException` auslösen.

`public static Integer valueOf(String str, int Basis)`

Diese Methode gibt ein Objekt zurück, das dem `String`-Objekt *str* entspricht. *Basis* gibt die zu verwendende Basis an. Diese Methode kann eine `NumberFormatException` auslösen.

6.10 Die Long-Klasse

Die `Long` Klasse kapselt einen `long`-Wert ein. `Long` definiert zwei `long`-Konstanten: `MIN_VALUE` und `MAX_VALUE`. `MIN_VALUE` steht für den kleinsten möglichen `long`-Wert. `MAX_VALUE` steht für den größtmöglichen `long`-Wert.

Seit der Java-Spezifikation 1.1 ist für `Long` auch die Konstante `TYPE` definiert. Diese Konstante enthält einen Verweis auf das Klassenobjekt des `long`-Typs.

Neu in J2SE 5.0 ist `SIZE`, das die Anzahl der Bits angibt, die den `long`-Wert repräsentieren.

Die gebräuchlichsten Methoden dieser Klasse werden in den nächsten Abschnitten erläutert.

Long

`public Long(long l)`

Dieser Konstruktor erzeugt ein Objekt mit dem Wert `long` *l*.

`public Long(String str)`

Dieser Konstruktor erzeugt ein Objekt mit dem Wert `String` *str*. Er kann die Ausnahme `NumberFormatException` auslösen.

byteValue

`public byte byteValue()`

Diese Methode gibt den Wert des aufrufenden Objekts als `byte`-Wert zurück.

Sie wurde mit der Java-Spezifikation 1.1 eingeführt.

compareTo

`public int compareTo(Long l)`

Diese Methode gibt den Wert eines numerischen Vergleichs zweier `Long`-Werte zurück. Sind die Werte gleich, wird `0` zurückgegeben. Ist der Wert des aufrufenden Objekts kleiner, wird ein negativer Wert zurückgegeben. Bei einem größeren Wert, ist der Rückgabewert positiv.

Die Methode wurde mit Java 2 eingeführt.

doubleValue

`public double doubleValue()`

Diese Methode gibt den Wert des aufrufenden Objekts als `double`-Wert zurück.

equals

`public boolean equals(Object` *obj*`)`

Diese Methode überprüft, ob das aufrufende Objekt und *obj* den gleichen Wert haben.

floatValue

`public float floatValue()`

Diese Methode gibt den Wert des aufrufenden Objekts als `float`-Wert zurück.

getLong

`public static Long getLong(String` *EigenschaftName*`)`

Die Methode `getLong()` gibt den Wert der mit *EigenschaftName* angegebenen Umgebungsvariablen zurück. Im Fall eines Fehlers wird `null` zurückgegeben.

`public static Long getLong(String` *EigenschaftName*`, long` *default*`)`

Die Methode `getLong()` gibt den Wert der mit *EigenschaftName* angegebenen Umgebungsvariablen zurück. Im Fall eines Fehlers wird ein `Long`-Objekt mit dem Wert *default* zurückgegeben.

`public static Long getLong(String` *EigenschaftName*`, Long` *default*`)`

`getLong()` gibt den Wert der mit *EigenschaftName* angegebenen Umgebungsvariablen zurück. Im Fall eines Fehlers wird der Wert *default* zurückgegeben.

hashCode

`public int hashCode()`

Diese Methode gibt den Hash-Code des aufrufenden Objekts zurück.

intValue

`public int intValue()`

Diese Methode gibt den Wert des aufrufenden Objekts als `int`-Wert zurück.

longValue

`public long longValue()`

Diese Methode gibt den Wert des aufrufenden Objekts als `long`-Wert zurück.

parseLong

`public static long parseLong(String` *str*`)`

Diese Methode gibt den `long`-Wert der mit *str* angegebenen Zeichenfolge zur Basis 10 zurück. Sie kann eine `NumberFormatException` auslösen.

`public static long parseLong(String` *str*`, int` *Basis*`)`

Diese Methode gibt den `long`-Wert der Zahl aus *str* zur angegebenen *Basis* zurück. Sie kann eine `NumberFormatException` auslösen.

shortValue

`public short shortValue()`

Diese Methode gibt den Wert des aufrufenden Objekts als `short`-Wert zurück.

Sie wurde mit der Java-Spezifikation 1.1 eingeführt.

toString

`public String toString()`

Diese Methode gibt den String-Wert des aufrufenden Objekts zurück.

`public static String toString(long num)`

Diese Methode gibt ein String-Objekt mit dem Dezimalwert von *num* zur Basis 10 zurück.

`public static String toString(long num, int Basis)`

Diese Methode gibt einen String mit dem Dezimalwert von *num* zur Basis 10 zurück.

valueOf

`public static Long valueOf(String str)`

Diese Methode gibt ein Long-Objekt zurück, dessen Wert dem übergebenen Argument entspricht. Sie kann die Ausnahme NumberFormatException auslösen.

`public static Long valueOf(String str, int Basis)`

Diese Methode gibt ein Long-Objekt zurück, dessen Wert dem angegebenen Argument zur angegebenen Basis entspricht. Sie kann eine NumberFormatException auslösen.

6.11 Die Math-Klasse

Die Math-Klasse kapselt mathematische Operationen ein. Math definiert zwei double-Konstanten: E und PI.

abs

`public static double abs(double arg)`

Diese Methode gibt den absoluten Wert von *arg* zurück.

```
public static float abs(float arg)
```

Diese Methode gibt den absoluten Wert von *arg* zurück.

```
public static int abs(int arg)
```

Diese Methode gibt den absoluten Wert von *arg* zurück.

```
public static long abs(long arg)
```

Diese Methode gibt den absoluten Wert von *arg* zurück.

acos

```
public static double acos(double arg)
```

Diese Methode gibt den Winkel des mit *arg* angegebenen Arcus-Cosinus zurück.

asin

```
public static double asin (double arg)
```

Diese Methode gibt den Winkel des mit *arg* angegebenen Arcus-Sinus zurück.

atan

```
public static double atan(double arg)
```

Diese Methode gibt den Winkel des mit *arg* angegebenen Arcus-Tangens zurück.

atan2

```
public static double atan2(double x, double y)
```

Diese Methode gibt den Winkel des mit *x/y* angegebenen Arcus-Tangens zurück.

ceil

```
public static double ceil(double arg)
```

Diese Methode gibt die kleinste ganze Zahl zurück, die größer oder gleich *arg* ist.

cos

```
public static double cos(double Bogen)
```

Diese Methode gibt den Kosinus des im Bogenmaß angegebenen Arguments *Bogen* zurück.

exp

```
public static double exp(double arg)
```

Diese Methode liefert E mit *arg* potenziert zurück.

floor

```
public static double floor(double arg)
```

Diese Methode gibt die größte ganze Zahl kleiner oder gleich *arg* zurück.

IEEEremainder

```
public static double IEEEremainder(double f1, double f2)
```

Diese Methode gibt den Restwert der Division von *f1* durch *f2* zurück.

log

```
public static double log(double arg)
```

Diese Methode gibt den natürlichen Logarithmus von *arg* zurück.

max

`public static double max(double x, double y)`

Diese Methode gibt den Wert des Maximums von *x* und *y* zurück.

`public static float max(float x, float y)`

Diese Methode gibt den Wert des Maximums von *x* und *y* zurück.

`public static int max(int x, int y)`

Diese Methode gibt den Wert des Maximums von *x* und *y* zurück.

`public static long max(long x, long y)`

Diese Methode gibt den Wert des Maximums von *x* und *y* zurück.

min

`public static double min(double x, double y)`

Diese Methode gibt den Wert des Minimums von *x* und *y* zurück.

`public static float min(float x, float y)`

Diese Methode gibt den Wert des Minimums von *x* und *y* zurück.

`public static int min(int x, int y)`

Diese Methode gibt den Wert des Minimums von *x* und *y* zurück.

`public static long min(long x, long y)`

Diese Methode gibt den Wert des Minimums von *x* und *y* zurück.

pow

`public static double pow(double x, double y)`

Diese Methode gibt den Wert von *x* hoch *y* zurück. Sie kann die Ausnahme `ArithmeticException` auslösen

random

```
public static synchronized double random()
```

Diese Methode liefert eine Zufallszahl zwischen 0,0 und 1,0.

rint

`public static double rint(double` *arg*`)`

Diese Methode gibt den ganzzahligen Wert zurück, der dem Wert von *arg* am nächsten liegt.

round

`public static int round(float` *arg*`)`

Diese Methode gibt den Wert von *arg* auf den nächsten `int`-Wert aufgerundet zurück.

`public static long round(double` *arg*`)`

Diese Methode gibt den Wert von *arg* auf den nächsten `long`-Wert aufgerundet zurück.

sin

`public static double sin(double` *Bogen*`)`

Diese Methode gibt das im Bogenmaß übergebene Argument als Sinuswert zurück.

sqrt

`public static double sqrt(double` *arg*`)`

Diese Methode zieht die Wurzel des mit *arg* übergebenen Wertes.

tan

`public static double tan(double` *Bogen*`)`

Diese Methode liefert den Tangens des Arguments zurück, der im Bogenmaß angegeben wird.

toDegrees

`public static double toDegrees(double` *Bogen*`)`

Diese Methode wandelt Bogenmaß in Grad um.

Sie wurde mit Java 2 eingeführt.

toRadians

`public static double toRadians(double` *Grad*`)`

Diese Methode wandelt Grad ins Bogenmaß um.

Sie wurde mit Java 2 eingeführt.

6.12 Die Number-Klasse

Die `Number`-Klasse ist die Superklasse für die Klassen `Byte`, `Double`, `Float`, `Integer`, `Long` und `Short`. Diese abstrakte Klasse wird niemals unmittelbar als Instanz eingerichtet.

Number

`public Number()`

Dies ist der Standardkonstruktor.

byteValue

`public abstract byte byteValue()`

Eine abgeleitete Klasse muss eine Implementierung der Methode `byteValue()` bereitstellen.

Diese Methode wurde mit der Java-Spezifikation 1.1 eingeführt.

doubleValue

```
public abstract double doubleValue()
```

Eine abgeleitete Klasse muss eine Implementierung der Methode `doubleValue()` bereitstellen.

floatValue

```
public abstract float floatValue()
```

Eine abgeleitete Klasse muss eine Implementierung der Methode `floatValue()` bereitstellen.

intValue

```
public abstract int intValue()
```

Eine abgeleitete Klasse muss eine Implementierung `intValue()`-Methode bereitstellen.

longValue

```
public abstract long longValue()
```

Eine abgeleitete Klasse muss eine Implementierung der Methode `longValue()` bereitstellen.

shortValue

```
public abstract short shortValue()
```

Eine abgeleitete Klasse muss eine Implementierung der Methode `shortValue()` bereitstellen.

Diese Methode wurde mit der Java-Spezifikation 1.1 eingeführt.

6.13 Die Object-Klasse

Die `Object`-Klasse ist der Ausgangspunkt der Klassenhierarchie. Sie ist die einzige Klasse, die keine Superklasse besitzt.

Object

`public Object()`

Dies ist der Standardkonstruktor.

clone

`protected Object clone()`

Diese Methode gibt den Wert eines neuen Objekts zurück, das dem aufrufenden Objekt gleicht. Sie kann die Ausnahmen `CloneNotSupportedException` oder `OutOfMemoryError` auslösen.

equals

`public boolean equals(Object` *obj*`)`

Diese Methode überprüft, ob das aufrufende Objekt und *obj* sich auf das gleiche Objekt beziehen.

finalize

`protected void finalize()`

Diese Methode wird normalerweise von abgeleiteten Klassen überschrieben. Sie enthält besonderen Code für die Bereinigung und wird ausgeführt, kurz bevor das aufrufende Objekt vom Garbage-Collector eingesammelt wird. Sie kann ein `Throwable`-Objekt auslösen.

getClass

`public final Class getClass()`

Diese Methode gibt das `Class`-Objekt des aufrufenden Objekts zurück.

hashCode

```
public int hashCode()
```

Diese Methode gibt den Hash-Code des aufrufenden Objekts zurück.

notify

```
public final void notify()
```

Diese Methode beendet die Ausführung eines Threads, der auf das aufrufende Objekt wartet. Sie kann eine `IllegalMonitorStateException` auslösen.

notifyAll

```
public final void notifyAll()
```

Diese Methode beendet die Ausführung aller Threads, die auf das aufrufende Objekt warten. Sie kann die Ausnahme `IllegalMonitorStateException` auslösen.

toString

```
public String toString()
```

Diese Methode gibt den `String`-Wert des aufrufenden Objekts zurück.

wait

```
public final void wait()
```

Diese Methode wartet unbegrenzt lange auf die Ausführung eines anderen Threads. Sie kann eine `IllegalMonitorStateException` oder eine `InterruptedException` auslösen.

`public final void wait(long` *`ms`*`)`

Diese Methode wartet bis zu *ms* Millisekunden auf die Ausführung eines anderen Threads. Sie kann die Ausnahmen `IllegalArgumentException`, `IllegalMonitorStateException` oder `InterruptedException` auslösen.

`public final void wait(long ms, int ns)`

Diese Methode wartet bis zu *ms* Millisekunden plus *ns* Nanosekunden auf die Ausführung eines anderen Threads. Sie kann die Ausnahmen `IllegalArgumentException`, `IllegalMonitorStateException` oder `InterruptedException` auslösen.

Programmiertipp

Wird ein Objekt in einem Kontext verwendet, in dem eine Zeichenfolge erforderlich ist, ermittelt Java die Darstellung des Objekts als Zeichenfolge über den Aufruf der Methode `toString()`. Jede Klasse implementiert `toString()`, weil es von `Object` definiert wird. Die Standardimplementierung von `toString()` reicht aber in den meisten Fällen nicht aus. Die meisten erzeugten Klassen werden `toString()` überschreiben und eine eigene Möglichkeit zur Darstellung von Zeichenfolgen anbieten. Um `toString()` zu implementieren, geben Sie einfach ein `String`-Objekt mit einer lesbaren Zeichenfolge zurück, das ein Objekt der Klasse angemessen beschreibt.

Durch Überschreiben von `toString()` können die sich ergebenden Zeichenfolgen vollständig in die Programmierumgebung von Java integriert werden. Sie können beispielsweise in `print()`- und `println()`-Anweisungen oder in verketteten Ausdrücken benutzt werden. Das folgende Beispiel zeigt das Überschreiben von `toString()` für die Klasse `Force`.

```
// toString() für die Force-Klasse überschreiben
  class Force {
  double mass;
  double accel;

  Force(double m, double a) {
    mass = m;
    accel = a;
  }

  public String toString() {
    // Kraft = Masse * Beschleunigung
    return "Die Kraft beträgt " + (mass * accel);
  }
  }


class Demo {
  public static void main(String args[]) {
    Force ob1 = new Force(2000, 60);
    Force ob2 = new Force(1, 88);

    System.out.println(ob1);
    System.out.println(ob2);
```

```
        String str = ob1 + " Newton";
        System.out.println(str);

        str = ob2 + " Pont";
        System.out.println(str);
    }
}
```

So sieht die Ausgabe des Programms aus:

```
Die Kraft beträgt 120000.0
Die Kraft beträgt 88.0
Die Kraft beträgt 120000.0 Newton
Die Kraft beträgt 88.0 Pont
```

Wie zu erkennen ist, wird die Methode `toString()` der Klasse `Force` aufgerufen, wenn eine `Force`-Objekt in einem verketteten Ausdruck oder einem Aufruf von `println()` verwendet wird.

6.14 Die Package-Klasse

Die `Package`-Klasse kapselt Versionsinformationen über ein Java-Paket ein. Der Klassenlader, der die Klassen geladen hat, hat Zugriff auf diese Informationen. Hierzu gehören die Bezeichnung der Implementierung, die Version sowie Herstellerangaben. Von dieser Klasse wird niemals unmittelbar eine Instanz eingerichtet, sie wird vielmehr vom Klassenlader über die `getPackage()`-Methode zurückgeliefert.

Die Klasse wurde mit der Java 2 Version 1.2 eingeführt.

getPackage

`public static Paket getPackage(String` *packageName*`)`

Die Methode gibt über den Klassenlader des Aufrufenden ein Paketobjekt aus dem mit *packageName* angegebenen Paket zurück.

Sie wurde mit Java 2 eingeführt.

6.15 Die Process-Klasse

Die `Process`-Klasse kapselt ein ausgeführtes Programm ein. Sie dient primär als Superklasse für den Typ von Objekten, die von der Methode `exec()` der `Runtime`-Klasse erzeugt werden. `Process` ist eine abstrakte Klasse.

Process

`public Process()`

Dies ist der Standardkonstruktor.

destroy

`public abstract void destroy()`

Diese Methode beendet den Prozess.

exitValue

`public abstract int exitValue()`

Diese Methode gibt den Abbruchcode eines Unterprozesses zurück. Sie kann eine `IllegalThreadStateException` auslösen.

getErrorStream

`public abstract InputStream getErrorStream()`

Diese Methode gibt einen Eingabestrom zurück, der Eingaben aus dem Ausgabestrom `err` des Prozesses liest.

getInputStream

`public abstract InputStream getInputStream()`

Diese Methode gibt einen Eingabestrom zurück, der Eingaben aus dem Ausgabestrom `out` des Prozesses liest.

getOutputStream

`public abstract OutputStream getOutputStream()`

Diese Methode gibt einen Ausgabestrom zurück, der Ausgaben in den Eingabestrom `in` des Prozesses liest.

waitFor

`public abstract int waitFor()`

Diese Methode gibt den Abbruchcode eines Prozesses zurück. Sie kehrt nicht zurück, bevor der Prozess, der sie aufgerufen hat, beendet ist. Sie kann eine `InterruptedException` auslösen.

6.16 Die Runnable-Schnittstelle

Die `Runnable`-Schnittstelle definiert die `run()`-Methode, die das Kernstück eines Threads enthält. Um einen neuen Thread zu erstellen, muss ein Programm entweder `Thread` erweitern oder die `Runnable`-Schnittstelle implementieren.

Verwandte Klassen: `Thread`, `ThreadGroup`

run

`public abstract void run()`

Die Implementierung der `run()`-Methode muss für Klassen bereitgestellt werden, die die `Runnable`-Schnittstelle implementieren.

6.17 Die Runtime-Klasse

Die `Runtime`-Klasse kapselt die Laufzeitumgebung ein. Ein `Runtime`-Objekt kann nicht als Instanz eingerichtet werden. Ein Aufruf der statischen Methode `getRuntime()` kann jedoch ein `Runtime`-Objekt zurückliefern. Über den Verweis auf das aktuelle `Runtime`-Objekt können verschiedene Methoden zur Steuerung des Status und Verhaltens der Java Virtual Machine aufgerufen werden. Applets und anderer nicht vertrauenswürdiger Code kann keine der `Runtime`-Methoden aufrufen, ohne eine `SecurityException` auszulösen.

availableProcessors

`public int availableProcessors()`

Diese Methode gibt die Anzahl der Prozesse zurück, die für die JVM verfügbar sind. Der Rückgabewert muss mindestens 1 sein. Die Methode ist erst ab J2SE 1.4 verfügbar.

exec

`public Process exec(String` *ProgName*`)`

Diese Methode führt das Programm *ProgName* als separaten Prozess aus. Das zurückgegebene Objekt vom Typ `Process` beschreibt den neuen Prozess. Diese Methode kann die Ausnahmen `IOException` oder `SecurityException` auslösen.

`public Process exec(String` *ProgName*`, String` *Umgebung*`[])`

Diese Methode führt das Programm *ProgName* als eigenen Prozess aus. Ein zurückgegebenes Objekt vom Typ `Process` beschreibt den neuen Prozess mit der *Umgebung*. Diese Methode kann die Ausnahmen `IOException` oder `SecurityException` auslösen.

`public Process exec(String` *comLineArray*`[])`

Diese Methode führt die mit *BefehlsZeilenArray* angegebenen Befehlszeile als separaten Prozess aus. Zurückgegeben wird ein Objekt vom Typ `Process`, welches den neuen Prozess beschreibt. Die Methode kann eine `IOException` oder eine `SecurityException` auslösen.

`public Process exec(String` *comLineArray*`[], String` *Umgebung*`[])`

Diese Methode führt die mit *BefehlsZeilenArray* als Befehlszeile angegebenen Zeichenfolge als separaten Prozess mit der in *Umgebung* angegebenen Umgebung aus. Rückgabewert ist ein Objekt vom Typ `Process`, welches den neuen Prozess beschreibt. Diese Methode kann eine `IOException` oder `SecurityException` auslösen.

exit

`public void exit(int` *AbbruchCode*`)`

Diese Methode unterbricht die Ausführung und gibt den Wert von *AbbruchCode* an den übergeordneten Prozess zurück. Gemäß Konvention verweist Null auf eine normale Beendigung. Alle anderen Werte verweisen auf einen Fehler.

freeMemory

`public long freeMemory()`

Diese Methode gibt den ungefähren freien Speicherplatz in Byte an, die dem Java-Laufzeitsystem zur Verfügung stehen.

gc

`public void gc()`

Diese Methode initialisiert die Garbage-Collection.

getLocalizedInputStream

`public InputStream getLocalizedInputStream(InputStream` *in*`)`

Diese Methode erzeugt und gibt einen lokalisierten Input-Stream zurück, der die gleichen Eigenschaften besitzt wie *in*, mit der Ausnahme, dass eine automatische Umwandlung vom Zeichensatz des Benutzers in Unicode durchgeführt wird.

Die Methode wurde mit der Java-Spezifikation 1.1 verworfen.

getLocalizedOutputStream

`public OutputStream getLocalizedOuputStream(OutputStream` *`out`*`)`

Diese Methode erzeugt einen lokalisierten Output-Stream und gibt ihn zurück. Er hat die gleichen Eigenschaften wie *out*, mit der Ausnahme, dass eine automatische Umwandlung von Unicode in den Zeichensatz des Benutzers durchgeführt wird.

Die Methode wurde mit der Java-Spezifikation 1.1 verworfen.

getRuntime

`public static Runtime getRuntime()`

Diese Methode gibt das aktuelle `Runtime`-Objekt zurück.

load

`public void load(String` *`BibliothekDateiName`*`)`

Diese Methode lädt die dynamische Bibliothek, deren Datei mit *BibliothekDateiName* mit ihrem vollständigen Pfad angegeben wird. Sie kann eine `SecurityException` oder eine `UnsatisfiedLinkError` auslösen.

loadLibrary

`public void loadLibrary(String` *`BibliothekName`*`)`

Diese Methode lädt die dynamische Bibliothek mit der Bezeichnung *BibliothekName*. *BibliothekName* ist in einer von der Plattform festgelegten Weise einer Datei zugeordnet. Die Methode kann eine `SecurityException` oder eine `UnsatisfiedLinkError` auslösen.

maxMemory

`public long maxMemory()`

Diese Methode gibt die Größe des Speicherbereichs zurück, die die JVM benötigt. Die Methode ist erst ab J2SE 1.4 verfügbar.

runFinalization

`public void runFinalization()`

Diese Methode löst Aufrufe der `finalize()`-Methoden unbenutzter, aber noch nicht zurückgegebener Objekte aus.

runFinalizersOnExit

`public static void runFinalizersOnExit(boolean` *ausführenFinalizers*`)`

Mit dieser Methode wird das Verhalten des Java-Laufzeitsystems beim Beenden beeinflusst. Hat *ausführenFinalizers* den Wert `true`, werden die `finalize()`-Methoden aller Objekte ausgeführt, bevor das Java-Laufzeitsystem beendet wird.

Die Methode wurde mit der Java-Spezifikation 1.1 eingeführt und mit Java 2 wieder verworfen.

totalMemory

`public long totalMemory()`

Diese Methode gibt den Speicherplatz in Byte zurück, der dem Programm zur Verfügung steht.

traceInstructions

`public void traceInstructions(boolean` *AuszugEin*`)`

Diese Methode aktiviert oder deaktiviert über den Wert von *AuszugEin* die Aufzeichnung der Anweisungen. Hat *AuszugEin* den Wert `true`, werden die Anweisungen angezeigt. Ist der Wert `false`, ist die Aufzeichnung abgeschaltet.

traceMethodCalls

`public void traceMethodCalls(boolean` *AuszugEin*`)`

Diese Methode aktiviert oder deaktiviert über den Wert von *AuszugEin* die Aufzeichnung der Methodenaufrufe. Hat *AuszugEin* den Wert `true`, werden die Aufrufe angezeigt. Ist der Wert `false`, ist die Aufzeichnung abgeschaltet.

6.18 Die Short-Klasse

Die `Short`-Klasse kapselt einen `short`-Wert ein. `Short` definiert zwei `short`-Konstanten: `MIN_VALUE` und `MAX_VALUE`. `MIN_VALUE` entspricht dem kleinsten und `MAX_VALUE` dem größten für `short` möglichen Wert.

`Short` definiert ferner die Konstante `TYPE`. Sie enthält einen Verweis auf das `Class`-Objekt des `short`-Typs.

Neu in J2SE 5.0 ist `SIZE`, das die Anzahl der Bits angibt, die den `short`-Wert repräsentieren.

Diese Klasse wurde mit der Java-Spezifikation 1.1. eingeführt.

Short

`public Short(short` *s*`)`

Dieser Konstruktor erzeugt ein Objekt mit dem Wert `short` *s*.

`public Short(String` *str*`)`

Dieser Konstruktor erzeugt ein Objekt mit dem Wert `String` *str*. Er kann eine `NumberFormatException` auslösen.

byteValue

`public byte byteValue()`

Diese Methode gibt den Wert des aufrufenden Objekts als `byte`-Wert zurück.

compareTo

`public int compareTo(Short s)`

Diese Methode führt einen numerischen Vergleich zwischen zwei `Short`-Typen durch. Sind die Werte gleich, wird `0` zurückgegeben. Ist der Wert des aufrufenden Objekts kleiner, wird ein negativer Wert zurückgegeben. Ist der Wert größer, ist der Rückgabewert positiv.

Sie wurde mit Java 2 eingeführt.

decode

`public static Short decode(String Nummer)`

Diese Methode gibt ein `Short`-Objekt für `String` *Nummer* zurück. *Nummer* kann eine Oktal-, Hexadezimal- oder Dezimalzahl sein. Diese Methode kann eine `NumberFormatException` auslösen.

doubleValue

`public double doubleValue()`

Diese Methode gibt den Wert des aufrufenden Objekts als `double`-Wert zurück.

equals

`public boolean equals(Object obj)`

Diese Methode überprüft, ob das aufrufende Objekt und *obj* den gleichen Wert haben.

floatValue

`public float floatValue()`

Diese Methode gibt den Wert des aufrufenden Objekts als `float`-Wert zurück.

hashCode

`public int hashCode()`

Diese Methode gibt den Hash-Code des aufrufenden Objekts zurück.

intValue

`public int intValue()`

Diese Methode gibt den Wert des aufrufenden Objekts als `int`-Wert zurück.

longValue

`public long longValue()`

Diese Methode gibt den Wert des aufrufenden Objekts als `long`-Wert zurück.

parseShort

public static short parseShort(String *str*)

Diese Methode gibt den `short`-Wert für `String` *str* zurück. Sie kann eine `NumberFormatException` auslösen.

public static short parseShort(String *str*, int *Basis*)

Diese Methode gibt den `short`-Wert für `String` *str* zurück. *Basis* gibt die Basis für die Konvertierung von *str* an. Diese Methode kann eine `NumberFormatException` auslösen.

shortValue

`public short shortValue()`

Diese Methode gibt den Wert des aufrufenden Objekts als `short`-Wert zurück.

toString

`public String toString()`

Diese Methode gibt den `String`-Wert des aufrufenden Objekts zurück.

`public static String toString(short s)`

Diese Methode gibt ein `String`-Objekt für den Wert von `short` *s* zurück.

valueOf

`public static Short valueOf(String str)`

Diese Methode gibt ein `Short`-Objekt für das `String`-Objekt *str* zurück. Sie kann eine `NumberFormatException` auslösen.

`public static Short valueOf(String str, int Basis)`

Diese Methode gibt ein `Short`-Objekt für das `String`-Objekt *str* zurück. *Basis* gibt die Basis für die Umwandlung an. Diese Methode kann eine `NumberFormatException` auslösen.

6.19 Die String-Klasse

Die `String`-Klasse stellt eine Reihe von Methoden für den Umgang mit Zeichenfolgen zur Verfügung. Beachten Sie, dass Zeichenfolgen nicht verändert werden können. Es gibt keine Methoden zum Verändern des Inhalts eines `String`-Objekts, wenn dieses einmal erstellt wurde.

Verwandte Klasse: `StringBuffer`

Die gebräuchlichsten Methoden dieser Klasse werden im Folgenden beschrieben.

String

`public String()`

Dieser Konstruktor erzeugt ein leeres `String`-Objekt.

`public String(byte` *asciiChars*`[])`

Dieser Konstruktor erzeugt ein Objekt des `byte`-Arrays *asciiChars*. Die `byte-zu-char`-Umwandlung wird nach der Standardmethode der Plattform durchgeführt.

Der Konstruktor wurde mit der Java-Spezifikation 1.1 eingeführt.

`public String(byte` *asciiChars*`[], int` *highOrderByte*`)`

Dieser Konstruktor erzeugt ein Objekt des `byte`-Arrays *asciiChars*. *highOrderByte* gibt das obere Byte jedes Zeichens desjenigen Objekts an, das erzeugt wird.

Dieser Konstruktor wurde mit der Java-Spezifikation 1.1 verworfen.

`public String(byte` *asciiChars*`[], int` *Start*`, int` *Größe*`[])`

Dieser Konstruktor erzeugt ein Objekt des byte-Arrays *asciiChars*. *Start* gibt die Position des ersten Bytes in *asciiChars* an, das verwendet werden soll. *Größe* gibt die Anzahl der zu verwendenden Bytes an. Die byte-zu-char-Umwandlung geschieht über die Standardmethode der Plattform.

Dieser Konstruktor wurde mit der Java-Spezifikation 1.1 eingeführt.

public String(byte *asciiChars*[], int *highOrderByte*, int *Start*, int *Größe*)

Dieser Konstruktor erzeugt ein Objekt des byte-Arrays *asciiChars*. *highOrderByte* gibt das obere Byte jedes Zeichens desjenigen String-Objekts an, das erzeugt wird. *Start* gibt die Position des ersten zu verwendenden Bytes in *asciiChars* an. *Größe* gibt die Anzahl der zu verwendenden Bytes an. Dieser Konstruktor kann eine IndexOutOfBoundsException auslösen.

Dieser Konstruktor wurde mit der Java-Spezifikation 1.1 verworfen.

public String(byte *asciiChars*[], int *Start*, int *Größe*, String *Codierung*)

Dieser Konstruktor erzeugt ein Objekt des byte-Arrays *asciiChars*. *Start* gibt die Position des ersten zu verwendenden Bytes in *asciiChars* an. *Größe* gibt die Anzahl der zu verwendenden Bytes an. *Codierung* gibt den Namen der zu verwendenden Zeichenkodierung an. Dieser Konstruktor kann eine UnsupportedEncodingException auslösen.

Er wurde mit der Java-Spezifikation 1.1 eingeführt.

public String(byte *asciiChars*[], String *Codierung*)

Dieser Konstruktor erzeugt ein Objekt des `byte`-Arrays *asciiChars*. *Codierung* gibt die Bezeichnung der zu verwendenden Zeichenkodierung an. Er kann eine `UnsupportedEncodingException` auslösen.

Der Konstruktor wurde mit der Java-Spezifikation 1.1 eingeführt.

`public String(char` *asciiChars*`[])`

Dieser Konstruktor erzeugt ein Objekt des `char`-Arrays *asciiChars*.

`public String(char` *asciiChars*`[], int` *Start*`, int` *Größe*`)`

Dieser Konstruktor erzeugt ein Objekt des `char`-Arrays *asciiChars*. *Start* gibt die Position des ersten zu verwendenden Bytes in *asciiChars* an. *Größe* gibt die Anzahl der zu verwendenden Bytes an. Die `byte`-zu-`char`-Umwandlung geschieht nach der Standardmethode der jeweiligen Plattform. Dieser Konstruktor kann eine `IndexOutOfBoundsException` auslösen.

`public String(String` *str*`)`

Dieser Konstruktor erzeugt ein Objekt, dessen Inhalt `String` *str* entspricht.

`public String(StringBuffer` *sb*`)`

Dieser Konstruktor erzeugt ein Objekt, dessen Inhalte `StringBuffer` *sb* entsprechen.

charAt

`public char charAt(int` *Position*`)`

Diese Methode gibt den Wert des Zeichen an der Index*position* an. Sie kann eine `StringIndexOutOfBoundsException` auslösen.

compareTo

`public int compareTo(String` *str*`)`

Diese Methode führt einen lexikografischen Vergleich des aufrufenden Objekts mit `String` *str* durch. Sind die Zeichenfolgen identisch, wird Null zurückgegeben. Ist das aufrufende Objekt lexikografisch höher einzustufen als *str*, gibt die Methode einen positiven Wert zurück. Andernfalls ist der Rückgabewert negativ.

compareToIgnoreCase

```
public int compareToIgnoreCase(String str)
```

Diese Methode führt einen lexikografischen Vergleich des aufrufenden Objekts mit `String` *str* durch. Im Unterschied zur Methode `compareTo()` wird die Groß-/Kleinschreibung nicht berücksichtigt, Sind die Zeichenfolgen identisch, wird Null zurückgegeben. Ist das aufrufende Objekt lexikografisch höher einzustufen als *str*, gibt die Methode einen positiven Wert zurück. Andernfalls ist der Rückgabewert negativ. Die Methode ist erst ab J2SE 1.2 verfügbar.

concat

```
public String concat(String str)
```

Diese Methode gibt den Wert eines neuen `String`-Objekts zurück, das dem aufrufenden Objekt und dem angehängten `String` *str* entspricht.

contains

```
public boolean contains(CharSequence s)
```

Diese Methode gibt `true` zurück, wenn der String die angegeben Zeichen enthält. Die Methode ist erst ab J2SE 5.0 verfügbar.

copyValueOf

```
public static String copyValueOf(char asciiChars[])
```

Diese Methode gibt den Wert eines neuen `String`-Objekts zurück, das dem `char`-Array *asciiChars* entspricht.

`public static String copyValueOf(char` *asciiChars*`[], int` *Start*`, int` *Größe*`)`

Diese Methode gibt den Wert eines neuen `String`-Objekts zurück, das einem Bereich aus den `char`-Array *asciiChars* entspricht. *Start* gibt die Position des ersten zu verwendenden Bytes aus *asciiChars* an. *Größe* gibt die Anzahl der zu verwendenden Bytes an.

endsWith

`public boolean endsWith(String` *str*`)`

Diese Methode stellt fest, ob das aufrufende Objekt mit dem mit *str* angegebenen Zeichen endet.

equals

`public boolean equals(Object` *obj*`)`

Diese Methode überprüft, ob das aufrufende Objekt und *obj* den gleichen Wert haben.

equalsIgnoreCase

`public boolean equalsIgnoreCase(String` *str*`)`

Diese Methode überprüft, ob das aufrufende Objekt und *str* den gleichen Wert haben. Dieser Vergleich ist unabhängig von der Groß- und Kleinschreibung.

getBytes

`public byte[] getBytes()`

Diese Methode gibt ein byte-Array mit Informationen über das aufrufende Objekt zurück. Die char-zu-byte-Umwandlung geschieht nach der Standardmethode der jeweiligen Plattform.

Die Methode wurde mit der Java-Spezifikation 1.1 eingeführt.

`public byte[] getBytes(String` *CodierungName*`)`

Diese Methode gibt ein byte-Array mit Informationen vom aufrufenden Objekt zurück. Die char-zu-byte-Umwandlung wird nach der mit *CodierungName* angegebenen Codierung durchgeführt. Diese Methode kann eine UnsupportedEncodingException auslösen.

Sie wurde mit der Java-Spezifikation 1.1 eingeführt.

`public void getBytes(int` *srcStart*`, int` *srcEnd*`, byte` *Ziel*`[],`
`int` *ZielStart*`)`

Diese Methode kopiert Zeichen vom aufrufenden Objekt in ein byte-Array. *srcStart* gibt die Anfangsposition für das Kopieren der Zeichen auf Seiten des aufrufenden Objekts und *srcEnd* die Endposition an. Es werden also die Zeichen von *srcEnd* bis *srcBegin* kopiert. *Ziel* gibt das byte-Array an, in welches die Zeichen kopiert werden sollen. *ZielStart* gibt die Position im Ziel-Array an, an der der Kopiervorgang beginnen soll. Die Methode kann die Ausnahme StringIndexOutOfBoundsException auslösen.

Sie wurde mit der Java-Spezifikation 1.1 verworfen.

getChars

`public void getChars(int` *srcStart*`, int` *srcEnd*`, char` *Ziel*`[],`
`int` *ZielStart*`)`

Diese Methode kopiert Zeichen vom aufrufenden Objekt in ein `char`-Array. *srcStart* gibt die Anfangsposition im aufrufenden Objekt an und *srcEnd* die Endposition. Insgesamt werden also die Zeichen von *srcEnd* bis *srcBegin* kopiert. *Ziel* gibt das `char`-Array an, in welches die Zeichen kopiert werden sollen. *ZielStart* gibt die Position in *Ziel* an, an die die Zeichen kopiert werden sollen. Diese Methode kann eine `StringIndexOutOfBoundsException` auslösen.

hashCode

`public int hashCode()`

Diese Methode gibt den Hash-Code des aufrufenden Objekts zurück.

indexOf

`public int indexOf(int c)`

Diese Methode gibt den Indexwert zurück, an dem sich die letzte gefundene Instanz von *c* im aufrufenden Objekt befindet. Wird *c* nicht gefunden, wird `-1` zurückgegeben.

`public int indexOf(int c, int Start)`

Diese Methode gibt den Index für das aufrufende Objekt zurück, an dem sich die erste Instanz von c befindet. *Start* gibt die Position an, an der die Suche beginnen soll. Wird *c* nicht gefunden, wird der Wert `-1` zurückgegeben.

`public int indexOf(String str)`

Diese Methode gibt den Index für die erste Instanz von *str* im aufrufenden Objekt zurück. Wird *str* nicht gefunden, wird `-1` zurückgegeben.

`public int indexOf(String str, int Start)`

Diese Methode gibt den Index der ersten Instanz von *str* im aufrufenden Objekt zurück. *Start* gibt die Position an, an der die Suche beginnt. Wird *str* nicht gefunden, wird -1 zurückgegeben.

lastIndexOf

`public int lastIndexOf(int c)`

Diese Methode gibt den Index der ersten Instanz von *c* im aufrufenden Objekt zurück. Wird *c* nicht gefunden, wird der Wert -1 zurückgegeben.

`public int lastIndexOf(int c, int Start)`

Diese Methode gibt den Index der letzten Instanz von *c* im aufrufenden Objekt zurück. *Start* gibt die Ausgangsposition der Suche an. Die Suche verläuft von *Start* aus rückwärts. Wird *c* nicht gefunden, wird der Wert -1 zurückgegeben.

`public int lastIndexOf(String str)`

Diese Methode gibt den Index der letzten Instanz von *str* im aufrufenden Objekt zurück. Wenn *str* nicht gefunden wird, wird -1 zurückgegeben.

`public int lastIndexOf(String str, int Start)`

Diese Methode gibt den Index der letzten Instanz von *str* im aufrufenden Objekt zurück. *Start* gibt die Ausgangsposition der Suche an. Die Suche verläuft von *Start* aus rückwärts. Wird *str* nicht gefunden, wird der Wert -1 zurückgegeben.

length

`public int length()`

Diese Methode gibt die Anzahl der Zeichen im aufrufenden Objekt zurück.

regionMatches

`public boolean regionMatches(int` *Start*`, String` *str*`, int` *sStart*`, int` *Nummer*`)`

Diese Methode stellt fest, ob zwei Bereiche zweier `String`-Objekte übereinstimmen. *Start* gibt die Position im aufrufenden Objekt an, an der der Vergleich beginnt. *str* ist das `String`-Objekt, welches mit dem aufrufenden Objekt verglichen wird. *sStart* gibt die Position in *str* an, an der der Vergleich beginnen soll. *Nummer* gibt die Anzahl der zu vergleichenden Zeichen an.

`public boolean regionMatches(boolean` *ignoreCaseFlag*`, int` *Start*`, String` *str*`, int` *sStart*`, int` *Nummer*`)`

Diese Methode stellt fest, ob zwei Bereiche zweier `String`-Objekte übereinstimmen. Nur wenn *ignoreCaseFlag* den Wert `true` hat, werden Groß- und Kleinschreibung beim Vergleich ignoriert. *Start* gibt die Position im aufrufenden Objekt an, an der der Vergleich beginnt. *str* ist ein `String`-Objekt, das mit dem aufrufenden Objekt verglichen wird. *sStart* gibt die Position in *str* an, an der der Vergleich beginnt. *Nummer* nennt die Anzahl der zu vergleichenden Zeichen.

replace

`public String replace(char` *alt*`, char` *neu*`)`

Besitzt das aufrufende Objekt keine Instanz von *alt*, liefert diese Methode einen Verweis auf dieses Objekt. Andernfalls gibt sie ein neues `String`-Objekt zurück, in dem jedes Auftreten von *alt* durch *neu* ersetzt wird.

replaceAll

`public String replaceAll(String regex, String replacement)`

Diese Methode ersetzt in einem String jedes Vorkommen von `regex` durch `replacement`. Die Methode ist erst ab J2SE 1.4 verfügbar.

replaceFirst

```
public String replaceFirst(String regex, String replace-
   ment)
```

Diese Methode ersetzt in einem String das erste Vorkommen von `regex` durch `replacement`. Die Methode ist erst ab J2SE 1.4 verfügbar.
split

```
public String[] split(String regex)
```

Diese Methode spaltet einen String anhand des Zeichens oder des Strinmgs regexp auf. Der Rückgabewert ist ein Array. Die Methode ist erst ab J2SE 1.4 verfügbar.

startsWith

`public boolean startsWith(String` *str*`)`

Diese Methode stellt fest, ob das aufrufende Objekt mit der Zeichenfolge *str* beginnt.

`public boolean startsWith(String` *str*`, int` *Start*`)`

Diese Methode stellt fest, ob das aufrufende Objekt mit der Zeichenfolge *str* beginnt. *Start* gibt die Position im aufrufenden Objekt an, an der mit der Suche begonnen werden soll.

substring

`public String substring(int` *Start*`)`

Diese Methode gibt einen Substring des aufrufenden Objekts zurück. *Start* gibt die Position an, an der der Substring beginnt. Der

Substring endet mit dem Ende des aufrufenden Objekts. Diese Methode kann eine `StringIndexOutOfBoundsException` auslösen.

`public String substring(int` *Start*, `int` *Ende*`)`

Diese Methode gibt einen Substring des aufrufenden Objekts zurück. *Start* gibt die Position an, von der an die Zeichen des aufrufenden Objekts kopiert werden sollen, während *Ende* die Endposition angibt. Insgesamt werden also *Ende* minus *Start* Zeichen kopiert. Es kann zur Ausnahme `StringIndexOutOfBoundsException` kommen.

toCharArray

`public char[] toCharArray()`

Diese Methode gibt ein `char`-Array mit den Zeichen des aufrufenden Objekts zurück.

toLowerCase

`public String toLowerCase()`

Stehen alle Zeichen des aufrufenden Objekts bereits in Kleinschreibung, gibt diese Methode einen Verweis auf dieses Objekt zurück. Andernfalls gibt sie ein neues `String`-Objekt zurück, in dem alle Zeichen in Kleinschreibung umgewandelt wurden.

`public String toLowerCase(Locale` *localeObj*`)`

Stehen alle Zeichen des aufrufenden Objekts bereits in Kleinschreibung, gibt diese Methode einen Verweis auf dieses Objekt zurück. Andernfalls gibt sie ein neues `String`-Objekt zurück, in dem alle Zeichen in Kleinschreibung umgewandelt wurden. *localeObj* enthält Regeln für die Umwandlung.

Diese Methode wurde mit der Java-Spezifikation 1.1 eingeführt.

toString

```
public String toString()
```

Diese Methode gibt den `String`-Wert des aufrufenden Objekts zurück.

toUpperCase

```
public String toUpperCase()
```

Stehen alle Zeichen des aufrufenden Objekts bereits in Großschreibung, gibt diese Methode einen Verweis auf dieses Objekt zurück. Andernfalls gibt sie ein neues `String`-Objekt zurück, in dem alle Zeichen in Großschreibung umgewandelt wurden.

`public String toUpperCase(Locale` *localeObj*`)`

Stehen alle Zeichen des aufrufenden Objekts bereits in Großschreibung, gibt diese Methode einen Verweis auf dieses Objekt zurück. Andernfalls gibt sie ein neues `String`-Objekt zurück, in dem alle Zeichen in Großschreibung umgewandelt wurden. *localeObj* enthält Regeln für diese Umwandlung.

Diese Methode wurde mit der Java-Spezifikation 1.1 eingeführt.

trim

```
public String trim()
```

Diese Methode gibt ein neues `String`-Objekt mit den gleichen Zeichen wie im aufrufenden Objekt zurück. Leerzeichen oder Vorschübe zu Beginn oder am Ende des aufrufenden Objekts werden weggelassen.

valueOf

`public static String valueOf(boolean` *b*`)`

Diese Methode gibt ein dem `boolean` *b* äquivalentes `String`-Objekt zurück.

`public static String valueOf(char c)`

Diese Methode gibt ein dem `char` *c* äquivalentes `String`-Objekt zurück.

`public static String valueOf(char ZArray[])`

Diese Methode gibt ein dem `char`-Array *ZArray* äquivalentes `String`-Objekt zurück.

`public static String valueOf(char ZArray[], int Start, int Größe)`

Diese Methode gibt ein dem `char`-Array *ZArray* äquivalentes `String`-Objekt zurück. *Start* gibt die Position des ersten Bytes aus *ZArray* an. *Größe* gibt die Anzahl der Bytes an.

`public static String valueOf(double d)`

Diese Methode gibt ein dem `double` *d* äquivalentes `String`-Objekt zurück.

`public static String valueOf(float f)`

Diese Methode gibt ein dem `float` *f* äquivalentes `String`-Objekt zurück.

`public static String valueOf(int i)`

Diese Methode gibt ein dem `int` *i* äquivalentes `String`-Objekt zurück.

`public static String valueOf(long l)`

Diese Methode gibt ein dem `long` *l* äquivalentes `String`-Objekt zurück.

`public static String valueOf(Object o)`

Diese Methode gibt ein dem `Object` *o* äquivalentes `String`-Objekt zurück.

6.20 Die StringBuffer-Klasse

Die `StringBuffer`-Klasse repräsentiert größenveränderliche und schreibbare Zeichenfolgen. In `StringBuffer` können Zeichen und Substrings in der Mitte oder am Ende eingefügt werden. `StringBuffer` passt sich diesen Größenveränderungen automatisch an, und häufig wird von vornherein mehr Speicher zugewiesen, als erforderlich ist, um Raum für eine Vergrößerung zu schaffen.

Verwandte Klasse: `String`

StringBuffer

`public StringBuffer()`

Dieser Konstruktor erzeugt ein Objekt mit Platz für bis zu 16 Zeichen ohne zusätzliche Zuweisungen.

`public StringBuffer(int Größe)`

Dieser Konstruktor übernimmt ein `int`-Argument, mit dem die Puffergröße explizit angegeben werden kann. Er kann eine `NegativeArraySizeException` auslösen.

`public StringBuffer(String str)`

Dieser Konstruktor übernimmt ein `String`-Argument, mit dem der erste Inhalt des `StringBuffer`-Objekts initialisiert wird, und reserviert Platz für weitere 16 Zeichen ohne erneute Zuweisung.

append

Jede dieser Methoden liefert dem aufrufenden Objekt einen Verweis zurück.

`public StringBuffer append(boolean b)`

Diese Methode verkettet die Zeichenfolgendarstellung von *b* mit dem Ende des aufrufenden Objekts.

`public StringBuffer append(char c)`

Diese Methode verkettet die Zeichenfolgendarstellung von *c* mit dem Ende des aufrufenden Objekts.

`public StringBuffer append(char ZArray[])`

Diese Methode verkettet die Zeichenfolgendarstellung von *ZArray* mit dem Ende des aufrufenden Objekts.

```
public StringBuffer append(char ZArray[], int
   Start, int Größe)
```

Diese Methode verkettet die Zeichenfolgendarstellung einiger Zeichenfolgen aus *ZArray* mit dem Ende des aufrufenden Objekts. *Start* gibt die Position in *ZArray* an, an der mit dem Lesen der Zeichen begonnen wird. *Größe* gibt die Anzahl der aus *ZArray* zu lesenden Zeichen an.

`public StringBuffer append(double d)`

Diese Methode verkettet die Zeichenfolgendarstellung von *d* mit dem Ende des aufrufenden Objekts.

`public StringBuffer append(float` *f*`)`

Diese Methode verkettet die Zeichenfolgendarstellung von *f* mit dem Ende des aufrufenden Objekts.

`public StringBuffer append(int` *num*`)`

Diese Methode verkettet die Zeichenfolgendarstellung von *num* mit dem Ende des aufrufenden Objekts.

`public StringBuffer append(long` *l*`)`

Diese Methode verkettet die Zeichenfolgendarstellung von *l* mit dem Ende des aufrufenden Objekts.

`public StringBuffer append(Object` *obj*`)`

Diese Methode verkettet die Zeichenfolgendarstellung von *obj* mit dem Ende des aufrufenden Objekts.

`public StringBuffer append(String` *str*`)`

Diese Methode verkettet die Zeichenfolgendarstellung von *str* mit dem Ende des aufrufenden Objekts.

capacity

`public int capacity()`

Diese Methode gibt die dem aktuellen Objekt insgesamt zugewiesene Kapazität zurück.

charAt

`public char charAt(int` *Position*`)`

Diese Methode gibt den Wert eines einzelnen Zeichens aus `StringBuffer` zurück. *Position* gibt den Index des Zeichens an. Sie kann eine `StringIndexOutOfBoundsException` auslösen.

delete

```
public StringBuffer delete(int Startindex, int Endindex)
```

Diese Methode gibt einen `StringBuffer` zurück, in dem die angegebenen Zeichen entfernt wurden. *Startindex* gibt den Index des ersten zu entfernenden Zeichens und *Endindex* den des letzten zu entfernenden Zeichens an. Der gelöschte Substring erstreckt sich also von *Startindex* bis *Endindex*–1.

Die Methode wurde mit Java 2 Version 1.2 eingeführt.

deleteCharAt

```
public StringBuffer deleteCharAt(int index)
```

Diese Methode gibt einen `StringBuffer` zurück, in dem das Zeichen an der Position `index` entfernt wurde. Die Methode wurde mit Java 2 Version 1.2 eingeführt.

ensureCapacity

```
public void ensureCapacity(int Kapazität)
```

Diese Methode legt die Puffergröße fest. Sie ist nützlich, wenn von vornherein klar ist, dass an `StringBuffer` viele kurze Zeichenfolgen angehängt werden.

getChars

```
public void getChars(int QuelleStart, int QuelleEnde, char
    Ziel[], int ZielStart)
```

Diese Methode kopiert einen Substring von `StringBuffer` in ein Array. *QuelleStart* gibt den Anfangsindex des Substring und *QuelleEnde* den Index nach dem Ende der Zeichenfolge an. Der Substring enthält also die Zeichen von *QuelleStart* bis *QuelleEnde*-1. Die Zeichen werden vom Array *Ziel* übernommen. Der Index für *Ziel*, an den die Zeichenfolge kopiert wird, wird mit *ZielStart* übergeben. Es muss sichergestellt werden, dass das Array *Ziel* groß genug ist, um die Anzahl der angegebenen Zeichen aufzunehmen. Diese Methode kann eine `StringIndexOutOfBoundsException` auslösen.

indexOf

`public int indexOf(String str)`

Diese Methode gibt den Indexwert zurück, an dem sich die erste Instanz von *str* in dem String befindet. Wird str nicht gefunden, wird `-1` zurückgegeben. Die Methode ist erst ab J2SE 1.4 verfügbar.

insert

Jede dieser Methoden gibt dem aufrufenden Objekt einen Verweis zurück.

`public StringBuffer insert(int` *Index*, `boolean` *b*`)`

Diese Methode fügt die Informationen aus `boolean` *b* beginnend an der Position *Index* in das aufrufende Objekt ein. Sie kann eine `StringIndexOutOfBoundsException` auslösen.

`public StringBuffer insert(int` *Index*, `char` *c*`)`

Diese Methode fügt die Informationen aus `char` *c* beginnend an der Position *Index* in das aufrufende Objekt ein. Sie kann eine `StringIndexOutOfBoundsException` auslösen.

`public StringBuffer insert(int` *Index*, `char` *ZArray*`[])`

Diese Methode fügt die Informationen aus *ZArray* beginnend an der Position *Index* in das aufrufende Objekt ein. Sie kann eine `StringIndexOutOfBoundsException` auslösen.

`public StringBuffer insert(int` *Index*`, double` *d*`)`

Diese Methode fügt die Informationen aus `double` *d* beginnend an der Position *Index* in das aufrufende Objekt ein. Sie kann eine `StringIndexOutOfBoundsException` auslösen.

`public StringBuffer insert(int` *Index*`, float` *f*`)`

Diese Methode fügt die Informationen aus `float` *f* beginnend an der Position *Index* in das aufrufende Objekt ein. Sie kann eine `StringIndexOutOfBoundsException` auslösen.

`public StringBuffer insert(int` *Index*`, int` *i*`)`

Diese Methode fügt die Informationen aus `int` *i* beginnend an der Position *Index* in das aufrufende Objekt ein. Sie kann eine `StringIndexOutOfBoundsException` auslösen.

`public StringBuffer insert(int` *Index*`, long` *l*`)`

Diese Methode fügt die Informationen aus `long` *l* beginnend an der Position *Index* in das aufrufende Objekt ein. Sie kann eine `StringIndexOutOfBoundsException` auslösen.

`public StringBuffer insert(int` *Index*`, Object` *obj*`)`

Diese Methode fügt die Informationen aus `Object` *obj* beginnend an der Position *Index* in das aufrufende Objekt ein. Sie kann eine `StringIndexOutOfBoundsException` auslösen.

`public StringBuffer insert(int` *Index*`, String` *str*`)`

Diese Methode fügt die Informationen aus `String` *str* beginnend an der Position *Index* in das aufrufende Objekt ein. Sie kann eine `StringIndexOutOfBoundsException` auslösen.

lastIndexOf

```
public int lastIndexOf(String str)
```

Diese Methode gibt den Indexwert zurück, an dem sich die letzte gefundene Instanz von *str* in dem String befindet. Wird *str* nicht gefunden, wird `-1` zurückgegeben. Die Methode ist erst ab J2SE 1.4 verfügbar.

length

```
public int length()
```

Diese Methode gibt die aktuelle Länge des aufrufenden Objekts zurück.

reverse

```
public StringBuffer reverse()
```

Diese Methode kehrt die Zeichenreihenfolge des aufrufenden Objekts um.

Sie wurde mit der Java-Spezifikation 1.1 eingeführt.

replace

public StringBuffer replace(int *Startindex*, int *Endindex*,
String *str*)

Diese Methode gibt einen `StringBuffer` zurück, in dem die angegebenen Zeichen durch eine neue Zeichenfolge ersetzt wurden. Die zu ersetzende Zeichenfolge wird mit dem *Startindex* und *Endindex* angegeben. Der Teil von *Startindex* bis *Endindex*-1 wird durch die mit *str* übergebene Zeichenfolge ersetzt.

Die Methode wurde mit Java 2 eingeführt.

setCharAt

`public void setCharAt(int` *Position*`, char` *ch*`)`

Diese Methode setzt den Wert eines Zeichens innerhalb des aufrufenden Objekts. *Position* gibt den Index des zu setzenden Zeichens an. *ch* gibt den neuen Wert für das Zeichen an. Diese Methode kann eine `StringIndexOutOfBoundsException` auslösen.

setLength

`public void setLength(int` *Länge*`)`

Diese Methode legt die Pufferlänge für das aufrufende Objekt fest. *Länge* gibt die Länge an. Dieser Wert muss positiv sein. Wird die Größe des Puffers erhöht, werden Nullzeichen an den Puffer angehängt. Wird `setLength()` mit einem kleineren als dem aktuell von `length()` zurückgelieferten Wert aufgerufen, gehen die Zeichen, die über die angegebene Länge hinausgehen, verloren. Diese Methode kann eine `StringIndexOutOfBoundsException` auslösen.

substring

`public String substring(int` *Startindex*`, int` *Endindex*`)`

Diese Methode gibt einen Substring zurück, der mit *Startindex* beginnt und mit *Endindex*-1 endet.

Sie wurde mit Java 2 eingeführt.

toString

`public String toString()`

Diese Methode gibt den `String`-Wert des aufrufenden Objekts zurück.

trimToSize

```
public void trimToSize()
```

Diese Methode passt die Größe des Puffers an die darin enthaltene Zeichenkette an. Die Methode ist erst ab J2SE 5.0 verfügbar.

6.21 Die System-Klasse

Die `System`-Klasse bietet eine Schnittstelle für Systemfunktionen. Die Standardein- und -ausgabe sowie die Fehler-Streams des Java-Laufzeitsystems werden in den Variablen `in`, `out` und `err` gespeichert.

Die gebräuchlichsten Methoden dieser Klasse werden im Folgenden beschrieben.

arraycopy

```
public static void arraycopy(Object Quelle, int QuelleStart,
   Object Ziel, int ZielStart, int Größe)
```

Diese Methode kopiert das Array *Quelle*. Der Kopiervorgang beginnt in *Quelle* mit dem Index *QuelleStart*. Kopiert wird in das Array *Ziel* beginnend mit dem Index *ZielStart*. *Größe* gibt die Anzahl der zu kopierenden Elemente an. Diese Methode kann eine `ArrayIndexOutOfBoundsException` oder eine `ArrayStoreException` auslösen.

clearProperty

```
public static String clearProperty(String key)
```

Diese Methode entfernt eine Systemeigenschaft `key`. Die Methode ist erst ab J2SE 5.0 verfügbar.

currentTimeMillis

```
public static long currentTimeMillis()
```

Diese Methode gibt die aktuelle Zeit in Millisekunden an, die seit dem 1. Januar 1970, 0 Uhr vergangen ist.

exit

`public static void exit(int` *AbbruchCode*`)`

Diese Methode bricht die Ausführung ab und liefert den *AbbruchCode* an den übergeordneten Prozess (normalerweise das Betriebssystem) zurück. Gemäß Konvention zeigt Null eine normale Beendigung an. Alle übrigen Werte lassen auf irgendeinen Fehler schließen. Diese Methode kann eine `SecurityException` auslösen.

gc

```
public static void gc()
```

Diese Methode startet den Garbage-Collector.

getenv

`public static String getenv(String` *UmgebVariable*`)`

Diese Methode gibt den Wert der mit *UmgebVariable* angegebenen Umgebungsvariablen zurück.

Sie wurde mit der Java-Spezifikation 1.1 verworfen.

getProperties

```
public static Properties getProperties()
```

Diese Methode gibt die Eigenschaften des Java-Laufzeitsystems zurück. Sie kann eine `SecurityException` auslösen.

getProperty

`public static String getProperty(String welche)`

Diese Methode gibt die Eigenschaft von *welche* zurück. Liegt keine Eigenschaft vor, wird `null` zurückgegeben. Sie kann eine `SecurityException` auslösen.

```
public static String getProperty(String welche, String
    default)
```

Diese Methode gibt die Eigenschaft von *welche* zurück. Liegt keine Eigenschaft für *welche* vor, wird `default` zurückgegeben. Sie kann eine `SecurityException` auslösen.

getSecurityManager

`public static SecurityManager getSecurityManager()`

Diese Methode gibt den aktuellen Security-Manager oder `null` zurück, wenn kein Security-Manager installiert ist.

load

`public static void load(String BibliothekDateiName)`

Diese Methode lädt die dynamische Bibliothek, deren Datei mit dem vollständigen Pfad mit *BibliothekDateiName* angegeben wird. Die Methode kann eine `SecurityException` oder eine `UnsatisfiedLinkError` auslösen.

loadLibrary

`public static void loadLibrary(String BibliothekName)`

Diese Methode lädt die dynamische Bibliothek mit der Bezeichnung *BibliothekName*. *BibliothekName* ist in Abhängigkeit von der Plattform einer bestimmten Datei zugeordnet. Sie kann eine `SecurityException` oder eine `UnsatisfiedLinkError` auslösen.

nanoTime

```
public static long nanoTime()
```

Diese Methode gibt die Systemzeit in Nanosekunden zurück. Die Methode ist erst ab J2SE 5.0 verfügbar.

runFinalization

```
public static void runFinalization()
```

Diese Methode ruft die `finalize()`-Methoden für nicht mehr genutzt, aber noch nicht wieder freigegebene Objekte auf.

runFinalizersOnExit

`public static void runFinalizersOnExit(boolean` *ausführenFinalizers*`)`

Diese Methode beeinflusst das Java-Laufzeitsystem beim Beenden. Hat *ausführenFinalizers* den Wert `true`, werden vor dem Verlassen des Java-Laufzeitsystems die `finalize()`-Methoden für alle Objekte ausgeführt. Die Option ist standardmäßig deaktiviert.

Die Methode wurde mit der Java-Spezifikation 1.1 eingeführt und mit Java 2 wieder verworfen.

setErr

`public static void setErr(PrintStream` *pstream*`)`

Diese Methode weist *pstream* als Standardfehler-Stream zu.

Sie wurde mit der Java-Spezifikation 1.1 eingeführt.

setIn

```
public static void setIn(InputStream istream)
```

Diese Methode weist *istream* als Standard-Input-Stream zu.

Sie wurde mit der Java-Spezifikation 1.1 eingeführt.

setOut

```
public static void setOut(PrintStream ostream)
```

Diese Methode weist *ostream* als Standard-Output-Stream zu.

Sie wurde mit der Java-Spezifikation 1.1 eingeführt.

setProperties

```
public static void setProperties(Properties SysEigenschaf-
    ten)
```

Diese Methode setzt die aktuellen Systemeigenschaften auf die mit *SysEigenschaften* angegebenen Werte. Sie kann eine `SecurityException` auslösen.

setProperty

```
public static String setProperty(String key, String value)
```

Diese Methode setzt eine Systemeigenschaft `key` auf den Wert `value`. Die Methode ist ab J2SE 1.2 verfügbar.

setSecurityManager

```
public static void setSecurityManager(SecurityManager sec-
    Man)
```

Diese Methode aktiviert den mit *secMan* angegebenen Security-Manager. Sie kann eine `SecurityException` auslösen.

6.22 Die Thread-Klasse

Die `Thread`-Klasse kapselt ausgeführte Threads ein und bietet mehrere Möglichkeiten zur Verwaltung der Threads. `Thread` definiert drei `int`-Konstanten: `MAX_PRIORITY`, `MIN_PRIORITY` und `NORM_PRIORITY`. Sie geben die maximale, die minimale und die normale Priorität des Threads an.

Verwandte Klasse: `ThreadGroup`

Verwandte Schnittstelle: `Runnable`

Thread

`public Thread()`

Dieser Konstruktor erstellt ein `Thread`-Objekt.

`public Thread(Runnable` *ThreadOb*`)`

Dieser Konstruktor erstellt ein `Thread`-Objekt. *ThreadOb* ist ein Objekt, das eine `Runnable`-Schnittstelle implementiert.

`public Thread(Runnable` *ThreadOb*`, String` *ThreadName*`)`

Dieser Konstruktor erstellt ein `Thread`-Objekt. *ThreadOb* ist ein Objekt, das eine `Runnable`-Schnittstelle implementiert. *ThreadName* ist der Name des Threads.

`public Thread(String` *ThreadName*`)`

Dieser Konstruktor erstellt ein `Thread`-Objekt. *ThreadName* ist der Name des Threads.

`public Thread(ThreadGroup` *Gruppe*`, Runnable` *ThreadOb*`)`

Dieser Konstruktor erstellt ein `Thread`-Objekt. *Gruppe* ist die `ThreadGroup`, zu der dieser Thread hinzugefügt wird. *ThreadOb* ist ein Objekt, das die `Runnable`-Schnittstelle implementiert. Dieser Konstruktor kann eine `SecurityException` auslösen.

`public Thread(ThreadGroup` *Gruppe*`, Runnable` *ThreadOb*`,`
`String` *ThreadName*`)`

Dieser Konstruktor erstellt ein `Thread`-Objekt. *Gruppe* ist die `ThreadGroup`, zu der dieser Thread hinzugefügt wird. *ThreadOb* ist ein Objekt, welches die `Runnable`-Schnittstelle implementiert. *ThreadName* ist der Name des Threads. Dieser Konstruktor kann eine `SecurityException` auslösen.

`public Thread(ThreadGroup` *Gruppe*`, String` *ThreadName*`)`

Dieser Konstruktor erstellt ein `Thread`-Objekt. *Gruppe* ist die `ThreadGroup`, zu der dieser Thread hinzugefügt wird. *ThreadName* ist der Name des Threads. Dieser Konstruktor kann eine `SecurityException` auslösen.

activeCount

`public static int activeCount()`

Diese Methode gibt die Anzahl der Threads der Gruppe zurück, zu welcher das aufrufende Objekt gehört.

checkAccess

`public final void checkAccess()`

Diese Methode veranlasst den Security-Manager, zu überprüfen, ob der aktuelle Thread auf das aufrufende Objekt zugreifen und/oder ob er es ändern darf. Sie kann eine `SecurityException` auslösen.

countStackFrames

`public int countStackFrames()`

Diese Methode gibt die Anzahl der vom aufrufenden Objekt benutzten Stack-Frames zurück. Sie kann eine `IllegalThreadStateException` auslösen, wenn das aufrufende Objekt nicht suspendiert wurde.

Sie wurde mit Java 2 verworfen.

currentThread

`public static Thread currentThread()`

Diese Methode gibt einen Verweis auf den Thread zurück, der gerade ausgeführt wird.

destroy

`public void destroy()`

Diese Methode zerstört das aufrufende Objekt, ohne eine Bereinigung durchzuführen.

Sie wurde mit der Java-Spezifikation 1.1 eingeführt.

dumpStack

`public static void dumpStack()`

Diese Methode zeigt den Aufrufstapel des gerade ausgeführten Threads an.

enumerate

`public static int enumerate(Thread` *Threads*`[])`

Diese Methode kopiert alle `Thread`-Objekte der aktuellen Thread-Gruppe nach *Threads*. Der Rückgabewert gibt die Anzahl der Threads an.

getName

`public final String getName()`

Diese Methode gibt den Namen des aufrufenden Objekts zurück.

getPriority

```
public final int getPriority()
```

Diese Methode gibt die Priorität des aufrufenden Objekts zurück.

getState

```
public Thread.State getState()
```

Diese Methode gibt den Zustand eines Threads zurück:

NEW: Der Thread ist initialisiert, aber noch nicht gestartet.

RUNNABLE. Der Thread ist gestartet.

BLOCKED: Der Thread ist blockiert bzw. angehalten.

WAITING: Der Thread wartet für eine unbestimmte Zeit.

TIMED_WAITING: Der Thread wartet einen festgelegten Zeitraum.

TERMINATED: Der Thread wurde beendet.

Die Methode ist erst ab J2SE 5.0 verfügbar.

getThreadGroup

```
public final ThreadGroup getThreadGroup()
```

Diese Methode gibt das `ThreadGroup`-Objekt zurück, dessen Member das aufrufende Objekt ist.

interrupt

```
public void interrupt()
```

Diese Methode unterbricht das aufrufende Objekt.

interrupted

`public static boolean interrupted()`

Diese Methode stellt fest, ob der gerade ausgeführte Thread unterbrochen wurde.

isAlive

`public final boolean isAlive()`

Diese Methode stellt fest, ob das aufrufende Objekt noch aktiv ist.

isDaemon

`public final boolean isDaemon()`

Diese Methode stellt fest, ob das aufrufende Objekt ein Dämon-Thread ist.

isInterrupted

`public boolean isInterrupted()`

Diese Methode stellt fest, ob das aufrufende Objekt unterbrochen wurde.

join

`public final void join()`

Diese Methode wartet unbegrenzt auf den Thread, für dessen Beendigung sie aufgerufen wurde. Sie kann eine `InterruptedException` auslösen.

`public final void join(long ms)`

Diese Methode wartet bis zu *ms* Millisekunden auf den Thread, den sie beenden soll. Sie kann eine `InterruptedException` auslösen.

`public final void join(long ms, int ns)`

Diese Methode wartet bis zu *ms* Millisekunden plus *ns* Nanosekunden auf den Thread, zu dessen Beendigung sie aufgerufen wurde. Sie kann eine `IllegalArgumentException` oder eine `InterruptedException` auslösen.

resume

`public final void resume()`

Diese Methode nimmt das aufrufende Objekt wieder auf. Sie kann eine `SecurityException` auslösen.

Sie wurde mit Java 2 verworfen.

run

`public void run()`

Diese Methode führt das aufrufende Objekt aus.

setDaemon

`public final void setDaemon(boolean state)`

Diese Methode markiert den Thread als Dämon-Thread. Werden ausschließlich Dämon-Threads ausgeführt, wird die Java-Virtual-Maschine beendet. Diese Methode kann eine `IllegalThreadStateException` auslösen.

setName

`public final void setName(String ThreadName)`

Diese Methode setzt den Namen des Threads auf *ThreadName*. Sie kann eine `SecurityException` auslösen

setPriority

`public final void setPriority(int Priorität)`

Diese Methode setzt die Priorität des Threads auf die angegebene *Priorität*. Sie kann eine `IllegalArgumentException` oder eine `SecurityException` auslösen.

sleep

`public static void sleep(long ms)`

Diese Methode unterbricht die Ausführung des aktuellen Threads für die Millisekunden angegebene Dauer. Sie kann eine `InterruptedException` auslösen.

`public static void sleep(long ms, int ns)`

Diese Methode unterbricht die Ausführung des aktuellen Threads für die in Milli- und Nanosekunden angegebene Zeit. Sie kann eine `IllegalArgumentException` oder eine `InterruptedException` auslösen.

start

`public void start()`

Diese Methode beginnt mit der Ausführung des aufrufenden Objekts. Sie kann eine `IllegalThreadStateException` auslösen, wenn der Thread bereits gestartet wurde.

stop

`public final void stop()`

Diese Methode beendet das aufrufende Objekt. Sie kann eine `SecurityException` auslösen.

`public final void stop(Throwable e)`

Diese Methode beendet das aufrufende Objekt und löst *e* aus. Sie kann eine `SecurityException` auslösen.

Diese Methoden wurden mit Java 2 verworfen.

suspend

`public final void suspend()`

Diese Methode unterbricht das aufrufende Objekt. Sie kann eine `SecurityException` auslösen.

Sie wurde mit Java 2 verworfen.

toString

`public String toString()`

Diese Methode gibt den `String`-Wert des aufrufenden Objekts zurück.

yield

`public static void yield()`

Diese Methode veranlasst eine Unterbrechung des gerade ausgeführten Threads. Es können dann andere Threads ausgeführt werden.

Programmiertipp

Ein Thread ist am einfachsten zu erstellen, indem eine Klasse erzeugt wird, welche die `Runnable`-Schnittstelle implementiert, weil so ein Thread für jedes Objekt konstruiert werden kann, das die `Runnable`-Schnittstelle implementiert. Für die Implementierung von `Runnable` muss lediglich eine einzige Methode mit der Bezeichnung `run()` eingerichtet werden, die wie folgt deklariert wird:

public abstract void run()

Innerhalb von run() wird der Code des neuen Threads definiert. Dabei ist zu beachten, dass run() andere Methoden aufrufen kann, andere Klassen verwendet und genau wie der Haupt-Thread Variablen deklariert. Der einzige Unterschied besteht darin, dass run() den Einstiegspunkt für einen anderen, konkurrierenden Thread des gleichen Programms bildet. Dieser Thread endet, wenn run() zurückkehrt.

Wurde eine Klasse eingerichtet, die runnable implementiert, dann wird innerhalb dieser Klasse die Instanz eines Objekts vom Typ Thread erzeugt. Einmal eingerichtet, wird dieser neue Thread erst gestartet, wenn seine Start()-Methode aufgerufen wird, die innerhalb von Thread deklariert wird. Im Wesentlichen führt Start() einen Aufruf von run() durch.

Im folgenden Beispiel wird ein neuer Thread erzeugt und ausgeführt:

```
// Einen Thread einrichten
class NewThread implements Runnable {
Thread t;

 NewThread() {
    // Einen zweiten Thread erzeugen
    t = new Thread(this, "Zweiter Thread");
    System.out.println("Untergeordneter Thread: " + t);
    t.start(); // Den Thread starten
 }
```

```
  // Dies ist der Einstiegspunkt für den zweiten Thread
  public void run() {
    try {
      for(int i = 5; i > 0; i--) {
        System.out.println("Untergeordneter Thread: " +
    i);
        Thread.sleep(500);
      }
    } catch (InterruptedException e) {
      System.out.println("Untergeordneter Thread unter-
    brochen.");
    }
      System.out.println("Untergeordneter  Thread  wird
    beendet.");
  }
}

class ThreadDemo {
  public static void main(String args[]) {
    new NewThread(); // Einen neuen Thread erzeugen

    try {
      for(int i = 5; i > 0; i--) {
        System.out.println("Haupt-Thread: " + i);
        Thread.sleep(1000);
```

```
        }
      }
      catch (InterruptedException e) {
       System.out.println("Haupt-Thread unterbrochen.");
     }
    System.out.println("Haupt-Thread wird verlassen.");
  }
}
```

Innerhalb des Konstruktors von NewThread wird mit der folgenden Anweisung ein neues Thread-Objekt erzeugt:

```
t = new Thread(this, "Zweiter Thread");
```

Die Übergabe von this als erstem Argument veranlasst den neuen Thread, die run()-Methode für das this-Objekt aufzurufen. Anschließend wird Start() aufgerufen, wodurch der ausgeführte Thread gestartet wird, der mit der run()-Methode beginnt. Damit beginnt die for-Schleife des untergeordneten Prozesses. Nach dem Aufruf von Start() kehrt der Konstruktor von NewThread zurück zu main(). Wenn der Haupt-Thread wieder aufgenommen wird, tritt er in seine for-Schleife ein. Beide Threads werden weiter ausgeführt und nutzen gemeinsam die CPU, bis die Schleifendurchläufe beendet sind. Das Programm erzeugt folgende Ausgabe:

```
Untergeordneter Thread: Thread[Zweiter Thread,5,main]
Haupt-Thread: 5
```

```
Untergeordneter Thread: 5
Untergeordneter Thread: 4
Haupt-Thread: 4
Untergeordneter Thread: 3
Untergeordneter Thread: 2
Haupt-Thread: 3
Untergeordneter Thread: 1
Untergeordneter Thread wird beendet.
Haupt-Thread: 2
Haupt-Thread: 1
Haupt-Thread wird verlassen.
```

Ein letzter Punkt: Bei einem Multithread-Programm muss der Haupt-Thread der letzte Thread sein, dessen Ausführung beendet wird. Wird der Haupt-Thread beendet, bevor der untergeordnete Thread fertig ist, dann kann sich das Java-Laufzeitsystem »aufhängen«. Das vorgestellte Programm sorgt dafür, dass der Haupt-Thread als letzter beendet wird, weil der Haupt-Thread zwischen den Schleifendurchläufen für 1.000 Millisekunden ruht, während der untergeordnete Thread nur 500 Millisekunden lang pausiert. Deshalb wird der untergeordnete Thread früher als der Haupt-Thread beendet. Selbstverständlich bietet Java noch ausgeklügeltere Methoden zur Synchronisation von Threads.

6.23 Die ThreadGroup-Klasse

Thread-Gruppen bieten eine bequeme Möglichkeit, Gruppen von Threads als Einheit zu behandeln.

Die gebräuchlichsten Methoden dieser Klasse werden im Folgenden beschrieben.

Verwandte Klasse: `Thread`

ThreadGroup

`public ThreadGroup(String` *GName*`)`

Dieser Konstruktor erstellt ein `ThreadGroup`-Objekt mit dem Namen *GName*.

`public ThreadGroup(ThreadGroup` *Eltern*`, String` *GName*`)`

Dieser Konstruktor erstellt ein `ThreadGroup`-Objekt als untergeordnetes Objekt der Thread-Gruppe *Eltern*. Das `ThreadGroup`-Objekt hat die Bezeichnung *GName*. Der Konstruktor kann eine `NullPointerException` oder eine `SecurityException` auslösen.

activeCount

`public int activeCount()`

Diese Methode gibt die Anzahl der Threads der Gruppe und aller Gruppen zurück, denen dieser Thread übergeordnet ist.

activeGroupCount

`public int activeGroupCount()`

Diese Methode gibt die Anzahl der Gruppen zurück, denen der aufrufende Thread übergeordnet ist.

checkAccess

`public final void checkAccess()`

Diese Methode veranlasst den Security-Manager, zu überprüfen, ob der gerade ausgeführte Thread auf das aufrufende Objekt zugreifen und/oder ob er es ändern darf. Sie kann eine `SecurityException` auslösen.

destroy

`public final void destroy()`

Diese Methode zerstört die Thread-Gruppe (und jede untergeordnete Gruppe), für die sie aufgerufen wird. Sie kann eine `IllegalThreadStateException` oder eine `SecurityException` auslösen.

enumerate

`public int enumerate(Thread` *Gruppe*`[])`

Die Threads, die die aufrufende Thread-Gruppe bilden, werden in das Array *Gruppe* gestellt. Diese Methode gibt die Anzahl der Threads zurück, die der *Gruppe* hinzugefügt wurden. Mit der `activeCount()`-Methode kann zuvor festgestellt werden, wie groß die *Gruppe* sein darf.

`public int enumerate(Thread` *Gruppe*`[], boolean` *alle*`)`

Die Threads, die die aufrufende Thread-Gruppe bilden, werden in das Array *Gruppe* gestellt. Hat *alle* den Wert `true`, werden die Threads aller Untergruppen ebenfalls in das Array *Gruppe* gestellt. Die Methode gibt die Anzahl der Threads zurück, die zur *Gruppe* hinzugekommen sind. Mit der `activeCount()`-Methode sollte zuvor festgestellt werden, wie groß die *Gruppe* sein darf.

`public int enumerate(ThreadGroup` *Gruppe*`[])`

Die Untergruppen der aufrufenden Thread-Gruppe werden in das Array *Gruppe* gestellt. Die Methode gibt die Anzahl der Threads zurück, die zur *Gruppe* hinzugekommen sind. Mit der `activeCount()`-Methode sollte zuvor festgestellt werden, wie groß die *Gruppe* sein darf.

`public int enumerate(ThreadGroup` *Gruppe*`[], boolean` *alle*`)`

Die Untergruppen der aufrufenden Thread-Gruppe werden in das Array *Gruppe* gestellt. Hat *alle* den Wert `true`, werden alle Untergruppen der Untergruppen (und so weiter) ebenfalls in das Array *Gruppe* gesetzt. Die Methode gibt die Anzahl der Thread-Gruppen zurück, die zur *Gruppe* hinzugekommen sind. Mit der `activeCount()`-Methode sollte zuvor festgestellt werden, wie groß die *Gruppe* sein darf.

getMaxPriority

`public final int getMaxPriority()`

Diese Methode gibt die maximale Prioritätseinstellung für die Gruppe zurück.

getName

`public final String getName()`

Diese Methode gibt den Namen der Gruppe zurück.

getParent

`public final ThreadGroup getParent()`

Diese Methode gibt den Wert `null` zurück, wenn das aufrufende Objekt kein übergeordnetes Objekt besitzt. Andernfalls wird das übergeordnete Objekt des aufrufenden Objekts zurückgeliefert.

interrupt

`public final void interrupt()`

Die Methode ruft die `interrupt()`-Methode aller Threads der Gruppe auf.

Sie wurde mit Java 2 eingeführt.

isDaemon

`public final boolean isDaemon()`

Diese Methode stellt fest, ob das aufrufende Objekt eine Dämon-Thread-Gruppe ist.

isDestroyed

`public boolean isDestroyed()`

Diese Methode stellt fest, ob die Thread-Gruppe zerstört wurde.

Sie wurde mit der Java-Spezifikation 1.1 eingeführt.

list

`public void list()`

Diese Methode reicht Informationen über die Gruppe an die Standardausgabe weiter.

parentOf

`public final boolean parentOf(ThreadGroup` *Gruppe*`)`

Diese Methode stellt fest, ob das aufrufende Objekt gleich *Gruppe* oder ein Vorfahre von *Gruppe* ist.

resume

`public final void resume()`

Diese Methode nimmt alle Threads der aufrufenden Gruppe wieder auf. Sie kann eine `SecurityException` auslösen.

Sie wurde mit Java 2 verworfen.

setDaemon

`public final void setDaemon(boolean` *isDaemon*`)`

Diese Methode macht alle Threads des aufrufenden Objekts zu Dämon-Threads. (Eine Dämon-Thread-Gruppe wird automatisch zerstört, wenn keiner der Threads ausgeführt wird.) Sie kann eine `SecurityException` auslösen.

setMaxPriority

`public final void setMaxPriority(int` *Priorität*`)`

Diese Methode setzt die maximale Priorität der aufrufenden Gruppe auf den Wert von *Priorität*. Sie kann eine `SecurityException` auslösen.

stop

`public final void stop()`

Diese Methode beendet alle Threads der aufrufenden Gruppe. Sie kann eine `SecurityException` auslösen.

Die Methode wurde mit Java 2 verworfen.

suspend

`public final void suspend()`

Diese Methode unterbricht alle Threads der aufrufenden Gruppe. Sie kann eine `SecurityException` auslösen.

Sie wurde mit Java 2 verworfen.

toString

```
public String toString()
```

Diese Methode gibt den String-Wert des aufrufenden Objekts zurück.

uncaughtException

public void uncaughtException(Thread *Thread*, Throwable *e*)

Diese Methode wird von der Java Virtual Machine aufgerufen, wenn ein Thread im aufrufenden Objekt eine Ausnahme nicht abfängt.

6.24 Die Throwable-Klasse

Die Throwable-Klasse bietet Funktionen für alle anderen Klassen, die eine Ausnahme- und Fehlerbehandlung durchführen. Diese Klassen erben indirekt von Throwable.

Throwable

```
public Throwable()
```

Dies ist der Standardkonstruktor.

public Throwable(String *Information*)

Dieser Konstruktor liefert ein Throwable-Objekt zurück, das mit *Information* initialisiert wird.

fillInStrackTrace

```
public native Throwable fillInStackTrace()
```

Diese Methode gibt ein Throwable-Objekt mit einem vollständigen Auszug des Laufzeit-Stacks zurück. Das Objekt kann wieder zurückgenommen werden.

getCause

`public Throwable getCause()`

Diese Methode gibt die Ursache der Ausnahme zurück. In der Regel sind dies die entsprechenden Klassen, in denen die Asunahme aufgetreten ist. Die Methode ist erst ab J2SE 1.4 verfügbar.

getMessage

`public String getMessage()`

Diese Methode liefert eine Beschreibung der Ausnahme.

printStackTrace

`public void printStackTrace()`

Diese Methode gibt einen Stack-Auszug aus.

`public void printStackTrace(PrintStream` *`Stream`*`)`

Diese Methode sendet den Stack-Auszug an den angegebenen *Stream.*

`public void printStackTrace(PrintWriter` *`pw`*`)`

Diese Methode sendet den Stack-Auszug an den angegebenen Stream.

toString

`public String toString()`

Diese Methode gibt ein `String`-Objekt mit einer Beschreibung der Ausnahme zurück. Sie wird von `println()` bei der Ausgabe eines `Throwable`-Objekts aufgerufen.

6.25 Die Void-Klasse

Die `Void`-Klasse definiert eine Variable mit der Bezeichnung `TYPE`. Diese Variable enthält einen Verweis auf das `Class`-Objekt, das den `void`-Typ repräsentiert. Instanzen von `Void`-Klassen werden nicht eingerichtet.

Die Klasse wurde mit der Java-Spezifikation 1.1. eingeführt.

7 Die Utility-Klassen und -Schnittstellen

Die Java-Bibliothek `java.util` enthält eine Reihe von Utility-Klassen. Diese Klassen werden von allen wichtigen Java-Paketen genutzt und stehen Ihnen auch für eigene Programme zur Verfügung. Sie dienen unter anderem zum Speichern von Objekten, zum Erzeugen von Pseudozufallszahlen, zur Manipulation des Datums und der Zeit sowie zum Anlegen von `StringTokenizern`.

Java 2 hat den Umfang von `java.util` durch hinzugefügte Collections beträchtlich erweitert. Das *Collections*-Framework standardisiert den Umgang mit Objektgruppen innerhalb des Programms. Frühere Java-Versionen stellten ad-hoc-Klassen wie `Dictionary`, `Vector`, `Stack` und `Properties` zum Speichern und Manipulieren von Objektgruppen zur Verfügung. Diese herkömmlichen Klassen stehen zwar auch weiterhin zur Verfügung, Collections ermöglichen aber eine einheitliche Herangehensweise. Einige der herkömmlichen Klassen, wie zum Beispiel die Klasse `Vector`, wurden mit Hilfe der Collections-Technik verbessert. In den meisten Situationen können sowohl die alten als auch die neuen Klassen für neue Programme verwendet werden.

Neben den Collections enthält das Framework zwei wichtige Elemente: Algorithmen und Iteratoren. *Algorithmen* arbeiten mit Collections und werden als statische Methoden innerhalb der `Collection`-Klasse definiert. Sie stehen daher für alle Collections zur Verfügung. Ein *Iterator* bietet eine allgemeine, standardisierte Möglichkeit für den Zugriff auf jeweils ein Element einer Collection. Ein Iterator ermöglicht so *die Aufzählung des Inhalts einer Collec-*

tion. Da jede Collection den `Iterator` implementiert, kann auf die Elemente einer Collection-Klasse mit den vom `Iterator` definierten Methoden zugegriffen werden. Mit nur geringen Veränderungen kann beispielsweise der Code, der eine Reihe durchläuft, auch zum Durchlaufen einer Liste benutzt werden.

Java 2 wurde ferner um mehrere Map-Schnittstellen und -Klassen erweitert. `Map`-Collections speichern Schlüssel/Werte-Paare. Obwohl Maps im eigentlichen Sinne keine Collections sind, sind sie dennoch vollständig integriert. In der Terminologie des Collections-Framework kann eine *Collection-Ansicht* eines Maps realisiert werden. Solch eine Ansicht enthält Map-Elemente, die in einer Collection gespeichert sind. Auf diese Weise kann der Map-Inhalt bei Bedarf als Collection bearbeitet werden.

Wie bereits erwähnt, wurde der Collection-Mechanismus für einige der ursprünglich in `java.util` definierten Klassen verbessert, so dass diese ebenfalls in das neue System integriert werden konnten. Dabei ist zu berücksichtigen, dass das Hinzufügen von Collections zwar den Aufbau vieler ursprünglicher Utility-Klassen verändert hat, jedoch keine einzige von ihnen aufgehoben wurde. Mit Collections sind viele Dinge einfach besser zu realisieren.

`java.util` enthält folgende Klassen:

AbstractCollection	AbstractList	AbstractMap	AbstractQueue
AbstractSequential-List	AbstractSet	ArrayList	Arrays
BitSet	Calendar	Collections	Currency
Date	Dictionary	EnumMap	EnumSet
EventListenerProxy	EventObject	FormattableFlags	Formatter

GregorianCalendar	HashMap	HashSet	Hashtable
IdentityHashMap	LinkedHashMap	LinkedHashSet	LinkedList
ListResourceBundle	Locale	Observable	PriorityQueue
Properties	PropertyPer-mission	PropertyResource-Bundle	Random
ResourceBundle	Scanner	SimpleTimeZone	Stack
StringTokenizer	Timer	TimerTask	TimeZone
TreeMap	TreeSet	UUID	Vector
WeakHashMap			

Außerdem sind in `java.util` folgende Schnittstelle definiert:

Collection	Comparator	Enumeration	EventListener
Formattable	Iterator	List	ListIterator
Map	Map.Entry	Observer	Queue
RandomAccess	Set	SortedMap	SortedSet

Die nachstehend genannten Klassen und Schnittstellen wurden mit der Java-Spezifikation 1.1 hinzugefügt: `Calendar`, `EventListener`, `EventObjekt`, `GregorianCalendar`, `ListResourceBundle`, `Locale`, `PropertyResourceBundle`, `ResourceBundle`, `SimpleTimeZone` und `TimeZone`.

Folgende Klassen kamen in Java 2 Version 1.2 neu hinzu: `AbstractCollection`, `AbstractList`, `AbstractMap`, `AbstractSequentialList`, `AbstractSet`, `ArrayList`, `Arrays`, `Collections`, `HashMap`, `HashSet`, `LinkedList`, `PropertyPermission`, `TreeMap`, `TreeSet` und `WeakHashMap`.

In J2SE Version 1.3 wurden folgende Klassen eingeführt: `Timer`, `TimerTask`.

J2SE 1.4 besitzt diese weiteren Klassen: `Currency`, `EventListenerProxy`, `IdentityHashMap`, `LinkedHashMap`, `LinkedHashSet`.

J2SE 5.0 führt diese Klassen ein: AbstractQueue, EnumMap, EnumSet, FormattableFlags, Formatter, PriorityQueue, Scanner, UUID.

Folgende Schnittstellen sind neu in Java 2 Version 1.2: Collection, Comparator, Iterator, List, ListIterator, Map, Map.Entry, Set, SortedMap und SortedSet.

In J2SE 1.3 wurde die Schnittstelle RandomAccess und in J2SE 5.0 die Schnittestellen Formattable und Queue eingeführt.

Die folgenden Klassen und Schnittstellen werden seltener verwendet und daher in diesem Buch nicht erörtert: Arrays, Comparator, ListResourceBundle, Map.Entry, PropertyPermission, PropertyResourceBundle, ResourceBundle, Timer, TimerTask, Currency, EventListenerProxy, IdentityHashMap, LinkedHashMap, LinkedHashSet, AbstractQueue, EnumMap, EnumSet, FormattableFlags, Formatter, PriorityQueue, Scanner, UUID, RandomAccess Formattable, Queue und WeakHashMap.

7.1 Die AbstractCollection-Klasse

AbstractCollection ist eine abstrakte Klasse, die die meisten der Collection-Schnittstellen implementiert.

Diese Klasse wurde mit J2SE Version 1.2 eingeführt.

7.2 Die AbstractList-Klasse

AbstractList ist eine abstrakte Klasse, die die meisten der List-Schnittstellen implementiert.

Diese Klasse wurde mit J2SE Version 1.2 eingeführt.

7.3 Die AbstractMap-Klasse

AbstractMap ist eine abstrakte Klasse, die die meisten der Map-Schnittstellen implementiert.

Diese Klasse wurde mit J2SE Version 1.2 eingeführt.

7.4 Die AbstractSequentialList-Klasse

AbstractSequentialList erweitert AbstractList für die Verwendung einer Collection, die anstelle von sequenziellem wahlfreien Zugriff auf die Elemente verwendet.

Diese Klasse wurde mit J2SE Version 1.2 eingeführt.

7.5 Die AbstractSet-Klasse

AbstractSet erweitert AbstractCollection und implementiert im Wesentlichen die Set-Schnittstelle.

Diese Klasse wurde mit J2SE Version 1.2 eingeführt.

7.6 Die ArrayList-Klasse

Die ArrayList-Klasse erweitert AbstractList und implementiert die List-Schnittstelle. ArrayList unterstützt dynamische Arrays, die bei Bedarf anwachsen können. ArrayList ist im Kern ein Array variabler Größe mit Objektverweisen. Zusätzlich zu den von AbstractList ererbten Methoden definiert ArrayList die Methoden ensureCapacity() und trimToSize(), die unten aufgeführt werden.

Verwandte Klassen: LinkedList, HashSet, TreeSet

Diese Klasse wurde mit J2SE Version 1.2 eingeführt.

ArrayList

`public ArrayList()`

Dieser Konstruktor erzeugt eine leere Array-Liste.

`public ArrayList(Collection c)`

Dieser Konstruktor erzeugt eine Array-Liste, die mit den Elementen der Collection *c* initialisiert wird.

`public ArrayList(int Kap)`

Dieser Konstruktor erzeugt eine Array-Liste mit der bekannten Anfangskapazität *Kap*. Sie legt die Größe des für die Speicherung der Elemente genutzten Arrays fest. Die Kapazität nimmt automatisch zu, wenn der Array-Liste Elemente hinzugefügt werden.

ensureCapacity

`public void ensureCapacity(int Kap)`

Diese Methode erhöht die Kapazität eines `ArrayList`-Objekts. Dies kann sinnvoll sein, wenn von vornherein bekannt ist, dass wesentlich mehr Elemente in der Collection gespeichert werden, als momentan darin enthalten sind. Durch einmalige Erhöhung der Kapazität zu Beginn werden mehrere spätere Neuzuweisungen vermieden. Da Neuweisungen zeitaufwendig sind, wird die Leistung durch Umgehung unnötiger Zuweisungen verbessert. *Kap* gibt die neue Kapazität an.

trimToSize

`public void trimToSize()`

Diese Methode reduziert die Größe des dem `ArrayList`-Objekt zugrunde liegenden Arrays, so dass es genauso groß ist, wie die Anzahl der aktuell darin enthaltenen Elemente.

7.7 Die BitSet-Klasse

Die `BitSet`-Klasse erzeugt einen speziellen Array-Typ für Bitwerte. Jedes Element entspricht einem Wert vom Typ `boolean` (`true` oder `false`). Wird ein Bit zurückgesetzt, dann wurde der `false` zurückgegeben. Wird ein Bit gesetzt, war der Rückgabewert `true`. Ein `BitSet` kann bei Bedarf vergrößert werden. Das verleiht ihm eine gewisse Ähnlichkeit mit einem Bitvektor.

BitSet

`public BitSet()`

Dieser Konstruktor erzeugt ein Objekt mit einer Standardgröße und setzt alle Bits zurück.

`public BitSet(int` *Größe*`)`

Dieser Konstruktor erzeugt ein Objekt mit der angegebenen Bit-*Größe* und setzt alle Bits zurück.

and

`public void and(BitSet` *BitSet*`)`

Diese Methode nimmt eine UND-Verknüpfung des Inhalts des aufrufenden Objekts mit dem angegebenen *BitSet* vor. Das Ergebnis wird dem aufrufenden Objekt übergeben.

clear

public void clear(int *Index*)

Diese Methode setzt das Bit an der Position *Index*. Sie kann eine `IndexOutOfBoundsException` auslösen.

clone

`public Object clone()`

Diese Methode dupliziert das aufrufende Objekt.

equals

`public boolean equals(Object` *BitSet*`)`

Diese Methode überprüft, ob das aufrufende Objekt und *BitSet* den gleichen Wert haben.

flip

`public void flip(int bitIndex)`

Setzt das Bit an den angegebenen Index. Die Methode ist erst ab J2SE 1.4 verfügbar.

get

`public boolean get(int` *Index*`)`

Diese Methode gibt den Zustand des Bits an der Position *Index* zurück.

hashCode

`public int hashCode()`

Diese Methode gibt den Hash-Code des aufrufenden Objekts zurück.

intersects

`public boolean intersects(BitSet set)`

Diese Methode gibt `true` zurück, wenn in dem übergebenen `BitSet`-Objekt Bits auf `true` gesetzt sind. Die Methode ist erst ab J2SE 1.4 verfügbar.

isEmpty

`public boolean isEmpty()`

Diese Methode gibt `true` zurück, wenn in dem `BitSet`-Objekt Bits keine Bits auf `true` gesetzt sind. Die Methode ist erst ab J2SE 1.4 verfügbar.

length

`public int length()`

Diese Methode gibt die Anzahl der Bits des Sets zurück.

Sie wurde mit Java 2 eingeführt.

or

`public void or(BitSet` *`BitSet`*`)`

Diese Methode nimmt eine ODER-Verknüpfung des Inhalts des aufrufenden Objekts mit dem angegebenen *BitSet* vor. Das Ergebnis wird dem aufrufenden Objekt zurückgegeben.

set

`public void set(int` *`Index`*`)`

Diese Methode setzt das Bit an der Position *Index*.

size

`public int size()`

Diese Methode gibt die Anzahl der Bits im aufrufenden Objekt zurück.

toString

`public String toString()`

Diese Methode gibt den `String`-Wert des aufrufenden Objekts zurück.

xor

`public void xor(`*`BitSet BitSet`*`)`

Diese Methode führt eine XOR-Verknüpfung des Inhalts des aufrufenden Objekts mit dem angegebenen *BitSet* durch. Das Ergebnis wird dem aufrufenden Objekt zurückgegeben.

7.8 Die Calendar-Klasse

Die abstrakte `Calendar`-Klasse stellt eine Reihe von Methoden zur Verfügung, mit denen eine Zeitangabe in Millisekunden in eine Zahl mit nützlichen Komponenten umgewandelt werden kann. Unter anderem können Informationen wie Jahr, Monat, Tag, Stunde, Minuten oder Sekunden ermittelt werden.

Die von `Calendar` abgeleiteten Klassen sollen die speziellen Funktionen zur Interpretation der Zeitinformationen nach eigenen Regeln bereitstellen. Dies ist ein Aspekt der Java-Klassenbibliothek, der es ermöglicht, Programme zu schreiben, die in unterschiedlichen internationalen Umgebungen eingesetzt werden können. Ein Beispiel hierfür ist die abgeleitete Klasse `GregorianCalendar`.

`Calendar` definiert zahlreiche `int`-Konstanten, die für das Ermitteln oder Setzen von Kalenderangaben verwendet werden. Im Einzelnen sind dies die Konstanten `AM`, `AM_PM`, `APRIL`, `AUGUST`, `DATE`, `DAY_OF_MONTH`, `DAY_OF_WEEK`, `DAY_OF_WEEK_IN_MONTH`, `DAY_OF_YEAR`, `DECEMBER`, `DST_OFFSET`, `ERA`, `FEBRUARY`, `FIELD_COUNT`, `FRIDAY`, `HOUR`, `HOUR_OF_DAY`, `JANUARY`, `JULY`, `JUNE`, `MARCH`, `MAY`, `MILLISECOND`, `MINUTE`, `MONDAY`, `MONTH`, `NOVEMBER`, `OCTOBER`, `PM`, `SATURDAY`, `SECOND`, `SEPTEMBER`, `SUNDAY`, `THURSDAY`,

TUESDAY, UNDECIMBER, WEDNESDAY, WEEK_OF_MONTH, WEEK_OF_YEAR, YEAR und ZONE_OFFSET.

Calendar definiert außerdem mehrere geschützte Instanzvariablen. areFieldsSet ist vom Typ boolean und zeigt an, ob die Zeitkomponenten gesetzt sind. fields ist ein int-Array, das die Zeitkomponenten enthält. isSet ist ein Array vom Typ boolean, das angibt, ob eine bestimmte Zeitangabe gesetzt wurde. time ist ein long-Typ, der die aktuelle Zeit des Objekts enthält. isTimeSet ist ein boolean-Typ, der angibt, ob die aktuelle Zeit gesetzt wurde.

Verwandte Klassen: Date, GregorianCalendar, Locale, TimeZone, SimpleTimeZone

Diese Klasse wurde mit der Java-Spezifikation 1.1 eingeführt.

Die gebräuchlichsten Methoden dieser Klasse werden im Folgenden beschrieben.

Calendar

`protected Calendar()`

Dieser Konstruktor erzeugt ein mit der Standardzeitzone und der Ortszeit initialisiertes Objekt.

`protected Calendar(TimeZone` *ZoneObj*`,Locale` *OrtszeitObj*`)`

Dieser Konstruktor erzeugt ein mit der Zeitzone *ZoneObj* und der Ortszeit *OrtszeitObj* initialisiertes Objekt.

after

`public abstract boolean after(Object` *KalenderObj*`)`

Diese Methode stellt fest, ob die Zeit des aufrufenden Objekts nach der Zeit von *KalenderObj* liegt.

before

`public abstract boolean before(Object` *KalenderObj*`)`

Diese Methode stellt fest, ob die Zeit des aufrufenden Objekts vor der Zeit von *KalenderObj* liegt.

compareTo

`public int compareTo(Calendar anotherCalendar)`

Diese Methode vergleicht den Zeitwert in Millisekunden seit dem Beginn der Unix-Epoche des übergebenen `Calendar`-Objekt mit einem anderen `Calendar`-Objekt. Der Rückgabewert ist 0, wenn die Werte beider Objekte übereinstimmen. Ist der Wert kleiner als 0 liegt das Datum davor, ist der Wert größer als 0, liegt der Zeitwert danach. Die Methode ist erst ab J2SE 5.0 verfügbar.

equals

`public abstract boolean equals(Object` *KalenderObj*`)`

Diese Methode stellt fest, ob die Zeit des aufrufenden Objekts gleich der Zeit von *KalenderObj* ist.

get

`public final int get(int` *KalenderFeld*`)`

Diese Methode gibt den Wert einer Komponente des aufrufenden Objekts zurück. *KalenderFeld* nennt die Komponente. Mögliche Komponenten, die angefordert werden können, sind: `Calendar.YEAR`, `Calendar.MONTH`, `Calendar.MINUTE` usw.

getTime

`public final Date getTime()`

Diese Methode gibt ein `Date`-Objekt zurück, das der Zeit des aufrufenden Objekts entspricht.

getTimeInMillis

`public long getTimeInMillis()`

Diese Methode gibt das Datum im `Calendar`-Objekt in Millisekunden seit dem Beginn der UNIX-Epoche zurück.

set

`public final void set(int` *Jahr*`, int` *Monat*`, int` *Datum*`, int` *Stunde*`, int` *Minute*`, int` *Sekunde*`)`

Diese Methode setzt die unterschiedlichen Datums- und Zeitangaben des aufrufenden Objekts.

setTime

`public final void setTime(Date` *d*`)`

Diese Methode setzt verschiedene Datums- und Zeitangaben des aufrufenden Objekts. Die Informationen stammen aus dem `Date`-Objekt *d*.

setTimeInMillis

`public void setTimeInMillis(long millis)`

Diese Methode setzt das Datum im `Calendar`-Objekt auf der Basis der übergebenen Millisekunden seit dem Beginn der UNIX-Epoche.

7.9 Die Collections-Klasse

Das Collections-Framework definiert zahlreiche Algorithmen, die für Collections und Maps angewendet werden können. Sie sind als `static`-Methoden innerhalb der `Collections`-Klasse definiert.

Die Klasse wurde mit der Java 2 Version 1.2 eingeführt.

parseBoolean

`public static boolean addAll(Collection c)`

Diese Methode fügt eine weitere `Collection` in die bestehenden `Collection` ein. Die Methode ist erst ab J2SE 5.0 verfügbar.

binarySearch

```
public static int binarySearch(List Liste, Object Wert,
   Comparator c)
```

Diese Methode sucht in der *Liste* nach dem *Wert* in der Reihenfolge von *c*. Sie gibt die Position des *Wert*s in der *Liste* zurück oder -1, wenn der *Wert* nicht gefunden wird.

`public static int binarySearch(List Liste, Object Wert)`

Diese Methode sucht in der *Liste* nach dem *Wert*. Die *Liste* muss sortiert sein. Sie gibt die Position des *Werts* in *Liste* zurück oder -1, wenn der *Wert* nicht gefunden wird.

copy

`public static void copy(List Liste1, Liste Liste2)`

Diese Methode kopiert die Elemente von *Liste2* in *Liste1*.

disjoint

`public static boolean disjoint(Collection c1,Collection c2)`

Diese Methode gibt `true` zurück, wenn die beiden übergebenen Objekte keine gemeinsamen Elemente besitzen. Die Methode ist erst ab J2SE 5.0 verfügbar.

enumeration

`public static Enumeration enumeration(Collection c)`

Diese Methode gibt eine Aufzählung von *c* zurück.

fill

`public static void fill(List Liste, Object Obj)`

Jedem Element der *Liste* weist diese Methode *Obj* zu.

max

`public static Object max(Collection c, Comparator Komp)`

Diese Methode gibt das maximale Element aus *c* zurück, wie es in *Komp* festgelegt ist.

`public static Object max(Collection c)`

Diese Methode gibt das maximale Element aus *c* zurück, wie es sich aus der natürlichen Reihenfolge ergibt.

min

`public static Object min(Collection c, Comparator Komp)`

Diese Methode gibt das minimale Element aus *c* zurück, wie es mit *Komp* festgelegt wird.

`public static Object min(Collection c)`

Diese Methode gibt das minimale Element aus *c* zurück, wie es sich aus der natürlichen Ordnung ergibt.

nCopies

`public static List nCopies(int Anzahl, Object Obj)`

Diese Methode gibt die *Anzahl* der Kopien von *Obj* aus einer unveränderlichen Liste zurück. *Anzahl* muss größer oder gleich Null sein.

replaceAll

```
public static boolean replaceAll(List list,Object
   oldVal,Object newVal)
```

Diese Methode ersetzt in einem `List`-Objekt den Wert `oldVal` durch `newVal`. Die Methode ist erst ab J2SE 1.4 verfügbar.

reverse

`public static void reverse(List` *`Liste`*`)`

Diese Methode kehrt die Reihenfolge der *Liste* um.

reverseOrder

```
public static Comparator reverseOrder()
```

Diese Methode gibt einen reversen Komparator zurück. Dieser Komparator kehrt das Ergebnis eines Vergleichs zweier Elemente um.

rotate

```
public static void rotate(List list,int distance)
```

Diese Methode setzt die Elemente in dem List-Objekt an eine neue Position. Diese wird durch den Indexwert minus `distance` bestimmt. Die Methode ist erst ab J2SE 1.4 verfügbar.

shuffle

`public static void shuffle(List` *`Liste`*`, Random` *`r`*`)`

Diese Methode mischt beziehungsweise ordnet die Elemente der *Liste* willkürlich an und verwendet dabei *r* als Quelle für Zufallszahlen.

`public static void shuffle(List` *`Liste`*`)`

Diese Methode mischt die Elemente der *Liste*.

singleton

`public static Set singleton(Object` *`Obj`*`)`

Diese Methode gibt *Obj* als unveränderliches Set zurück. Das ist eine einfache Möglichkeit, ein einzelnes Objekt in ein Set umzuwandeln.

sort

`public static void sort(List` *Liste*`, Comparator` *Komp*`)`

Diese Methode sortiert die Elemente der *Liste* wie mit *Komp* angegeben.

`public static void sort(List` *Liste*`)`

Diese Methode sortiert die Elemente der *Liste* in ihrer natürlichen Reihenfolge.

synchronizedCollection

`public static Collection synchronizedCollection(Collection` *c*`)`

Diese Methode gibt, unterstützt von *c*, eine Thread-sichere Collection zurück.

synchronizedList

`public static List synchronizedList(List` *Liste*`)`

Diese Methode gibt, unterstützt von *Liste*, eine Thread-sichere Liste zurück.

synchronizedMap

`public static Map synchronizedMap(Map` *m*`)`

Diese Methode gibt, unterstützt von *m*, ein Thread-sicheres Map zurück.

synchronizedSet

`public static Set synchronizedSet(Set` *s*`)`

Diese Methode gibt, unterstützt von *s*, ein Thread-sicheres Set zurück.

synchronizedSortedMap

```
public static SortedMap synchronizedSortedMap(SortedMap
    sm)
```

Diese Methode gibt ein nach *sm* sortiertes Thread-sicheres Map zurück.

synchronizedSortedSet

```
public static SortedSet synchronizedSortedSet(SortedSet ss)
```

Diese Methode gibt eine von *ss* unterstütztes Thread-sicheres Set zurück.

unmodifiableCollection

```
public static Collection unmodifiableCollection(Collection
    c)
```

Diese Methode gibt, unterstützt von *c*, eine unveränderbare Collection zurück.

unmodifiableList

```
public static List unmodifiableList(List Liste)
```

Diese Methode gibt, unterstützt von *Liste*, eine unveränderbare Liste zurück.

unmodifiableMap

```
public static Map unmodifiableMap(Map m)
```

Diese Methode gibt, unterstützt von *m*, ein unveränderbares Map zurück.

unmodifiableSet

```
public static Set unmodifiableSet(Set s)
```

Diese Methode gibt, unterstützt von *s*, eine unveränderbares Set zurück.

unmodifiableSortedMap

```
public static SortedMap unmodifiableSortedMap(SortedMap
    sm)
```

Diese Methode gibt, unterstützt von *sm*, ein unveränderbares sortiertes Map zurück.

unmodifiableSortedSet

```
public static SortedSet unmodifiableSortedSet(SortedSet ss)
```

Diese Methode gibt, unterstützt von *ss*, eine unveränderbares sortiertes Set zurück.

7.10 Die Collection-Schnittstelle

Das Collections-Framework baut auf der `Collection`-Schnittstelle auf. Sie deklariert den Kern der Methoden, über die alle Collections verfügen. Viele dieser Methoden können eine `UnsupportedOperationException` auslösen. Dazu kommt es, wenn eine Collection nicht verändert werden kann. Eine `ClassCastException` wird erzeugt, wenn ein Objekt zu einem anderen inkompatibel ist (wenn beispielsweise der Versuch unternommen wird, ein inkompatibles Objekt einer Collection hinzuzufügen).

Verwandte Schnittstellen: `List`, `Set`, `SortedSet`

Diese Klasse wurde mit J2SE Version 1.2 eingeführt.

add

```
public boolean add(Object Obj)
```

Diese Methode fügt der aufrufenden Collection *Obj* hinzu. Sie gibt den Wert `true` zurück, wenn *Obj* der Collection hinzugefügt wurde. War *Obj* bereits ein Member der Collection oder lässt die Collection keine Duplikate zu, wird `false` zurückgegeben.

addAll

```
public boolean addAll(Collection c)
```

Diese Methode fügt der aufrufenden Collection alle Elemente von c hinzu. War die Operation erfolgreich, wird `true` zurückgegeben (das heißt, die Elemente wurden hinzugefügt). Andernfalls wird `false` zurückgegeben.

clear

```
public void clear()
```

Diese Methode entfernt alle Elemente aus der aufrufenden Collection.

contains

```
public boolean contains(Object Obj)
```

Diese Methode gibt den Wert `true` zurück, wenn *Obj* ein Element der aufrufenden Collection ist. Andernfalls wird `false` zurückgegeben.

containsAll

```
boolean containsAll(Collection c)
```

Diese Methode gibt den Wert `true` zurück, wenn die aufrufende Collection alle Elemente von c enthält. Andernfalls wird `false` zurückgegeben.

equals

```
public boolean equals(Object Obj)
```

Diese Methode gibt den Wert `true` zurück, wenn die aufrufende Collection und *Obj* gleich sind. Andernfalls wird `false` zurückgegeben.

hashCode

```
public int hashCode()
```

Diese Methode gibt den Hash-Code der aufrufenden Collection zurück.

isEmpty

```
public boolean isEmpty()
```

Diese Methode gibt den Wert `true` zurück, wenn die aufrufende Collection leer ist. Andernfalls wird `false` zurückgegeben.

iterator

```
public Iterator iterator()
```

Diese Methode gibt einen Iterator für die aufrufende Collection zurück.

remove

```
public boolean remove(Object Obj)
```

Diese Methode entfernt eine Instanz von *Obj* aus der aufrufenden Collection. Sie gibt `true` zurück, wenn das Element entfernt wurde. Andernfalls wird `false` zurückgegeben.

removeAll

```
public boolean removeAll(Collection c)
```

Diese Methode entfernt alle Elemente von *c* aus der aufrufenden Collection. Sie gibt `true` zurück, wenn die Collection verändert wurde (die Elemente entfernt wurden). Andernfalls wird `false` zurückgegeben.

retainAll

`public boolean retainAll(Collection c)`

Diese Methode entfernt alle Elemente aus der aufrufenden Collection mit Ausnahme derjenigen aus c. Sie gibt `true` zurück, wenn die Collection verändert wurde (die Elemente entfernt wurden). Andernfalls wird `false` zurückgegeben.

size

`public int size()`

Diese Methode gibt die Anzahl der Elemente in der aufrufenden Collection zurück.

toArray

`public Object[] toArray()`

Diese Methode gibt ein Array mit den in der aufrufenden Collection enthaltenen Elementen zurück. Bei den Array-Elementen handelt es sich um Kopien der Collection-Elemente.

`public Object[] toArray(Object` *Array* `[])`

Diese Methode gibt ein Array mit denjenigen Collection-Elementen zurück, deren Typ mit dem von *Array* übereinstimmt. Bei den Array-Elementen handelt es sich um Kopien der Collection-Elemente. Ist *Array* gleich der Anzahl passender Elemente, dann werden diese mit *Array* zurückgegeben. Ist *Array* kleiner als die Anzahl passender Elemente, wird ein neues Array mit der erforderlichen Größe zugewiesen und zurückgegeben. Ist *Array* größer als die Anzahl passender Elemente, wird das auf das letzte Collection-Element folgende Array-Element auf den Wert `null` gesetzt. Besitzt ein Collection-Element einen Typ, der kein Subtyp von *Array* ist, wird eine `ArrayStoreException` ausgelöst.

7.11 Die Date-Klasse

Die `Date`-Klasse repräsentiert ein Datum und eine Uhrzeit. Mit ihren Methoden können die unterschiedlichen Bestandteile von Datums- oder Zeitangaben gesetzt werden. Viele Teile der `Date`-Klasse wurden mit der Java-Spezifikation 1.1 wieder verworfen. Für die Programmierung neuen Codes sollte im Allgemeinen die `Calendar`-Klasse verwendet werden. Im Folgenden werden die nicht verworfenen Konstruktoren und Methoden der `Date`-Klasse aufgeführt.

Verwandte Klassen: `Calendar`, `GregorianCalendar`, `TimeZone`, `SimpleTimeZone`

Date

`public Date()`

Dieser Konstruktor erzeugt ein mit dem aktuellen Datum und der aktuellen Zeit initialisiertes Objekt.

`public Date(long` *`Millisekunden`*`)`

Dieser Konstruktor erzeugt ein Objekt, das entsprechend der seit Mitternacht des 1. Januar 1970 (GMT) vergangenen Millisekunden initialisiert wird.

after

`public boolean after(Date` *`Datum`*`)`

Diese Methode gibt den Wert `true` zurück, wenn das aufrufende Objekt ein späteres Datum enthält, als mit *Datum* angegeben wurde. Andernfalls wird `false` zurückgegeben.

before

`public boolean before(Date` *`Datum`*`)`

Diese Methode gibt den Wert `true` zurück, wenn das aufrufende Objekt ein Datum enthält, das vor dem mit *Datum* angegebenen liegt. Andernfalls wird `false` zurückgegeben.

compareTo

`public int compareTo(Date` *DatumObj*`)`

Diese Methode gibt das Ergebnis eines Vergleichs zweier Datumsangaben zurück. Stimmen die Daten überein, wird `0` zurückgegeben. Liegt das Datum des aufrufenden Objekts vor *DatumObj*, wird ein negativer Wert zurückgegeben. Ein positiver Wert wird zurückgegeben, wenn das Datum des aufrufenden Objekts einen späteren Zeitpunkt angibt als *DatumObj*.

Die Methode wurde mit Java 2 eingeführt.

equals

`public boolean equals(Object` *Datum*`)`

Diese Methode gibt den Wert `true` zurück, wenn Datum und Zeit des aufrufenden Objekts mit *Datum* übereinstimmen. Andernfalls wird `false` zurückgegeben.

getTime()

`public long getTime()`

Diese Methode gibt die Anzahl der seit dem 1. Januar 1970, 0 Uhr (GMT) vergangenen Millisekunden zurück.

hashCode

`public int hashCode()`

Diese Methode gibt den Hash-Code des aufrufenden Objekts zurück.

setTime

`public void setTime(long ms)`

Diese Methode setzt Zeit und Datum auf den mit *ms* angegebenen Wert. *ms* steht für die seit dem 1. Januar 1970, 0 Uhr (GMT) vergangenen Millisekunden.

toString

`public String toString()`

Diese Methode gibt den `String`-Wert des aufrufenden Objekts zurück.

7.12 Die Dictionary-Klasse

`Dictionary` ist eine abstrakte Klasse, die einen Schlüssel oder Wert für einen Speicherplatz repräsentiert. Ein *Schlüssel* ist eine Bezeichnung, mit der zu einem späteren Zeitpunkt nach dem *Wert* gesucht wird. Mit Angabe eines Schlüssels und Werts wird der Wert in einem `Dictionary`-Objekt gespeichert. Ist dies einmal geschehen, kann der Wert über den Schlüssel gesucht werden. Ein `Dictionary`-Objekt besteht aus einer Liste von Werte- und Schlüsselpaaren. Diese veraltete Klasse ist überflüssig und sollte beim Schreiben neuer Programme nicht mehr verwendet werden. (Sie wurde jedoch noch nicht verworfen.) Die Verwendung eines `Map`-Objekts sollte vorgezogen werden.

Verwandte Klassen: `Hashtable`, `HashMap`, `TreeMap`

Dictionary

`public Dictionary()`

Dies ist der Standardkonstruktor.

elements

`public abstract Enumeration elements()`

Diese Methode gibt eine Aufzählung der Werte des `Dictionary`-Objekts zurück.

get

`public abstract Object get(Object` *Schlüssel*`)`

Diese Methode gibt das Objekt zurück, welches den mit *Schlüssel* verknüpften Wert enthält. Ist *Schlüssel* nicht im Dictionary-Objekt vorhanden, wird ein `null`-Objekt zurückgegeben.

isEmpty

`public abstract boolean isEmpty()`

Diese Methode gibt `true` zurück, wenn das Dictionary-Objekt leer ist, beziehungsweise `false`, wenn zumindest ein Schlüssel vorhanden ist.

keys

`public abstract Enumeration keys()`

Diese Methode gibt eine Aufzählung der Schlüssel des Dictionary-Objekts zurück.

put

`public abstract Object put(Object` *Schlüssel*, `Object` *Wert*`)`

Diese Methode fügt ein Schlüssel- und Wertpaar in das Dictionary-Objekt ein. Ist der *Schlüssel* noch nicht vorhanden, wird `null` zurückgegeben. Ist der mit *Schlüssel* verknüpfte Wert bereits vorhanden, wird der bisherige Wert zurückgegeben. Diese Methode kann eine `NullPointerException` auslösen.

remove

```
public abstract Object remove(Object Schlüssel)
```

Diese Methode entfernt den *Schlüssel* und den dazugehörigen Wert. Sie gibt den Wert von *Schlüssel* zurück. Ist der *Schlüssel* nicht vorhanden, wird ein `null`-Objekt zurückgegeben.

size

```
public abstract int size()
```

Diese Methode gibt die Anzahl der Einträge im Dictionary-Objekt zurück.

7.13 Die Enumeration-Schnittstelle

Die `Enumeration`-Schnittstelle definiert die Methoden, mit denen die Elemente einer Sammlung von Objekten jeweils nacheinander durchlaufen werden können. `Enumeration` ist eine nicht mehr gebräuchliche Schnittstelle. An ihrer Stelle sollte `Iterator` verwendet werden.

Verwandte Schnittstelle: `Iterator`

hasMoreElements

```
public abstract boolean hasMoreElements()
```

Diese Methode gibt den Wert `true` zurück, wenn noch weitere Elemente vorliegen, beziehungsweise den Wert `false`, wenn alle Elemente durchlaufen wurden.

nextElement

```
public abstract Object nextElement()
```

Diese Methode gibt das nächste Objekt der Aufzählung als `Object`-Verweis zurück. Bei jedem Aufruf von `nextElement()` wird das nächste Element der Aufzählung zurückgeliefert. Die aufrufende Routine muss dieses Objekt in den Objekttyp der Aufzählung umwandeln. Sie kann eine `NoSuchElementException` auslösen.

7.14 Die EventListener-Schnittstelle

Die `EventListener`-Schnittstelle muss durch alle Schnittstellen für die Ereignisbeobachtung erweitert werden. Sie besitzt keine Methoden, kann aber feststellen, ob ein Objekt auf Ereignisse wartet.

Diese Schnittstelle wurde mit der Java-Spezifikation 1.1 eingeführt.

7.15 Die EventObject-Klasse

Die `EventObject`-Klasse ist die Superklasse für alle Ereignisse. Sie besitzt die Instanzvariable `source`, die einen geschützten Verweis auf ein Objekt enthält, das der Auslöser des Ereignisses ist.

Verwandte Klasse: `AWTEvent`

Diese Klasse wurde mit der Java-Spezifikation 1.1. eingeführt.

EventObject

`public EventObject(Object` *Obj*`)`

Dieser Konstruktor erzeugt ein Objekt mit einem Verweis auf *Obj*. *Obj* ist der Auslöser des Ereignisses.

getSource

`public Object getSource()`

Diese Methode gibt einen Verweis auf das Objekt zurück, das der Auslöser des Ereignisses ist.

toString

`public String toString()`

Diese Methode gibt den `String`-Wert des aufrufenden Objekts zurück.

7.16 Die GregorianCalendar-Klasse

`GregorianCalendar` ist eine konkrete Implementierung von `Calendar`. `GregorianCalendar` definiert die zwei `int`-Konstanten `AD` und `BC`.

Verwandte Klassen: `Calendar`, `Date`, `TimeZone`, `SimpleTimeZone`

Diese Klasse wurde mit der Java-Spezifikation 1.1. eingeführt.

Die gebräuchlichsten Konstruktoren und Methoden dieser Klasse werden im Folgenden beschrieben.

GregorianCalendar

`public GregorianCalendar()`

Dies ist der Standardkonstruktor. Er richtet ein Objekt mit der aktuellen Zeit der Standardorts- und der Standardzeitzone ein.

`public GregorianCalendar(int` *Jahr*`, int` *Monat*`, int` *Datum*`,`
`int` *Stunde*`, int` *Minute*`, int` *Sekunde*`)`

Dieser Konstruktor richtet ein Objekt mit den als Argument übergebenen Zeit- und Datumsparametern ein. Es werden die Standardorts- und der Standardzeitzone verwendet.

`public GregorianCalendar(TimeZone` *ZoneObj*`,`
`Locale` *OrtszeitObj*`)`

Dieser Konstruktor richtet ein Objekt mit der aktuellen Zeit der mit *ZoneObj* und *OrtszeitObj* angegebenen Zeitzone und Ortszeit ein.

after

`public boolean after(Object` *KalenderObj*`)`

Diese Methode stellt fest, ob die Zeit des aufrufenden Objekts nach der Zeit von *KalenderObj* liegt.

before

`public boolean before(Object` *KalenderObj*`)`

Diese Methode stellt fest, ob die Zeit des aufrufenden Objekts vor der mit *KalenderObj* angegebenen Zeit liegt.

equals

`public boolean equals(Object` *KalenderObj*`)`

Diese Methode stellt fest, ob die Zeit des aufrufenden Objekts gleich der Zeit von *KalenderObj* ist.

isLeapYear

`public boolean isLeapYear(int` *Jahr*`)`

Diese Methode stellt fest, ob das *Jahr* ein Schaltjahr ist.

7.17 Die HashMap-Klasse

Die `HashMap`-Klasse verwendet eine Hash-Tabelle zur Unterstützung eines Map-Objekts. Hierfür wird `Map` implementiert.

Verwandte Klassen: `Hashtable`, `HashSet`.

Die Methode wurde mit Java 2 Version 1.2 eingeführt.

HashMap

`public HashMap()`

Dieser Konstruktor erstellt ein standardmäßiges Hash-Map.

`public HashMap(Map` *m*`)`

Dieser Konstruktor initialisiert das Hash-Map mit Hilfe der Elemente von *m*.

`public HashMap(int` *Kapazität*`)`

Dieser Konstruktor initialisiert die Kapazität des Hash-Map mit dem Wert von *Kapazität*.

`public HashMap(int` *Kapazität*`, float` *Ladefaktor*`)`

Dieser Konstruktor initialisiert das Hash-Map mit den Werten von *Kapazität* und *Ladefaktor*.

7.18 Die HashSet-Klasse

`HashSet` erweitert `AbstractSet` und implementiert die `Set`-Schnittstelle. Sie erzeugt eine Collection, die eine Hash-Tabelle zum Speichern verwendet.

Verwandte Klassen: `ArrayList`, `LinkedList`, `TreeSet`

Die Methode wurde mit Java 2 Version 1.2 eingeführt.

HashSet

`HashSet()`

Dieser Konstruktor erstellt ein Standard-Hash-Set.

`HashSet(Collection` *c*`)`

Dieser Konstruktor initialisiert das Hash-Set mit Elementen von *c*.

`HashSet(int` *Kapazität*`)`

Dieser Konstruktor initialisiert die Kapazität des Hash-Sets mit dem Wert von *Kapazität*.

`HashSet(int` *Kapazität*`, float` *Ladefaktor*`)`

Dieser Konstruktor initialisiert die Kapazität und den Ladefaktor des Hash-Sets entsprechend der übergebenen Argumente. Der Ladefaktor muss zwischen 0,0 und 1,0 liegen. Er legt fest, wie voll das Hash-Set sein darf, bevor es vergrößert wird. Wenn die Anzahl der Elemente größer ist als die Kapazität des Hash-Sets multipliziert mit dem Ladefaktor, wird das Hash-Set erweitert. Bei Konstruktoren ohne Ladefaktor wird standardmäßig der Faktor 0,75 verwendet.

7.19 Die Hashtable-Klasse

`Hashtable` ist eine konkrete Implementierung eines `Dictionary`.

Seit der Java 2 Version 1.2 implementiert `Hashtable` auch die `Map`-Schnittstelle und ist Bestandteil des Collections-Framework.

Eine `Hashtable`-Instanz speichert beliebige Objekte, die von einem beliebigen anderen Objekt indiziert werden. Eine Hash-Tabelle speichert Informationen mit Hilfe des so genannten Hashing-Verfahrens. Beim *Hashing* wird über den Informationsgehalt eines Schlüssels ein eindeutiger Wert ermittelt (der *Hash-Code*). Der *Hash-Code* dient anschließend als Index für die mit dem Schlüssel verknüpften Daten.

Beim Einsatz von `Hashtable` wird ein Objekt angegeben, welches als Schlüssel dient, sowie der Wert (das heißt Daten), der mit diesem Schlüssel verknüpft wird. Anschließend wird das Hash-Verfahren angewendet und der errechnete Hash-Code als Index für den in der Tabelle gespeicherten Wert benutzt. Die Umwandlung des Schlüssels in den Hash-Code wird automatisch durchgeführt, so dass der Hash-Code selbst niemals zu erkennen ist. Darüber hinaus kann der Code die Hash-Tabelle nicht direkt indizieren. Mit Hilfe des Hashing-Verfahrens können Informationen effektiv gespeichert werden. Auf diese kann man wieder zugreifen, wobei der für die Anwendung am besten geeignete Schlüsseltyp (Objekt) gewählt werden kann

Eine Hash-Tabelle kann nur Objekte speichern, die die vom Objekt definierten Methoden `hashCode()` und `equals()` überschreiben. Die `hashCode()`-Methode muss den Hash-Code für das Objekt berechnen und zurückliefern. `equals()` vergleicht selbstverständlich zwei Objekte. Glücklicherweise implementieren viele der vordefinierten Java-Klassen die `hashCode()`-Methode. Der verbreitetste `Hashtable`-Typ verwendet beispielsweise ein `String`-Objekt als Schlüssel. `String` implementiert die Methoden `hashCode()` und `equals()`.

Verwandte Klassen: `Dictionary`, `HashMap`

Hashtable

`public Hashtable()`

Dies ist der Standardkonstruktor.

`public Hashtable(int` *Größe*`)`

Dieser Konstruktor erstellt eine Hash-Tabelle in der mit *Größe* angegebenen Anfangsgröße.

`public Hashtable(Map` *m*`)`

Dieser Konstruktor erstellt eine Hash-Tabelle mit den Elementen aus dem Map *m*.

Er wurde mit Java 2 eingeführt.

`public Hashtable(int` *Größe*`, float` *Ladefaktor*`)`

Dieser Konstruktor erstellt eine Hash-Tabelle in der mit *Größe* angegebenen Anfangsgröße und mit dem entsprechenden *Ladefaktor*.

Dieser Faktor muss zwischen 0,0 und 1,0 liegen. Er gibt an, wie weit die Hash-Tabelle gefüllt wird, bevor sie vergrößert wird. Wenn die Anzahl der Elemente größer ist als die Kapazität des Hash-Sets multipliziert mit dem Ladefaktor, wird das Hash-Set erweitert. Bei Konstruktoren ohne Ladefaktor wird standardmäßig der Faktor 0,75 verwendet. Dieser Konstruktor kann eine `IllegalArgumentException` auslösen.

clear

`public void clear()`

Diese Methode setzt die Hash-Tabelle zurück und leert sie.

clone

`public Object clone()`

Diese Methode gibt ein Duplikat des aufrufenden Objekts zurück.

contains

`public boolean contains(Object` *Wert*`)`

Diese Methode gibt den Wert `true` zurück, wenn ein mit *Wert* identischer Wert in der Hash-Tabelle vorhanden ist. Wird der Wert nicht gefunden, wird `false` zurückgeliefert. Sie kann eine `NullPointerException` auslösen.

containsKey

`public boolean containsKey(Object` *Schlüssel*`)`

Diese Methode gibt `true` zurück, wenn ein identischer *Schlüssel* innerhalb der Hash-Tabelle vorhanden ist. Ist dies nicht der Fall, wird `false` zurückgegeben.

elements

`public Enumeration elements()`

Diese Methode gibt eine Aufzählung der Werte aus der Hash-Tabelle zurück.

get

`public Object get(Object` *Schlüssel*`)`

Diese Methode gibt das Objekt zurück, welches den mit *Schlüssel* verknüpften Wert enthält. Wird der *Schlüssel* nicht in der Hash-Tabelle gefunden, wird ein Nullobjekt zurückgegeben.

isEmpty

`public boolean isEmpty()`

Diese Methode gibt den Wert `true` zurück, wenn die Hash-Tabelle leer ist. Ist zumindest ein Schlüssel vorhanden, liefert sie den Wert `false` zurück.

keys

`public Enumeration keys()`

Diese Methode gibt eine Aufzählung der Schlüssel der Hash-Tabelle zurück.

put

`public Object put(Object` *Schlüssel*, `Object` *Wert*`)`

Diese Methode fügt einen Schlüssel und einen Wert in die Hash-Tabelle ein. Sie gibt `null` zurück, wenn der *Schlüssel* noch nicht in der Hash-Tabelle vorhanden ist, beziehungsweise den bisher mit dem *Schlüssel* verknüpften Wert, wenn der *Schlüssel* bereits in der Hash-Tabelle vorhanden ist. Sie kann eine `NullPointerException` auslösen.

rehash

```
protected void rehash()
```

Diese Methode vergrößert die Hash-Tabelle und führt das Hashing-Verfahren für alle Schlüssel erneut durch.

remove

`public Object remove(Object` *`Schlüssel`*`)`

Diese Methode entfernt den *Schlüssel* und den dazugehörigen Wert. Sie gibt den mit *Schlüssel* verknüpften Wert zurück. Ist der *Schlüssel* nicht in der Hash-Tabelle vorhanden, wird ein `null`-Objekt zurückgegeben.

size

```
public int size()
```

Diese Methode gibt die Anzahl der Hash-Tabelleneinträge zurück.

toString

```
public String toString()
```

Diese Methode gibt den `String`-Wert des aufrufenden Objekts zurück.

7.20 Die Iterator-Schnittstelle

Beim Umgang mit Collections müssen die Elemente häufig durchlaufen werden (wenn beispielsweise jedes einzelne Element ausgegeben werden soll). Dies geschieht am besten mit einem Iterator. Ein *Iterator* ist ein Objekt, das die `Iterator`-Schnittstelle implementiert.

Verwandte Schnittstelle: `ListIterator`

Diese Klasse wurde mit J2SE Version 1.2 eingeführt.

hasNext

```
public boolean hasNext()
```

Diese Methode gibt den Wert `true` zurück, wenn noch weitere Elemente vorhanden sind. Andernfalls wird `false` zurückgegeben.

next

```
public Object next()
```

Diese Methode gibt das nächste Element zurück. Ist kein nächstes Element vorhanden, löst sie die Ausnahme `NoSuchElementException` aus.

remove

```
public void remove()
```

Diese Methode entfernt das aktuelle Element. Sie löst die Ausnahme `IllegalStateException` aus, wenn der Versuch unternommen wird, `remove()` ohne einen vorherigen Aufruf von `next()` aufzurufen.

7.21 Die LinkedList-Klasse

Die `LinkedList`-Klasse erweitert `AbstractSequentialList` und implementiert die `List`-Schnittstelle. Sie stellt eine Datenstruktur in Form einer verknüpften Liste zur Verfügung. Zusätzlich zu den ererbten Methoden definiert die `LinkedList`-Klasse einige nützliche eigene Methoden für die Bearbeitung und den Zugriff auf Listen. Diese Methoden werden im Anschluss einzeln aufgeführt.

Verwandte Klassen: `ArrayList`, `HashSet`, `TreeSet`

Diese Klasse wurde mit J2SE Version 1.2 eingeführt.

LinkedList

`public LinkedList()`

Dieser Konstruktor erzeugt eine leere verknüpfte Liste.

`public LinkedList(Collection c)`

Dieser Konstruktor erstellt eine verknüpfte Liste, die mit den Elementen der Collection *c* initialisiert wird.

addFirst

`public void addFirst(Object Obj)`

Diese Methode fügt das Objekt *Obj* am Anfang der aufrufenden Liste hinzu.

addLast

`public void addLast(Object Obj)`

Diese Methode fügt das Objekt *Obj* am Ende der aufrufenden Liste hinzu.

element

`public Object element()`

Gibt das erste Element zurück. Die Methode ist erst ab J2SE 5.0 verfügbar.

getFirst

`public Object getFirst()`

Diese Methode gibt das erste Element der aufrufenden Liste zurück.

getLast

`public Object getLast()`

Diese Methode gibt das letzte Element der aufrufenden Liste zurück.

offer

```
public boolean offer(Object o)
```

Fügt das übergebene Element in das Ende der Liste ein. Die Methode ist erst ab J2SE 5.0 verfügbar.

peek

```
public Object peek()
```

Gibt das erste Element zurück. Die Methode ist erst ab J2SE 5.0 verfügbar.

remove

```
public Object remove()
```

Gibt das erste Element zurück und entfernt es aus der Liste. Die Methode ist erst ab J2SE 5.0 verfügbar.

poll

```
public Object poll()
```

Gibt das erste Element zurück und entfernt es aus der Liste. Die Methode ist erst ab J2SE 5.0 verfügbar.

removeFirst

```
public Object removeFirst()
```

Diese Methode entfernt das erste Element aus der aufrufenden Liste und gibt dieses Objekt zurück.

removeLast

```
public Object removeLast()
```

Diese Methode entfernt das letzte Element aus der aufrufenden Liste und gibt dieses Objekt zurück.

7.22 Die List-Schnittstelle

Die `List`-Schnittstelle erweitert `Collection` und deklariert das Verhalten einer Collection, die eine Folge von Elementen speichert. Es können Elemente eingefügt werden. Über ihre Position in der verknüpften Liste kann mit einem auf Null basierenden Index auf die Elemente zugegriffen werden. Eine Liste darf Duplikate einzelner Elemente enthalten.

Zusätzlich zu den von `Collection` definierten Methoden definiert `List` eigene Methoden, die im Anschluss erörtert werden. Viele dieser Methoden lösen die Ausnahme `UnsupportedOperationException` aus, wenn die Collection nicht verändert werden kann. Eine `ClassCastException` wird erzeugt, wenn ein Objekt inkompatibel zu einem anderen ist (beispielsweise beim Versuch, einer Collection ein inkompatibles Objekt hinzuzufügen).

Verwandte Schnittstellen: `Collection`, `Set`, `SortedSet`

Diese Klasse wurde mit J2SE Version 1.2 eingeführt.

add

`public void add(int` *Index*`, Object` *Obj*`)`

Diese Methode fügt das Objekt *Obj* in die aufrufende Liste an der mit *Index* übergebenen Position ein. Vorhandene Elemente sowie alle folgenden Elemente werden um eine Position verschoben, so dass keine Elemente überschrieben werden.

addAll

`public boolean addAll(int` *Index*`, Collection` *c*`)`

Diese Methode fügt alle Elemente von *c* in die aufrufende Liste an der mit *Index* angegebenen Position ein. Vorhandene Elemente sowie alle folgenden Elemente werden um eine Position verschoben, so dass keine Elemente überschrieben werden. Sie gibt `true` zurück, wenn sich die aufrufende Liste verändert. Ist dies nicht der Fall, wird `false` zurückgegeben.

get

`public Object get(int` *Index*`)`

Diese Methode gibt das Objekt der aufrufenden Collection an der Position von *Index* zurück.

indexOf

`public int indexOf(Object` *Obj*`)`

Diese Methode gibt den Index der ersten Instanz von *Obj* innerhalb der aufrufenden Liste zurück. Ist *Obj* kein Element der Liste, wird `-1` zurückgegeben.

lastIndexOf

`public int lastIndexOf(Object` *Obj*`)`

Diese Methode gibt den Index der letzten Instanz von *Obj* innerhalb der aufrufenden Liste zurück. Ist *Obj* kein Element der Liste, wird `-1` zurückgegeben.

listIterator

`public ListIterator listIterator()`

Diese Methode gibt einen Iterator für den Anfang der aufrufenden Liste zurück.

`public ListIterator listIterator(int` *Index*`)`

Diese Methode gibt einen Iterator für die aufrufende Liste zurück, der an dem angegebenen *Index* beginnt.

remove

`public Object remove(int Index)`

Diese Methode entfernt das Element an der Position *Index* aus der aufrufenden Liste und gibt das gelöschte Element zurück. Die veränderte Liste wird angepasst, indem die Indizes der folgenden Elemente um 1 verringert werden.

set

`public Object set(int Index, Object Obj)`

Diese Methode weist der mit *Index* angegebenen Position der aufrufenden Liste das Objekt *Obj* zu.

subList

`public List subList(int Start, int Ende)`

Diese Methode gibt eine Liste mit den Elementen der aufrufenden Liste von der Position *Start* bis *Ende*-1 zurück. Auf die Elemente der Rückgabeliste wird auch vom aufrufenden Objekt verwiesen.

7.23 Die ListIterator-Schnittstelle

Beim Umgang mit Collections müssen die einzelnen Elemente in vielen Situationen mehrfach durchlaufen werden (beispielsweise zum Anzeigen der einzelnen Elemente). Beim Umgang mit Listen geschieht dies am besten mit einem Listen-Iterator. Ein Listen-Iterator ist ein Objekt, das die `ListIterator`-Schnittstelle implementiert. `ListIterator` erbt die `Iterator`-Schnittstelle.

Verwandte Schnittstelle: `Iterator`

Diese Klasse wurde mit J2SE Version 1.2 eingeführt.

add

`public void add(Object Obj)`

Diese Methode setzt das Objekt *Obj* vor das Element der Liste, welches mit dem nächsten Aufruf von `next()` zurückgegeben wird.

hasNext

`public boolean hasNext()`

Diese Methode gibt den Wert `true` zurück, wenn ein nächstes Element vorhanden ist. Andernfalls wird `false` zurückgegeben.

hasPrevious

`public boolean hasPrevious()`

Diese Methode gibt den Wert `true` zurück, wenn ein vorheriges Element vorhanden ist. Andernfalls wird `false` zurückgegeben.

next

`public Object next()`

Diese Methode gibt das nächste Element zurück. Ist kein nächstes Element vorhanden, wird die Ausnahme `NoSuchElementException` ausgelöst.

nextIndex

`public int nextIndex()`

Diese Methode gibt den Index des nächsten Elements zurück. Ist kein nächstes Element vorhanden, wird die Größe der Liste zurückgegeben.

previous

`public Object previous()`

Diese Methode gibt das vorherige Element zurück. Ist kein nächstes Element vorhanden, wird die Ausnahme `NoSuchElementException` ausgelöst.

previousIndex

`public int previousIndex()`

Diese Methode gibt den Index des vorherigen Elements zurück. Ist kein vorheriges Element vorhanden, wird der Wert -1 zurückgegeben.

remove

`public void remove()`

Diese Methode entfernt das aktuelle Element aus der Liste. Wird `remove()` vor `next()` oder `previous()` aufgerufen, wird die Ausnahme `IllegalStateException` ausgelöst.

set

`public void set(Object` *Obj*`)`

Diese Methode weist dem aktuellen Element das Objekt *Obj* zu. Dies ist das Element, welches zuletzt von einem Aufruf von `next()` oder `previous()` zurückgegeben wurde.

7.24 Die Locale-Klasse

Die `Locale`-Klasse wird als Instanz eingerichtet, um Objekte einzurichten, die eine geografische oder kulturelle Region beschreiben. Sie ist eine der zahlreichen Klassen, die die Möglichkeit bieten, ein Programm zu schreiben, das in mehreren unterschiedlichen internationalen Umgebungen ausgeführt werden kann.

Die `Locale`-Klasse definiert eine Reihe nützlicher Konstanten für die gebräuchlichsten lokalen Regionen: `CANADA`, `CANADA_FRENCH`, `CHINA`, `CHINESE`, `ENGLISH`, `FRANCE`, `FRENCH`, `GERMAN`, `GERMANY`, `ITALIAN`, `ITALY`, `JAPAN`, `JAPANESE`, `KOREA`, `KOREAN`, `PRC`, `SIMPLIFIED_CHINESE`, `TAIWAN`, `TRADITIONAL_CHINESE`, `UK` und `US`.

Diese Klasse wurde mit der Java-Spezifikation 1.1. eingeführt.

Die folgenden Abschnitte befassen sich nur mit einem der Konstruktoren und einer der Methoden dieser Klasse.

Locale

`public Locale(String` *Sprache*`, String` *Land*`, String` *Daten*`)`

Dieser Konstruktor richtet ein lokales Objekt für eine bestimme *Sprache* und ein bestimmtes Land ein. Mit *Daten* können zusätzliche herstellerspezifische oder auf den Browser bezogene Informationen übergeben werden.

setDefault

`public static void setDefault(Locale` *OrtszeitObj*`)`

Mit dieser Methode wird die Standardortszeit auf *OrtszeitObj* gesetzt.

7.25 Die Map-Schnittstelle

Ein Map ist ein Objekt, das Verknüpfungen aus Schlüsseln und Werten speichert. Es enthält Paare aus Werten und Schlüsseln. Sowohl die Schlüssel als auch die Werte sind Objekte. Die `Map`-Schnittstelle ordnet Werten eindeutige Schlüssel zu. Ein Schlüssel ist ein Objekt, mit dessen Hilfe ein Wert zu einem späteren Zeitpunkt gesucht wird. Mit Hilfe eines Schlüssels und eines Wertes kann der Wert in einem

`Map`-Objekt gespeichert werden. Wurde der Wert einmal gespeichert, kann er über seinen Schlüssel wieder gefunden werden. Mehrere der Methoden lösen ein `ClassCastException` aus, wenn ein Objekt mit `Map`-Elementen nicht kompatibel ist. Eine `NullPointerException` wird beim Versuch ausgelöst, ein für das Map nicht erlaubtes `null`-Objekt zu verwenden. Die Ausnahme `UnsupportedOperationException` wird beim Versuch ausgelöst, ein unveränderbares Map zu ändern.

Verwandte Schnittstelle: `SortedMap`

Diese Klasse wurde mit J2SE Version 1.2 eingeführt.

clear

`public void clear()`

Diese Methode entfernt alle Schlüssel/Werte-Paare aus dem aufrufenden Map.

containsKey

`public boolean containsKey(Object` *s*`)`

Diese Methode gibt den Wert `true` zurück, wenn das aufrufende Map *s* als Schlüssel enthält. Andernfalls wird `false` zurückgegeben.

containsValue

`public boolean containsValue(Object` *w*`)`

Diese Methode gibt den Wert `true` zurück, wenn das Map *w* als Wert enthält. Andernfalls wird `false` zurückgegeben.

entrySet

`public Set entrySet()`

Diese Methode gibt ein `Set` mit den Map-Einträgen zurück. Das Set enthält Objekte vom Typ `Map.Entry`. Diese Methode stellt eine Set-Ansicht des aufrufenden Map zur Verfügung.

equals

`public boolean equals(Object` *`Obj`*`)`

Diese Methode gibt `true` zurück, wenn *Obj* ein `Map`-Objekt ist und die gleichen Einträge enthält. Andernfalls wird `false` zurückgegeben.

get

`public Object get(Object` *`s`*`)`

Diese Methode gibt den mit dem Schlüssel *s* verknüpften Wert zurück.

hashCode

`public int hashCode()`

Diese Methode gibt den Hash-Code des aufrufenden Map-Objekts zurück.

isEmpty

`public boolean isEmpty()`

Diese Methode gibt den Wert `true` zurück, wenn das aufrufende Map-Objekt leer ist. Andernfalls wird `false` zurückgegeben.

keySet

`public Set keySet()`

Diese Methode gibt ein `Set` mit den Schlüsseln des aufrufenden Map-Objekts zurück. Sie liefert eine Set-Ansicht der Schlüssel des aufrufenden Map-Objekts.

put

```
public Object put(Object s, Object w)
```

Diese Methode fügt einen Eintrag in das aufrufende Map ein und überschreibt dabei jeden eventuell zuvor mit diesem Schlüssel verknüpften Wert. Der Schlüssel wird mit *s* und der Wert mit *w* angegeben. War der Schlüssel noch nicht vorhanden, wird `null` zurückgegeben. Andernfalls wird der bisher mit dem Schlüssel verknüpfte Wert zurückgegeben.

putAll

```
public void putAll(Map m)
```

Diese Methode fügt alle Einträge aus *m* in das Map ein.

remove

```
public Object remove(Object s)
```

Diese Methode entfernt den Eintrag mit dem Schlüssel *s*.

size

```
public int size()
```

Diese Methode gibt die Anzahl der Schlüssel/Werte-Paare des Map zurück.

values

```
public Collection values()
```

Diese Methode gibt eine Collection mit den Werten des Map zurück. Sie zeigt eine Collection-Ansicht der Werte des Map.

7.26 Die Observable-Klasse

Die `Observable`-Klasse dient zum Erzeugen abgeleiteter Klassen, die andere Teile des Programms beobachten können. Wird ein Objekt einer solchen abgeleiteten Klasse einer Veränderung unterzogen, werden die beobachtenden Klassen benachrichtigt. Beobachtende Klassen müssen die `Observer`-Schnittstelle implementieren, die die `update()`-Methode definiert. Die `update()`-Methode wird aufgerufen, wenn ein Beobachter über eine Änderung des beobachteten Objekts informiert wird.

Ein zu beobachtendes Objekt muss sich an zwei einfache Regeln halten. Zum einen muss es bei einer Änderung `setChanged()` aufrufen. Zum anderen muss es `notifyObservers()` aufrufen, wenn die Beobachter über diese Änderung informiert werden sollen. Auf diese Weise wird die `update()`-Methode des beobachteten Objekts (oder der Objekte) aufgerufen. Ruft ein Objekt `notifyObservers()` auf, ohne zuvor `setChanged()` aufgerufen zu haben, passiert jedoch nichts. Das beobachtete Objekt muss sowohl `setChanged()` als auch `notifyObservers()` vor `update()` aufrufen.

`notifyObservers()` hat zwei Formen: Die eine übernimmt ein Argument, während die zweite dies nicht tut. Wird `notifyObservers()` mit einem Argument aufgerufen, wird dieses Objekt der `update()`-Methode des Beobachters als zweiter Parameter übergeben. Andernfalls wird `update()` der Wert `null` übergeben. Mit dem zweiten Parameter kann jedes Objekt übergeben werden, das den Bedürfnissen der Anwendung entspricht.

Verwandte Schnittstelle: `Observer`

Observable

`public Observable()`

Dies ist der Standardkonstruktor.

addObserver

`public void addObserver(Observer Obj)`

Diese Methode fügt *Obj* der Liste der Objekte hinzu, die das aufrufende Objekt beobachten.

clearChanged

protected void clearChanged()

Diese Methode ändert den Status des aufrufenden Objekts zu »unverändert«.

countObservers

`public int countObservers()`

Diese Methode gibt die Anzahl der Objekte zurück, die das aufrufende Objekt beobachten.

deleteObserver

`public void deleteObserver(Observer Obj)`

Diese Methode entfernt das Objekt *Obj* aus der Liste der Objekt, die das aufrufende Objekt beobachten.

deleteObservers

`public void deleteObservers()`

Diese Methode entfernt alle Beobachter des aufrufenden Objekts.

hasChanged

```
public boolean hasChanged()
```

Diese Methode stellt fest, ob das aufrufende Objekt geändert wurde.

notifyObservers

```
public void notifyObservers()
```

Diese Methode benachrichtigt alle Beobachter des aufrufenden Objekts darüber, dass es durch den Aufruf von `update()` geändert wurde. `update()` wird als zweiter Parameter `null` übergeben.

```
public void notifyObservers(Object Obj)
```

Diese Methode benachrichtigt alle Beobachter des aufrufenden Objekts darüber, dass es über den Aufruf von `update()` geändert wurde. *Obj* wird als Argument an `update()` übergeben.

setChanged

```
protected void setChanged()
```

Diese Methode wird aufgerufen, wenn sich das aufrufende Objekt verändert hat.

7.27 Die Observer-Schnittstelle

Um ein zu beobachtendes Objekt beobachten zu können, muss die `Observer`-Schnittstelle implementiert werden.

Verwandte Klassen: `Observable`

update

```
public abstract void update(Observable observOb,
   Object arg)
```

observOb ist das zu observierende Objekt und *arg* der von `notifyObservers()` übergebene Wert. Die `update()`-Method wird aufgerufen, wenn eine Veränderung mit dem observierten Objekt vorgenommen wird.

Programmiertipp

Das folgende Beispiel veranschaulicht ein zu beobachtendes Objekt. Es wird eine beobachtende Klasse mit der Bezeichnung `Watcher` eingerichtet, welche die `Observer`-Schnittstelle einrichtet. Die zu überwachende Klasse heißt `BeingWatched`. Sie erweitert `Observable`. Innerhalb von `BeingWatched` befindet sich die Methode `counter()`, die von einem angegebenen Wert an abwärts zählt. Mit Hilfe von `sleep()` wartet sie eine Zehntelsekunde zwischen den einzelnen Zählungen. Bei jeder Änderung des Zählers wird `notifyObservers()` aufgerufen, wobei der aktuelle Zählerstand als Argument übergeben wird. Dadurch wird die `update()`-Methode innerhalb von `Watcher` aufgerufen, die dann den aktuellen Zählerstand anzeigt. Innerhalb von `main()` werden ein `Watcher`- und ein `BeingWatched`-Objekt mit den Bezeichnungen `observing` und `observed` angelegt. Anschließend wird `observing` der Liste der Beobachter von `observed` hinzugefügt. Das bedeutet, dass `observing.update()` jedes Mal dann aufgerufen wird, wenn `counter()` die Methode `notifyObservers()` aufruft.

```
/* Beispiel für die Observable-Klasse und die Observer-
   Schnittstelle */
import java.util.*;
```

```
// Dies ist die beobachtende Klasse.
class Watcher implements Observer {
  public void update(Observable obj, Object arg) {
    System.out.println("update() wurde aufgerufen, Zäh-
    lerstand: " +
                      ((Integer)arg).intValue());
  }
}

// Dies ist die zu beobachtende Klasse
class BeingWatched extends Observable {
  void counter(int period) {
    for( ; period >= 0; period--) {
      setChanged();
      notifyObservers(new Integer(period));
      try {
        Thread.sleep(100);
      } catch(InterruptedException e) {
        System.out.println("Sleep unterbrochen");
      }
    }
  }
}
```

```
class ObserverDemo {
  public static void main(String args[]) {
    BeingWatched observed = new BeingWatched();
    Watcher observing = new Watcher();
     /* Das zu beobachtende Objekt der Liste von Beob-
   achtern   beobachteter Objekte hinzufügen. */
    observed.addObserver(observing);

    observed.counter(10);
  }
}
```

Das Programm liefert folgende Ausgabe:

```
update() aufgerufen, Zählerstand: 10
update() aufgerufen, Zählerstand: 9
update() aufgerufen, Zählerstand: 8
update() aufgerufen, Zählerstand: 7
update() aufgerufen, Zählerstand: 6
update() aufgerufen, Zählerstand: 5
update() aufgerufen, Zählerstand: 4
update() aufgerufen, Zählerstand: 3
update() aufgerufen, Zählerstand: 2
update() aufgerufen, Zählerstand: 1
update() aufgerufen, Zählerstand: 0
```

Mit der Observable-Klasse und der Observer-Schnittstelle kann ein ausgeklügelter Programmaufbau mit Hilfe der Dokument-/ Anzeigetechnik realisiert werden. Beide erweisen sich auch in einer Multithread-Umgebung als sehr nützlich.

7.28 Die Properties-Klasse

Properties ist eine Unterklasse von Hashtable. Sie dient zur Unterhaltung einer Werteliste, die Schlüssel und Werte vom Typ String enthält. Die Properties-Klasse wird von mehreren anderen Java-Klassen benutzt. Dieser Objekttyp wird beispielsweise von System.getProperties() zurückgegeben, wenn Umgebungswerte ermittelt werden.

Eine nützliche Eigenschaft der Properties-Klasse besteht darin, dass eine Standardeigenschaft angegeben werden kann, die zurückgegeben wird, wenn einem bestimmten Schlüssel kein Wert zugeordnet ist. Mit der Methode getProperty() kann gemeinsam mit dem Schlüssel ein Standardwert angegeben werden: getProperty("Name", "Standardwert"). Wird der Wert für Name nicht gefunden, wird der Standardwert zurückgegeben. Ferner kann bei der Einrichtung eines Properties-Objekts eine andere Instanz von Properties übergeben werden, die als Standardeigenschaft für die neue Instanz verwendet wird. Wird getProperty("foo") für ein bestimmtes Property-Objekt aufgerufen und existiert foo nicht, dann sucht Java in diesem Fall im Properties-Standardobjekt nach foo. Dies ermöglicht eine beliebige Verschachtelung der Ebenen der Standardeigenschaften.

Properties

`public Properties()`

Der Standardkonstruktor erzeugt ein Objekt ohne Standardwerte.

`public Properties(Properties` *propDefault*`)`

Dieser Konstruktor erzeugt ein Objekt, das *propDefault* für die Standardwerte verwendet.

getProperty

`public String getProperty(String` *Schlüssel*`)`

Diese Methode gibt den mit *Schlüssel* verknüpften Wert zurück. Ist der *Schlüssel* nicht in der Liste oder der Liste der Standardeigenschaften enthalten, wird `null` zurückgegeben.

`public String getProperty(String` *Schlüssel*`, String` *StandEigenschaft*`)`

Diese Methode gibt den mit *Schlüssel* verknüpften Wert zurück. *StandEigenschaft* wird zurückgegeben, wenn der *Schlüssel* nicht in der Liste oder der Liste der Standardeigenschaften enthalten ist.

list

`public void list(PrintStream` *streamOut*`)`

Diese Methode sendet die Liste der Eigenschaften an den mit *streamOut* verbundenen Output-Stream.

`public void list(PrintWriter` *streamOut*`)`

Diese Methode sendet die Liste der Eigenschaften an den mit *streamOut* verbundenen Output-Stream.

Sie wurde mit der Java-Spezifikation 1.1 eingeführt.

load

`public void load(InputStream` *streamIn*`)`

Diese Methode gibt eine Eigenschaftsliste vom mit *streamIn* verbundenen Input-Stream ein. Sie kann eine `IOException` auslösen.

loadFromXML

`public void loadFromXML(InputStream in)`

Diese Methode lädt sämtliche Eigenschaften aus einer XML-Datei, die über ein Objekt der Klasse `InputStream` angegeben werden muss. Die Methode ist erst ab J2SE 5.0 verfügbar.

propertyNames

`public Enumeration propertyNames()`

Diese Methode gibt eine Auflistung der Schlüssel zurück. Hierzu gehören auch die Schlüssel aus der Liste der Standardeigenschaften.

save

`public void save(OutputStream` *streamOut*`, String` *Beschreibung*`)`

Diese Methode schreibt die Eigenschaftenliste in den mit *streamOut* verbundenen Output-Stream, nachdem die mit *Beschreibung* angegebene Zeichenfolge geschrieben wurde.

Diese Methode wurde mit der Java 2 Version 1.2 verworfen.

setProperty

`public Object setProperty(String key, String value)`

Diese Methode setzt eine einzelne Eigenschaft `key` mit dem Wert `value`. Die Methode ist ab J2SE 1.2 verfügbar.

storeToXML

```
public void storeToXML(OutputStream os, String comment)
```

Diese Methode speichert sämtliche Eigenschaften in eine XML-Datei, die über ein Objekt der Klasse `OutputStream` angegeben werden muss. `comment` gibt einen Kommentar oder eine Beschreibung an. Die Methode ist erst ab J2SE 5.0 verfügbar.

7.29 Die Random-Klasse

Die `Random`-Klasse erzeugt Generatoren für Pseudozufallszahlen. Diese Zahlen werden als Pseudozufallszahlen bezeichnet, weil es sich lediglich um gleich verteilte Folgen handelt.

Random

```
public Random()
```

Dies ist der Standardkonstruktor. Er erzeugt einen Zahlengenerator, der die aktuelle Zeit als Ausgangs- oder Ursprungswert nimmt.

```
public Random(long seed)
```

Bei diesem Konstruktor kann der Ursprungswert manuell vorgegeben werden. Wird ein `Random`-Objekt mit einem Ursprungswert (*seed*) initialisiert, wird der Beginn der Zufallssequenz festgelegt. Wird der gleiche *seed*-Wert für die Initialisierung eines anderen `Random`-Objekts verwendet, ergibt sich die gleiche Zahlensequenz. Sollen unterschiedliche Folgen erzeugt werden, müssen verschiedene *seed*-Werte angegeben werden. Dies geschieht am einfachsten durch Verwendung der aktuellen Zeit als Ursprungswert für das `Random`-Objekt. Auf diese Weise wird die Gefahr sich wiederholender Sequenzen vermieden.

next

`protected synchronized int next(int randomBits)`

Diese Methode gibt den Wert der nächsten Zufallszahl zurück. *randomBits* ist eine Reihe von Zufallsbits.

Sie wurde mit der Java-Spezifikation 1.1 eingeführt.

nextBoolean

`public boolean nextBoolean()`

Diese Methode gibt den nächsten zufälligen `true`- oder `false`-Wert zurück.

Sie wurde mit Java 2 eingeführt.

nextBytes

`public void nextBytes(byte byteArray[])`

Diese Methode setzt eine Reihe von Zufallsbytes in das *byteArray*.

Sie wurde mit der Java-Spezifikation 1.1 eingeführt.

nextDouble

`public double nextDouble()`

Diese Methode gibt den Wert der nächsten `double`-Zufallszahl zurück.

nextFloat

`public float nextFloat()`

Diese Methode gibt den Wert der nächsten `float`-Zufallszahl zurück.

nextGaussian

`public synchronized double nextGaussian()`

Diese Methode gibt den Wert der nächsten Gaußschen Zufallszahl zurück. `nextGaussian()` gibt auf der Grundlage der *Normalverteilung* einen `double`-Wert mit einem Mittelwert von 0,0 und einer Standardabweichung von 1,0 zurück.

nextInt

```
public int nextInt()
```

Diese Methode gibt den Wert der nächsten `int`-Zufallszahl zurück.

public int nextInt(int *Limit*)

Diese Methode gibt die nächste `int`-Zufallszahl zurück, die zwischen `0` und *Limit* liegt.

Sie wurde mit Java 2 eingeführt.

nextLong

```
public long nextLong()
```

Diese Methode gibt die nächste `long`-Zufallszahl zurück.

setSeed

public synchronized void setSeed(long *newSeed*)

Diese Methode setzt den seed-Wert (den Ursprungswert für den Zufallszahlengenerator), der mit *newSeed* angegeben wird.

7.30 Die Set-Schnittstelle

Die `Set`-Schnittstelle definiert ein Set. Sie erweitert `Collection` und deklariert das Verhalten einer Collection, die keine Duplikate zulässt. Daher gibt die `add()`-Methode `false` zurück, wenn versucht wird, dem Set ein Duplikat hinzuzufügen. Weitere eigene Methoden werden nicht definiert.

Verwandte Schnittstelle: `SortedSet`

Diese Schnittstelle wurde mit J2SE Version 1.2 eingeführt.

7.31 Die SortedMap-Schnittstelle

Die `SortedMap`-Schnittstelle erweitert `Map`. Sie sorgt für eine aufsteigende Reihenfolge der Schlüsseleinträge. `SortedMap` verfügt über die im Folgenden aufgeführten Methoden.

Verwandte Schnittstellen: `Set`, `SortedSet`, `Collection`

Die Schnittstelle wurde mit Java 2 eingeführt.

comparator

```
public Comparator comparator()
```

Diese Methode gibt den Komparator des Aufrufers zurück. Wird die natürliche Reihenfolge benutzt, wird `null` zurückgegeben.

firstKey

```
public Object firstKey()
```

Diese Methode gibt den ersten Schlüssel des aufrufenden Map zurück.

headMap

```
public SortedMap headMap(Object Ende)
```

Diese Methode gibt ein sortiertes Map für die Map-Einträge zurück, deren Schlüssel kleiner als *Ende* ist.

lastKey

```
public Object lastKey()
```

Diese Methode gibt den letzten Schlüssel des aufrufenden Map zurück.

subMap

`public SortedMap subMap(Object` *Start*, `Object` *Ende*`)`

Diese Methode gibt ein Map mit den Einträgen zurück, deren Schlüssel größer oder gleich *Start* und kleiner als *Ende* sind.

tailMap

`public SortedMap tailMap(Object` *Start*`)`

Diese Methode gibt ein Map mit den Einträgen zurück, deren Schlüssel größer oder gleich *Start* sind.

7.32 Die SortedSet-Schnittstelle

Die `SortedSet`-Schnittstelle erweitert `Set` und deklariert das Verhalten eines in aufsteigender Reihenfolge sortierten Sets. Neben den von `Set` definierten Methoden deklariert die `SortedSet`-Schnittstelle die im Folgenden zusammengefassten Methoden. Mehrere Methoden lösen eine `NoSuchElementException` aus, wenn das aufrufende Set keine Elemente enthält. Eine `ClassCastException`-Ausnahme wird ausgelöst, wenn ein Objekt nicht kompatibel mit den Elementen eines Sets ist. Eine `NullPointerException`-Ausnahme wird ausgelöst, wenn ein `null`-Objekt verwendet wird, ein solches Objekt aber für das Set nicht zulässig ist.

Verwandte Schnittstellen: `Collection`, `Set`, `SortedMap`

Die Schnittstelle wurde mit Java 2 eingeführt.

comparator

`public Comparator comparator()`

Diese Methode gibt den Komparator des aufrufenden sortierten Sets zurück. Verwendet das Set die natürliche Reihenfolge, wird `null` zurückgegeben.

first

`public Object first()`

Diese Methode gibt das erste Element des aufrufenden sortierten Sets zurück.

headSet

`public SortedSet headSet(Object` *Ende*`)`

Diese Methode gibt ein `SortedSet` mit den Elementen des aufrufenden sortierten Sets zurück, die kleiner als *Ende* sind. Auf die Elemente im zurückgegebenen sortierten Set wird auch im aufrufenden sortierten Set verwiesen.

last

`public Object last()`

Diese Methode gibt das letzte Element des aufrufenden sortierten Sets zurück.

subSet

`public SortedSet subSet(Object` *Start*`, Object` *Ende*`)`

Diese Methode gibt ein `SortedSet` mit den Elementen zwischen *Start* und *Ende*-1 zurück. Auf die Elemente der zurückgegebenen Collection wird auch im aufrufenden Objekt verwiesen.

tailSet

`public SortedSet tailSet(Object Start)`

Diese Methode gibt ein `SortedSet` mit den Elementen des aufrufenden sortierten Sets zurück, die größer oder gleich *Start* sind. Auf die Elemente im zurückgegebenen Set wird auch im aufrufenden sortierten Set verwiesen.

7.33 Die SimpleTimeZone-Klasse

Die `SimpleTimeZone`-Klasse ist eine von `TimeZone` abgeleitete Klasse für den Umgang mit Zeitzonen für den Gregorianischen Kalenders. Sie berechnet auch Winter- und Sommerzeiten.

Verwandte Klassen: `Calendar`, `Date`, `GregorianCalendar`, `TimeZone`

Die Klasse wurde mit der Java-Spezifikation 1.1. eingeführt.

In den folgenden Abschnitten werden die am häufigsten verwendeten Konstruktoren und Methoden dieser Klasse beschrieben.

SimpleTimeZone

`public SimpleTimeZone(int ZeitDelta, String zzName)`

Dieser Konstruktor erstellt ein `SimpleTimeZone`-Objekt. *ZeitDelta* gibt den Offset in Bezug zur Greenwich Mean Time (GMT) an. *zzName* gibt den Namen der Zeitzone an.

getOffset

```
public int getOffset(int Ära, int Jahr, int Monat, int Tag,
    int Wochentag, int Millisekunden)
```

Diese Methode gibt den zur Greenwich Mean Time zu addierenden Offset an, mit dem die Ortszeit berechnet wird. Dieser Wert wird der

Sommer- oder Winterzeit angepasst. Die Parameter der Methode geben Datums- und Zeitwerte an.

getRawOffset

`public int getRawOffset()`

Diese Methode gibt den einfachen Offset an, der zur Greenwich Mean Time zur Berechnung der Ortszeit addiert wird. Sommer- oder Winterzeit bleiben unberücksichtigt.

inDaylightTime

`public boolean inDaylightTime(Date d)`

Diese Methode stellt fest, ob das Datum *d* in der Sommerzeit des aufrufenden Objekts liegt.

useDaylightTime

`public boolean useDaylightTime()`

Diese Methode stellt fest, ob das aufrufende Objekt Sommerzeit verwendet.

7.34 Die Stack-Klasse

`Stack` ist eine von `Vector` abgeleitete Klasse, die einen Last-In-/First-Out-Standardstapel implementiert. `Stack` definiert nur den Standardkonstruktor, der einen leeren Stapel erzeugt. `Stack` verfügt über alle von `Vector` definierten Methoden und fügt einige eigene hinzu.

Mit einem `push()`-Aufruf wird ein Objekt an die Spitze des Stapels gestellt. Mit dem Aufruf von `pop()` wird das oberste Element entfernt oder zurückgegeben. Ist der aufgerufene Stapel beim Aufruf von `pop()` leer, wird eine `EmptyStackException` ausgelöst. Mit `peek()` kann das oberste Objekt zurückgegeben, aber nicht entfernt werden.

Die `empty()`-Methode gibt `true` zurück, wenn der Stapel leer ist. Die `search()`-Methode stellt fest, ob ein Objekt im Stapel vorhanden ist, und gibt die Anzahl der erforderlichen `pop()`-Aufrufe zurück, mit denen das Objekt an die Spitze des Stapels gebracht werden kann.

Verwandte Klasse: `Vector`

Stack

`public Stack()`

Dies ist der Standardkonstruktor.

empty

`public boolean empty()`

Diese Methode gibt den Wert `true` zurück, wenn der Stapel leer ist, beziehungsweise `false`, wenn er Elemente enthält.

peek

`public Object peek()`

Diese Methode gibt das oberste Element des Stapels zurück, entfernt es aber nicht. Sie kann eine `EmptyStackException` auslösen.

pop

`public Object pop()`

Diese Methode gibt das oberste Element des Stapels zurück und entfernt es. Sie kann eine `EmptyStackException` auslösen.

push

`public Object push(Object` *Element*`)`

Diese Methode legt das *Element* auf den Stapel und gibt gleichzeitig das *Element* zurück.

search

`public int search(Object` *`Element`*`)`

Diese Methode sucht das *Element* im Stapel. Wird es gefunden, wird das Offset vom oberen Ende des Stapels zurückgegeben, andernfalls wird -1 zurückgegeben.

7.35 Die StringTokenizer-Klasse

Mit `StringTokenizer` wird eine Zeichenfolge in einzelne Abschnitten oder Tokens zerlegt. Bei der Verwendung von `StringTokenizer` wird eine Eingabezeichenfolge und eine Zeichenfolge mit Trennzeichen angegeben. Bei den Trennzeichen handelt es sich um Zeichen, die die einzelnen Abschnitte voneinander trennen. Jedes Zeichen der Trennzeichenfolge gilt als gültiges Trennzeichen. Die Zeichen `,;:` definieren beispielsweise das Komma, das Semikolon und den Doppelpunkt als Trennzeichen.

Nachdem das `StringTokenizer`-Objekt erzeugt wurde, werden mit der `nextToken()`-Methode die einzelnen aufeinander folgenden Abschnitte extrahiert. Die `hasMoreTokens()`-Methode gibt `true` zurück, solange noch weitere Abschnitte herausgezogen werden müssen. Da `Enumeration` von `StringTokenizer` implementiert wird, werden auch die Methoden `hasMoreElements()` und `nextElement()` implementiert und agieren in der gleichen Weise wie `hasMoreTokens()` und `nextToken()`.

StringTokenizer

`public StringTokenizer(String` *`str`*`)`

Dieser Konstruktor liefert ein `StringTokenizer`-Objekt. *str* gibt das `String`-Objekt an, das zerlegt werden soll. Es werden die Standardtrennzeichen (Leerzeichen, Tabulator, Zeilenvorschub und Wagenrücklauf) verwendet.

`public StringTokenizer(String` *str*, `String` *Trennzeichen*`)`

Dieser Konstruktor liefert ein `StringTokenizer`-Objekt. *str* gibt das zu zerlegende `String`-Objekt an. *Trennzeichen* ist eine Zeichenfolge mit den verwendeten Trennzeichen.

`public StringTokenizer(String` *str*, `String` *Trennzeichen*,
`boolean` *delimAsToken*`)`

Dieser Konstruktor liefert ein `StringTokenizer`-Objekt. *str* gibt das zu zerlegende `String`-Objekt an. *Trennzeichen* ist eine Zeichenfolge mit den verwendeten Trennzeichen. Hat *delimAsToken* den Wert `true`, werden auch Trennzeichen beim Zerlegen der Zeichenfolge als Token mit zurückgegeben. Andernfalls erfolgt keine Rückgabe der Trennzeichen. (Trennzeichen werden von den beiden ersten Formen des Konstruktors nicht zurückgegeben.)

countTokens

`public int countTokens()`

Anhand der aktuellen Liste der Trennzeichen ermittelt diese Methode die Anzahl der noch zu extrahierenden Abschnitte und liefert das Ergebnis zurück.

hasMoreElements

`public boolean hasMoreElements()`

Diese Methode gibt `true` zurück, wenn noch ein oder mehrere Abschnitte aus der Zeichenfolge extrahiert werden müssen. Sind keine Abschnitte mehr vorhanden, wird `false` zurückgegeben.

hasMoreTokens

`public boolean hasMoreTokens()`

Diese Methode gibt `true` zurück, wenn noch ein oder mehrere Abschnitte aus der Zeichenfolge extrahiert werden müssen. Sind keine Abschnitte mehr vorhanden, wird `false` zurückgegeben.

nextElement

`public Object nextElement()`

Diese Methode gibt den nächsten Abschnitt der Zeichenfolge als `Object` zurück. Sie kann eine `NoSuchElementException` auslösen.

nextToken

`public String nextToken()`

Diese Methode gibt den nächsten Abschnitt der Zeichenfolge als `String`-Objekt zurück. Sie kann eine `NoSuchElementException` auslösen.

`public String nextToken(String` *Trennzeichen*`)`

Diese Methode gibt den nächsten Abschnitt der Zeichenfolge als `String`-Objekt zurück und weist der Trennzeichenfolge die Zeichen aus *Trennzeichen* zu. Sie kann eine `NoSuchElementException` auslösen.

7.36 Die TimeZone-Klasse

Die `TimeZone`-Klasse ist für den Umgang mit den Zeitzonenoffsets zu Greenwich Mean Time (GMT) gedacht. Sie berechnet auch die Sommerzeit.

Verwandte Klassen: `Calendar`, `Date`, `SimpleTimeZone`

Die Klasse wurde mit der Java-Spezifikation 1.1. eingeführt.

Die gebräuchlichsten Methoden dieser Klasse werden im Folgenden beschrieben.

TimeZone

`public TimeZone()`

Dies ist der Standardkonstruktor.

getAvailableIDs

`public static String[] getAvailableIDs()`

Diese Methode gibt ein Array mit `String`-Objekten zurück, das die Namen aller Zeitzonen enthält.

`public static String[] getAvailableIDs(int` *ZeitDelta*`)`

Diese Methode gibt ein Array mit `String`-Objekten zurück, das die Namen aller Zeitzonen enthält, die im Offset *ZeitDelta* zur Greenwich Mean Time liegen.

getDefault

`public static TimeZone getDefault()`

Diese Methode gibt ein `TimeZone`-Objekt mit der Standardzeitzone des Host-Rechners zurück.

getOffset

`public abstract int getOffset(int` *Ära*`, int` *Jahr*`, int` *Monat*`,`
    `int` *Tag*`, int` *Wochentag*`, int` *Millisekunden*`)`

Diese Methode gibt den Wert an, durch dessen Addition zur Greenwich Mean Time die Ortszeit errechnet wird. Dieser Wert wird der

Sommerzeit angepasst. Die Parameter der Methode enthalten Datums- und Zeitangaben.

getRawOffset

`public abstract int getRawOffset()`

Diese Methode gibt den einfachen Offset-Wert an, der zur Greenwich Mean Time addiert wird, um die Ortszeit zu berechnen. Dieser Wert wird nicht der Sommerzeit angepasst.

getTimeZone

`public static TimeZone getTimeZone(String` *zzName*`)`

Diese Methode gibt das `TimeZone`-Objekt für die Zeitzone *zzName* zurück.

inDaylightTime

`public abstract boolean inDaylightTime(Date` *d*`)`

Diese Methode stellt fest, ob das Datum *d* in der Sommerzeit des aufrufenden Objekts liegt.

setDefault

`public static void setDefault(TimeZone` *tz*`)`

Mit dieser Methode kann die Standardzeitzone für diesen Host gesetzt werden. *tz* ist ein Verweis auf das zu verwendende `TimeZone`-Objekt.

useDaylightTime

`public abstract boolean useDaylightTime()`

Diese Methode stellt fest, ob das aufrufende Objekt Sommerzeit verwendet.

7.37 Die TreeMap-Klasse

Die `TreeMap`-Klasse ist ein Map mit einer Baumstruktur. `TreeMap` implementiert `SortedMap`. Eigene Methoden werden nicht definiert. Ein `TreeMap` bietet eine effektive Möglichkeit zum Speichern von Schlüssel/Werte-Paaren in sortierter Reihenfolge und zur schnellen Suche. Dabei ist zu beachten, dass ein `TreeMap` für eine aufsteigende Schlüsselordnung der Elemente sorgt.

Verwandte Klasse: `TreeSet`

Diese Klasse wurde mit J2SE Version 1.2 eingeführt.

TreeMap

`public TreeMap()`

Dieser Konstruktor erzeugt ein leeres Tree-Map, das in der natürlichen Reihenfolge der Schlüssel sortiert wird.

`public TreeMap(Comparator` *comp*`)`

Dieser Konstruktor erzeugt ein leeres Tree-Map, das mit Hilfe des Komparators *comp* sortiert wird.

`public TreeMap(Map` *m*`)`

Dieser Konstruktor initialisiert ein Tree-Map mit den Einträgen aus *m*. Die Einträge werden in natürlicher Schlüsselreihenfolge sortiert.

`public TreeMap(SortedMap` *sm*`)`

Dieser Konstruktor initialisiert ein Tree-Map mit den Einträgen aus *sm*. Die Einträge werden in der gleichen Reihenfolge sortiert wie *sm*.

7.38 Die TreeSet-Klasse

`TreeSet` stellt eine Implementierung der `Set`-Schnittstelle bereit, die eine Baumstruktur zum Speichern verwendet. Die Objekte werden in aufsteigender Reihenfolge sortiert. Zugriff und Suche sind sehr schnell, weshalb sich `TreeSet` sehr gut zum Speichern großer Mengen sortierter Informationen eignet, auf die schnell zugegriffen werden muss.

Verwandte Klasse: `TreeMap`

Diese Klasse wurde mit J2SE Version 1.2 eingeführt.

TreeSet

`public TreeSet()`

Dieser Konstruktor erzeugt ein leeres Tree-Set, das in aufsteigender Reihenfolge entsprechend der natürlichen Reihenfolge der Elemente sortiert wird.

`public TreeSet(Collection c)`

Dieser Konstruktor erstellt ein Tree-Set mit den Elementen von *c*.

`public TreeSet(Comparator comp)`

Dieser Konstruktor erzeugt ein leeres Tree-Set, das entsprechend dem mit *comp* angegebenen Komparator sortiert wird.

`public TreeSet(SortedSet ss)`

Dieser Konstruktor erstellt ein Tree-Set mit den Elementen aus *ss*.

7.39 Die Vector-Klasse

Ein Vektor ist im Wesentlichen ein Array variabler Länge, das Objektverweise enthält. Das bedeutet, dass ein Vektor dynamisch vergrößert oder verkleinert werden kann. Vektoren werden mit einer Anfangsgröße initialisiert. Bevor diese Größe überschritten wird, wird der Vektor vergrößert. Werden Objekte entfernt, wird er verkleinert.

Alle Vektoren besitzen zu Beginn eine Anfangskapazität. Wird diese Anfangskapazität erreicht, wird beim nächsten Versuch, ein Objekt im Vektor zu speichern, diesem automatisch Speicherplatz für dieses Objekt sowie zusätzlicher Raum für weitere Objekte zugewiesen. Durch die Zuweisung von mehr als nur dem benötigten Speicherplatz verringert der Vektor die Anzahl der erforderlichen Zuweisungen. Das ist sehr wichtig, weil Speicherzuweisungen sehr zeitaufwendig sind. Der Umfang des jeweils zusätzlich zugewiesenen Speicherplatzes wird beim Erstellen des Vektors über einen Wert festgelegt. Wird dieser Wert nicht angegeben, wird die Größe des Vektors bei jedem Zuweisungszyklus verdoppelt. Normalerweise ist es üblich, einen Wert für Erweiterung des Speichers anzugeben.

`Vector` besitzt drei geschützte Daten-Members. Der Wert für die Vergrößerung des Speichers wird in `capacityIncrement` gespeichert. Die Anzahl der gerade im Vektor gespeicherten Elemente wird in `elementCount` gespeichert, und das Array mit dem Vektor befindet sich in `elementData`. `Vector` wird synchronisiert.

`Vector` ist eine herkömmliche Klasse, die mit Java 2 für die Unterstützung des Collections-Framework aktualisiert wurde. Dies geschieht durch die Implementierung der `List`-Schnittstelle.

Vector

```
public Vector()
```

Dies ist der Standardkonstruktor. Er erzeugt einen leeren Vektor mit einer Standardanfangsgröße.

`public Vector(int` *Größe*`)`

Dieser Konstruktor erstellt einen Vektor, dessen Anfangsgröße mit *Größe* angegeben wird.

`public Vector(int` *Größe*`, int` *Inkr*`)`

Dieser Konstruktor erstellt einen Vektor, dessen Anfangsgröße mit *Größe* und dessen Inkrement mit *Inkr* angegeben werden.

`public Vector(Collection c)`

Dieser Konstruktor erstellt einen Vektor mit der Collection c.

Er wurde mit Java 2 eingeführt.

add

`public boolean add(Object` *Obj*`)`

Das Objekt *Obj* wird dem Vektor hinzugefügt. Der Rückgabewert ist immer `true`.

Die Methode wurde mit Java 2 Version 1.2eingeführt.

`public void add(int` *Index*`, Object` *Obj*`)`

Diese Methode fügt an der Position *Index* das Objekt *Obj* in den Vektor ein. Vorhandene Elemente an dieser oder darauf folgenden Positionen werden um eine Position verschoben, so dass keine Elemente überschrieben werden.

Die Methode wurde mit Java 2 Version 1.2eingeführt.

addAll

`public boolean addAll(Collection c)`

Diese Methode fügt die Elemente des übergebenen `Collection`-Objekts an das Ende des `Vector`-Objekts hinzu.

addElement

`public void addElement(Object` *`Element`*`)`

Das Objekt *Element* wird dem Vektor hinzugefügt.

capacity

`public int capacity()`

Diese Methode gibt die Kapazität des Vektors zurück.

clear

`public void clear()`

Diese Methode entfernt alle Elemente aus dem `Vector`-Objekt.

clone

`public Object clone()`

Diese Methode gibt ein Duplikat des aufrufenden Vektors zurück.

contains

`public boolean contains(Object` *`Element`*`)`

Diese Methode gibt den Wert `true` zurück, wenn das *Element* im Vektor enthalten ist. Andernfalls wird `false` zurückgegeben.

containsAll

`public boolean containsAll(Collection` *`c`*`)`

Diese Methode gibt den Wert `true` zurück, wenn das `Vector`-Objekt alle Elemente von *c* enthält. Andernfalls wird `false` zurückgegeben.

copyInto

`public void copyInto(Object` *Array*`[])`

Diese Methode kopiert die Elemente des Vektors in das angegebene *Array*.

elementAt

`public Object elementAt(int` *Index*`)`

Diese Methode gibt das Element an der Position *Index* zurück. Sie kann eine `ArrayIndexOutOfBoundsException` auslösen.

elements

`public Enumeration elements()`

Diese Methode gibt eine Aufzählung der Elemente des Vektors zurück.

ensureCapacity

`public void ensureCapacity(int` *Größe*`)`

Diese Methode setzt die minimale Kapazität des Vektors auf die angegebene *Größe*.

firstElement

`public Object firstElement()`

Diese Methode gibt das erste Element des Vektors zurück. Sie kann eine `NoSuchElementException` auslösen.

get

`public Object get(int index)`

Diese Methode liefert ein einzelnes Element, das sich an der Position `index` imm Vector-Objekt befindet.

indexOf

`public int indexOf(Object` *Element*`)`

Diese Methode gibt den Index des ersten Vorkommens des *Elements* zurück. Ist das Objekt nicht im Vektor vorhanden, wird -1 zurückgegeben.

`public int indexOf(Object` *Element*`, int` *Start*`)`

Diese Methode gibt den Index des ersten Auftretens von *Element* zurück. Die Suche beginnt an der Position *Start*. Ist das Objekt nicht im Vektor vorhanden, wird -1 zurückgegeben.

insertElementAt

`public void insertElementAt(Object` *Element*`, int` *Index*`)`

Diese Methode fügt dem Vektor an der Position *Index* das angegebene *Element* hinzu. Sie kann eine `ArrayIndexOutOfBoundsException` auslösen.

isEmpty

`public boolean isEmpty()`

Diese Methode stellt fest, ob der Vektor leer ist.

lastElement

`public Object lastElement()`

Diese Methode gibt das letzte Element des Vektors zurück. Sie kann eine `NoSuchElementException` auslösen.

lastIndexOf

`public int lastIndexOf(Object` *Element*`)`

Diese Methode gibt den Index des letzten Vorkommens des *Elements* zurück. Ist das Objekt kein Vektor, wird -1 zurückgegeben.

`public int lastIndexOf(Object` *Element*, `int` *Start*`)`

Diese Methode gibt den Index des letzten Vorkommens von *Element* vor der Position *Start* zurück. Die Suche wird rückwärts von der Position *Start* aus durchgeführt. Ist das Objekt nicht Bestandteil des Vektors, wird `-1` zurückgegeben.

remove

`public boolean remove(Object o)`

Diese Methode entfernt das Elemente `o` aus dem `Vector`-Objekt. Sie gibt `true` zurück, wenn das Elemente entfernt wurden. Andernfalls wird `false` zurückgegeben.

removeAll

`public boolean removeAll(Collection c)`

Diese Methode entfernt alle Elemente von *c* aus dem `Vector`-Objekt. Sie gibt `true` zurück, wenn alle Elemente entfernt wurden. Andernfalls wird `false` zurückgegeben.

removeAllElements

`public void removeAllElements()`

Diese Methode leert den Vektor. Nach der Ausführung dieser Methode hat er die Größe Null.

removeElement

`public boolean removeElement(Object` *Element*`)`

Diese Methode entfernt das *Element* aus dem Vektor. Enthält der Vektor mehr als eine Instanz des angegebenen Objekts, wird nur die erste entfernt. Diese Methode gibt bei erfolgreicher Ausführung den Wert `true` zurück. Wurde das Objekt nicht gefunden, wird `false` zurückgegeben.

removeElementAt

```
public void removeElementAt(int Index)
```

Diese Methode entfernt das Element an der Position von *Index*. Sie kann eine `ArrayIndexOutOfBoundsException` auslösen.

setElementAt

```
public void setElementAt(Object Element, int Index)
```

Diese Methode weist der Position *Index* das angegebene *Element* zu. Sie kann eine `ArrayIndexOutOfBoundsException` auslösen.

setSize

```
public void setSize(int Größe)
```

Diese Methode setzt die Anzahl der Elemente des Vektors auf den Wert von *Größe*. Ist der neue Wert kleiner als der vorherige, gehen Elemente verloren. Ist der neue Wert größer als der alte, dann werden `Null`-Elemente hinzugefügt.

size

```
public int size()
```

Diese Methode gibt die Anzahl der derzeitigen Elemente des Vektors zurück.

toString

```
public String toString()
```

Diese Methode gibt den `String`-Wert des Vektors zurück.

trimToSize

```
public void trimToSize()
```

Diese Methode setzt die Kapazität des Vektors auf die Anzahl der derzeitigen Elemente.

Programmiertipp

Gemessen an ihrer Leistungsstärke sind Vektoren relativ einfach zu verwenden. Nachdem die Instanz eines `Vector` eingerichtet wurde, kann mit der Methode `addElement()` ein Element hinzugefügt werden. Das Element an einer bestimmten Position wird mit `elementAt()`ermittelt. Um festzustellen, ob ein Vektor ein bestimmtes Element enthält, wird `contains()` aufgerufen. Das erste Element eines Vektors wird über einen Aufruf von `firstElement()` und das letzte über `lastElement()` ermittelt. Der Index eines Elements wird mit `indexOf()` und `lastIndexOf()` festgestellt. Mit `removeElement()` oder `removeElementAt()` wird ein Element entfernt. Das folgende Programm veranschaulicht `Vector` und einige seiner Methoden. Beachten Sie, dass die Elemente des Vektors mit Hilfe eines Iterators durchlaufen werden. Dies ist möglich, weil `Vector` mit der Java-Version 2 für die Unterstützung des Collections-Framework erweitert wurde.

```
// Beispiel für unterschiedliche Vektoroperationen
import java.util.*;

class VectorDemo  {
  public static void main(String args[[])  {
    // Die Anfangsgröße beträgt 3, das Inkrement 2.
    Vector v = new Vector(3, 2);
```

```
System.out.println("Anfangsgröße: " + v.size());
System.out.println("Anfangskapazität: " +
                   v.capacity() + "");

// Einige ganze Zahlen hinzufügen.
v.addElement(new Integer(1));
v.addElement(new Integer(2));
v.addElement(new Integer(3));
v.addElement(new Integer(4));

 System.out.println("Kapazität nach vier Ergänzun-
gen: " +
                   v.capacity());

// Einige double-Werte hinzufügen.
v.addElement(new Double(5.45));
v.addElement(new Double(6.08));
v.addElement(new Integer(7));
 System.out.println("Kapazität nach Hinzufügen von
drei" +
                 "weiteren: " + v.capacity() + "");


 System.out.println("Das erste Element des Vektors
ist: " +
```

```
                    (Integer)v.firstElement());
  System.out.println("Letztes Element des Vektors: "
+
                    (Integer)v.lastElement());

  if(v.contains(new Integer(3)))
    System.out.println("Der Vektor enthält eine 3");

  // Die Elemente des Vektors werden durchlaufen
  Iterator vItr = v.iterator();

  System.out.println("Elemente des Vektors:");
  while(vItr.hasNext())
    System.out.print(vItr.next() + " ");
  System.out.println("");

  System.out.println("Element an Position 3  ist " +
    v.elementAt(3));

  System.out.println("Dieses Element entfernen");
  // 3 Elemente entfernen
  v.removeElement(v.elementAt(3));
  System.out.println("Element 3 ist jetzt " +
    v.elementAt(3));
```

```
    }
}
```

Das Programm erzeugt folgende Ausgabe:

```
Anfangsgröße: 0
Anfangskapazität: 3

Kapazität nach vier Ergänzungen: 5
Kapazität nach drei weiteren: 7

Das erste Element des Vektors ist:: 1
Letztes Element des Vektors: 7
Der Vektor enthält eine 3

Elemente des Vektors:
1 2 3 4 5.45 6.08 7

Element an Position 3 ist 4
Dieses Element entfernen
Element 3 ist jetzt 5.45
```

Dieses Programm veranschaulicht einen interessanten Aspekt der Vektoren, nämlich die Tatsache, dass der gleiche Vektor eine Vielzahl unterschiedlicher Objekttypen enthalten kann. Da die Vector-Methoden mit dem Objekttyp Object arbeiten (der eine Superklasse aller Objekte ist), kann jeder Objekttyp in einem Vektor gespeichert werden. Die einzige Einschränkung liegt darin, dass die elementaren Typen (int, char und so weiter) in einen Klassen-Wrapper eingekapselt werden müssen.

Da Vector seit der Java-Version 2 Bestandteil des Collections-Framework ist, können im vorgestellten Programm die Elemente des Vektors auch mit einem Iterator durchlaufen werden. Das gleiche Ergebnis könnte auch mit der herkömmlichen Enumeration-Schnittstelle erreicht werden. Dieses Codefragment zeigt beispielsweise den Inhalt von v an:

```
// Aufzählung der Elemente des Vektors.
Enumeration vEnum = v.elements();

System.out.println("Elemente im Vektor:");
while(vEnum.hasMoreElements())
  System.out.print(vEnum.nextElement() + " ");
System.out.println("");
```

Iteratoren und Aufzählungen sind in diesem Beispiel zwar gleichwertig, beim Programmieren neuer Programme sollten Sie jedoch Iteratoren verwenden, weil diese vom Collections-Framework unterstützt werden.

Ein letzter Punkt: Da `Vector` jetzt die `List`-Schnittstelle implementiert, können auch `List`-Methoden wie `add()` und `remove()` anstelle der von `Vector` definierten Methoden verwendet werden (zum Beispiel `addElement()` und `removeElement()`). Zurzeit sind noch beide Varianten für neue Programme akzeptabel.

8 Die Input-/Output-Klassen und -Schnittstellen

Dieses Kapitel behandelt die Bibliothek `java.io` für Ein- und Ausgabeoperationen.

Diese Bibliothek definiert folgende I/O-Klassen:

BufferedInputStream	FilterInputStream	PipedOutputStream
BufferedOutputStream	FilterOutputStream	PipedReader
BufferedReader	FilterReader	PipedWriter
BufferedWriter	FilterWriter	PrintStream
ByteArrayInputStream	InputStream	PrintWriter
ByteArrayOutputStream	InputStreamReader	PushbackInputStream
CharArrayReader	LineNumberInputStream	PushbackReader
CharArrayWriter	LineNumberReader	RandomAccessFile
DataInputStream	ObjectInputStream	Reader
DataOutputStream	ObjectInputStream.GetField	SequenceInputStream
File	ObjectOutputStream	SerializablePermission
FileDescriptor	ObjectOutputStream.PutField	StreamTokenizer
FileInputStream	ObjectStreamClass	StringBufferInputStream
FileOutputStream	ObjectStreamField	StringReader
FilePermission	OutputStream	StringWriter
FileReader	OutputStreamWriter	Writer
FileWriter	PipedInputStream	

Außerdem definiert die java.io-Bibliothek die Schnittstellen

Closeable	DataInput	DataOutput	Externalizable
FileFilter	FilenameFilter	Flushable	ObjectInput
ObjectInputValidation	ObjectOutput	ObjectStreamConstants	Serializable

Folgende Klassen und Schnittstellen wurden mit der Java-Spezifikation 1.1 hinzugefügt: BufferedReader, BufferedWriter, CharArrayReader, CharArrayWriter, FileReader, FileWriter, FilterReader, FilterWriter, InputStreamReader, LineNumberReader, ObjectInputStream, ObjectOutputStream, ObjectStreamClass, OutputStreamWriter, PipedReader, PipedWriter, PrintWriter, PushbackReader, Reader, StringReader, StringWriter, Writer, Externalizable, ObjectInput, ObjectInputValidation, ObjectOutput und Serializable.

Die folgenden Klassen und Schnittstellen wurde mit Java 2 eingeführt: FileFilter, FilePermission, ObjectInputStream.GetField, ObjectOutputStream.PutField, ObjectStreamField und SerializablePermission.

Die folgenden Klassen und Schnittstellen werden selten benutzt und daher in diesem Buch nicht erörtert: FilePermission, ObjectInputStream, ObjectInputStream.GetField, ObjectOutputStream, ObjectOutputStream.PutField, ObjectStreamClass, ObjectStreamField, PipedInputStream, PipedOutputStream, PipedReader, PipedWriter, PushbackInputStream, PushbackReader, SequenceInputStream, SerializablePermission, StringBufferInputStream, Externalizable, ObjectInput, ObjectInputValidation, ObjectOutput, ObjectStreamConstants und Serializable.

8.1 Die BufferedInputStream-Klasse

Die `BufferedInputStream`-Klasse gestattet das »Ummanteln« (Wrapping) eines `InputStream` durch einen gepufferten Datenstrom, was zu einer Leistungsverbesserung führt. Das Puffern eines Eingabestroms bildet auch die notwendige Grundlage für eine Rückwärtsbewegung im Datenstrom innerhalb des verfügbaren Puffers.

Es gibt fünf Instanzvariablen. `buf` ist ein geschütztes Byte-Array, in dem sich die Daten befinden. `count` ist eine geschützte `int`-Variable, welche die nächste Position in `buf` angibt, an die Daten geschrieben werden. `marklimit` ist eine geschützte `int`-Variable, die die maximale Anzahl von Bytes angibt, die zwischen einer markierten Position und dem Zurücksetzen zulässig sind. `markpos` ist eine geschützte `int`-Variable, die die aktuell markierte Position angibt. `pos` ist eine geschützte `int`-Variable, welche die Position des nächsten aus `buf` zu lesenden Bytes angibt.

Verwandte Klassen: `FilterInputStream`, `InputStream`

BufferedInputStream

`public BufferedInputStream(InputStream` *Istream*`)`

Dieser Konstruktor erzeugt einen gepufferten Eingabestrom mit einer Puffergröße von 512 Byte.

`public BufferedInputStream(InputStream` *Istream*`, int` *Puffergröße*`)`

Dieser Konstruktor erstellt einen gepufferten Eingabestrom mit der angegebenen *Puffergröße*.

available

```
public int available( )
```

Diese Methode gibt die Anzahl der zurzeit im aufrufenden Stream verfügbaren Bytes an. Sie kann eine `IOException` auslösen.

close

```
public void close()
```

Diese Methode schließt den Stream.

mark

public void mark(int *Größe*)

Diese Methode markiert die aktuelle Position im aufrufenden Stream. Zu einem späteren Zeitpunkt kann mit der `reset()`-Methode an diese Position zurückgekehrt werden. Der Parameter *Größe* gibt die maximale Byteanzahl an, die der Stream zwischen der `mark`- und der `reset`-Operation voraussichtlich speichern wird.

markSupported

```
public boolean markSupported( )
```

Diese Methode stellt fest, ob der aufrufende Stream `mark`- und `reset`-Operationen unterstützt.

read

```
public int read( )
```

Diese Methode liest ein Byte und gibt es an den aufrufenden Stream zurück. Ist die End-of-Stream-Bedingung erfüllt, wird der Wert -1 zurückgegeben. Die Methode ist so lange blockiert, bis Daten zur Verfügung stehen. Sie kann eine `IOException` auslösen.

public int read(byte *Puffer*[], int *Start*, int *Größe*)

Diese Methode liest Bytes im Umfang von *Größe* aus dem aufrufenden Stream. Die Bytes werden beginnend an der Position *Start* in den *Puffer* eingelesen. Der Rückgabewert ist die Anzahl der Bytes, die in den *Puffer* geschrieben wurden. Ist eine End-of-Stream-Bedingung erfüllt, wird `-1` zurückgegeben. Die Methode wartet, bis Daten zur Verfügung stehen. Sie kann eine `IOException` auslösen.

reset

`public void reset( )`

Diese Methode setzt die Position im aufrufenden Stream auf die vorherige Position zurück. Sie kann eine `IOException` auslösen.

skip

`public long skip(long` *Anzahl*`)`

Diese Methode ignoriert (überspringt) die angegebene *Anzahl* von Bytes im aufrufenden Stream. Der Rückgabewert gibt die Anzahl der tatsächlich übersprungenen Bytes an. Diese Methode kann eine `IOException` auslösen.

8.2 Die BufferedOutputStream-Klasse

Mit der `BufferedOutputStream`-Klasse kann ein `OutputStream` mit einem gepufferten Ausgabestrom versehen und so eine Leistungsverbesserung erreicht werden. Es gibt zwei Instanzvariablen: `buf` ist ein geschütztes Byte-Array, das die Daten enthält. `count` ist eine geschützte `int`-Variable, welche die nächste Position für das Schreiben in `buf` angibt.

Verwandte Klassen: `FilterOutputStream`, `OutputStream`

BufferedOutputStream

`public BufferedOutputStream(OutputStream` *outputStream*`)`

Dieser Konstruktor erzeugt einen gepufferten Ausgabestrom mit einer Puffergröße von 512 Byte.

`public BufferedOutputStream(OutputStream` *outputStream*`, int` *Puffergröße*`)`

Dieser Konstruktor erzeugt einen gepufferten Ausgabestrom mit der angegebenen *Puffergröße*.

flush

`public void flush( )`

Diese Methode löscht den aufrufenden Stream. Sie kann eine `IOException` auslösen.

write

`public void write(byte` *Puffer*`[], int` *Start*`, int` *Größe*`)`

Diese Methode schreibt die mit *Größe* angegebene Anzahl von Bytes in den aufrufenden Stream. Die Bytes werden von der mit *Start* angegebenen Position an in den *Puffer* geschrieben. Sie kann eine `IOException` auslösen.

`public void write(int` *b*`)`

Diese Methode schreibt das niedrigere Byte aus *b* in den aufrufenden Stream. Sie kann eine `IOException` auslösen.

8.3 Die BufferedReader-Klasse

Die `BufferedReader`-Klasse puffert Daten aus einem Zeicheneingabestrom. Die Möglichkeiten dieser Klasse können in Verbindung mit jeder von `Reader` abgeleiteten Klasse verwendet werden.

Verwandte Klasse: `Reader`

Die Klasse wurde mit der Java-Spezifikation 1.1 eingeführt.

BufferedReader

`public BufferedReader(Reader` *r*`)`

Dieser Konstruktor erzeugt ein Objekt, das Daten vom `Reader`-Objekt *r* puffert. Für den Buffer wird standardmäßig die angegebene *Größe* verwendet.

`public BufferedReader(Reader` *r*`, int` *Größe*`)`

Dieser Konstruktor erzeugt ein Objekt, das Daten vom `Reader`-Objekt *r* puffert. *Größe* gibt den Umfang des zugewiesenen Pufferspeichers an. Dieser Konstruktor kann eine `IllegalArgumentException` auslösen.

close

`public void close( )`

Diese Methode schließt den aufrufenden Stream. Sie kann eine `IOException` auslösen.

mark

`public void mark(int` *Größe*`)`

Diese Methode markiert die aktuelle Position im aufrufenden Stream. Zu einem späteren Zeitpunkt kann man mit der `reset()`-Methode an diese Position zurückkehren. Der Parameter *Größe* gibt die voraussichtlich maximale Anzahl der zwischen den `mark`- und `reset`-Operationen gespeicherten Zeichen an. Diese Methode kann eine `IOException` auslösen.

markSupported

`public boolean markSupported( )`

Diese Methode stellt fest, ob der aufrufende Stream `mark`- und `reset`-Operationen unterstützt.

read

`public int read( )`

Diese Methode liest ein Zeichenbyte vom aufrufenden Stream und gibt dieses zurück. Ist eine End-of-Stream-Bedingung erfüllt, wird -1 zurückgegeben. Die Methode kann eine `IOException` auslösen.

`public int read(char` *Puffer*`[], int` *Start*`, int` *Größe*`)`

Diese Methode liest die mit *Größe* angegebene Anzahl der Zeichen vom aufrufenden Stream. Diese Zeichen werden ab der mit *Start* angegebenen Position in den *Puffer* eingelesen. Der Rückgabewert ist die Anzahl der in den *Puffer* geschriebenen Zeichen. Ist eine End-of-Stream-Bedingung erfüllt, wird `-1` zurückgegeben. Die Methode kann eine `IOException` auslösen.

readLine

`public String readLine( )`

Diese Methode liest eine Textzeile und gibt diese zurück. Als Zeilenendzeichen wird ein Wagenrücklauf, ein Zeilenvorschub oder ein Wagenrücklauf unmittelbar gefolgt von einem Zeilenvorschub interpretiert. Die Zeilenendzeichen werden von der Methode nicht mit dem Rückgabe-`String` übergeben. `readLine()` gibt `null` zurück, wenn eine End-of-Stream-Bedingung erfüllt ist. Sie kann eine `IOException` auslösen.

ready

`public boolean ready( )`

Diese Methode stellt fest, ob Daten in den Puffern oder dem Stream selbst vorhanden sind. Sie kann eine `IOException` auslösen.

reset

`public void reset( )`

Diese Methode setzt die Position im aufrufenden Stream auf die zuvor markierte Position zurück. Sie kann eine `IOException` auslösen.

skip

`public long skip(long` *`Anzahl`*`)`

Diese Methode ignoriert oder überspringt die angegebene *Anzahl* der Zeichen im aufrufenden Stream. Der Rückgabewert entspricht der Anzahl der Bytes, die tatsächlich ignoriert wurden. Diese Methode kann eine `IOException` auslösen.

Programmiertipp

Eine der von Programmen am häufigsten durchzuführenden Aktionen ist das Einlesen einer Zeichenfolge von der Tastatur. Dies kann manuell mit der Methode `read()` geschehen, mit der Zeichen in ein `byte`-Array eingelesen werden und das Array anschließend in ein `String`-Objekt umgewandelt wird. Java bietet aber mit `readLine()` auch eine bequemere Lösung, bei der automatisch eine Zeichenfolge vom Eingabestrom gelesen und diese einem Objekt vom Typ `String` übergeben wird.

Diese Methode ist Bestandteil mehrerer Klassen. In diesem Beispiel wird BufferedReader verwendet, der über mehrere Methoden zum Lesen von Zeichen und Zeichenfolgen verfügt.

Bevor readLine() verwendet werden kann, muss ein BufferedReader-Objekt zur Verfügung stehen, das mit der Tastatur verknüpft ist. Dies kann mit der folgenden Anweisung erreicht werden:

```
BufferedReader inputStream =
   new BufferedReader(new InputStreamReader(System.in));
```

inputStream ist hier der neue Stream, der über eine in einem BufferedReader eingekapselte Instanz von InputStreamReader mit System.in verknüpft ist.

Das folgende Programm veranschaulicht diese Lösung. Es liest Textzeilen ein und gibt diese so lange aus, bis das Wort »Stopp« eingegeben wird.

```
// Zeichen von der Tastatur einlesen
import java.io.*;

class ReadStr {
  public static void main(String args[])
    throws IOException
  {
    // Ein BufferedReader-Objekt mit System.in einrichten
```

```
    BufferedReader inData =
      new BufferedReader(new InputStreamReader(Sys-
    tem.in));
    String str;

    System.out.println("Geben Sie Textzeilen ein.");
    System.out.println("Zum Beenden geben Sie 'Stopp'
    ein.");
    do {
      str = inData.readLine();
      System.out.println(str);
    } while(!str.equals("Stopp"));
  }
}
```

Auf den ersten Blick mag es so erscheinen, als sei das Einrichten eines gepufferten InputReader-Objekts für das einfache Einlesen von der Tastatur sehr aufwändig. Aber diese Herangehensweise ist bei der praktischen Programmierung von unschätzbarem Wert. Das I/O-System bietet dem Programmierer eine einmalige Mischung von Flexibilität und detaillierten Steuerungsmöglichkeiten. Hat man die Funktionsweise des I/O-Systems von Java einmal verstanden, dann ist es sehr einfach einzusetzen.

8.4 Die BufferedWriter-Klasse

Die `BufferedWriter`-Klasse puffert Daten in einem Zeichenausgabestrom. Die Funktionen dieser Klasse können in Verbindung mit jeder von `Writer` abgeleiteten Klasse verwendet werden.

Verwandte Klasse: `Writer`

Diese Klasse wurde mit der Java-Spezifikation 1.1 eingeführt.

BufferedWriter

`public BufferedWriter(Writer` *`w`*`)`

Dieser Konstruktor erzeugt ein Objekt, das Daten in einem `Writer`-Objekt *w* puffert. Für den *Puffer* wird eine Standardgröße verwendet.

`public BufferedWriter(Writer` *`w`*`, int` *`Größe`*`)`

Dieser Konstruktor erzeugt ein Objekt, das Daten in einem `Writer`-Objekt *w* puffert. *Größe* gibt den dem Puffer zuzuweisenden Speicherplatz an. Dieser Konstruktor kann eine `IllegalArgumentException` auslösen.

close

`public void close( )`

Diese Methode schließt den aufrufenden Stream. Sie kann eine `IOException` auslösen.

flush

`public void flush( )`

Diese Methode leert den aufrufenden Stream. Sie kann eine `IOException` auslösen.

newLine

`public void newLine( )`

Diese Methode schreibt das von der Systemeigenschaft `line.separator` definierte Trennzeichen für einen Zeilenvorschub in den aufrufenden Stream. Sie kann eine `IOException` auslösen.

write

`public void write(char` *Puffer*`[], int` *Start*`, int` *Größe*`)`

Diese Methode schreibt die mit *Größe* angegebene Anzahl von Zeichen in den aufrufenden Stream. Die Zeichen werden von der mit *Start* angegebenen Position an in den *Puffer* geschrieben. Diese Methode kann eine `IOException` auslösen.

`public void write(int` *c*`)`

Diese Methode schreibt ein Zeichen *c* in den aufrufenden Stream. Sie kann eine `IOException` auslösen.

`public void write(String` *str*`, int` *Start*`, int` *Größe*`)`

Diese Methode schreibt die mit *Größe* angegebene Anzahl von Zeichen in den aufrufenden Stream. Die Zeichen aus *str* werden von der mit *Start* angegebenen Position an in den *Puffer* geschrieben. Diese Methode kann eine `IOException` auslösen.

8.5 Die ByteArrayInputStream-Klasse

`ByteArrayInputStream` ist eine Implementierung eines Eingabestroms, der ein Byte-Array als Quelle verwendet. Vier Instanzvariablen werden verwendet: `buf` ist ein geschütztes Byte-Array, in dem sich die Daten befinden. `count` ist eine geschützte `int`-Variable, welche die nächste Position in buf angibt, an die die Daten geschrieben werden. mark ist eine geschützte int-Variable, die die aktuell markierte Position angibt. pos ist eine geschützte int-Variable, welche das nächste aus buf zu lesende Byte angibt. (mark wurde mit der Java-Spezifikation 1.1 eingeführt.)

Verwandte Klasse: InputStream

ByteArrayInputStream

public ByteArrayInputStream(byte *Array*[])

Dieser Konstruktor erstellt ein ByteArrayInputStream-Objekt. *Array* ist die Quelle der Eingabe.

public ByteArrayInputStream(byte *Array*[], int *Start*, int *AnzahlBytes*)

Dieser Konstruktor erstellt ein ByteArrayInputStream-Objekt aus einer Untermenge von *Array*, das mit den Zeichen an der mit *Start* angegebenen Position beginnt und *AnzahlBytes* lang ist.

available

public int available( )

Diese Methode gibt die Anzahl der Bytes an, die zurzeit im aufrufenden Stream zur Verfügung stehen.

mark

public void mark(int *Größe*)

Diese Methode markiert die aktuelle Position im aufrufenden Stream. Zu einem späteren Zeitpunkt kann die reset()-Methode diese Position zurückliefern. Der Parameter *Größe* gibt die maximale

Byteanzahl an, die der Stream voraussichtlich zwischen den `mark`- und `reset`-Operationen speichert.

Die Methode wurde mit der Java-Spezifikation 1.1 eingeführt.

markSupported

`public boolean markSupported( )`

Diese Methode stellt fest, ob der aufrufende Stream `mark`- und `reset`-Operationen unterstützt.

Sie wurde mit der Java-Spezifikation 1.1 eingeführt.

read

`public int read( )`

Diese Methode liest ein Byte vom aufrufenden Stream und gibt dieses zurück. Ist eine End-of-Stream-Bedingung erfüllt, wird `-1` zurückgegeben. Diese Methode kann eine `IOException` auslösen.

`public int read(byte` *Puffer*`[], int` *Start*`, int` *Größe*`)`

Diese Methode liest die mit *Größe* angegebene Anzahl von Bytes aus dem aufrufenden Stream. Die Bytes werden beginnend mit der mit *Start* angegebenen Position in den *Puffer* eingelesen. Der Rückgabewert gibt die Anzahl der in den *Puffer* geschriebenen Bytes an. Ist eine End-of-Stream-Bedingung erfüllt, wird `-1` zurückgegeben. Diese Methode kann eine `IOException` auslösen.

reset

`public void reset( )`

Diese Methode setzt die Position im aufrufenden Stream auf die vorherige Position zurück. Sie kann eine `IOException` auslösen.

skip

`public long skip(long Anzahl)`

Diese Methode überspringt im aufrufenden Stream die mit *Anzahl* angegebene Anzahl von Bytes. Der Rückgabewert entspricht der Anzahl der tatsächlich übersprungenen Bytes. Diese Methode kann eine `IOException` auslösen.

8.6 Die ByteArrayOutputStream-Klasse

`ByteArrayOutputStream` ist eine Implementierung eines Ausgabestroms, der ein Byte-Array als Ziel hat. Es gibt zwei Instanzvariablen: `buf` ist ein geschütztes Byte-Array, das die Daten enthält, und `count` ist eine geschützte `int`-Variable, welche die nächste Position angibt, an die in `buf` geschrieben wird.

Verwandte Klasse: `OutputStream`

ByteArrayOutputStream

`public ByteArrayOutputStream( )`

Dieser Konstruktor erzeugt ein Objekt, dessen Puffergröße zu Beginn 32 Byte groß ist.

`public ByteArrayOutputStream(int AnzahlBytes)`

Dieser Konstruktor erzeugt ein Objekt, dessen Puffergröße mit *AnzahlBytes* angegeben wird.

reset

`public void reset( )`

Diese Methode setzt den aufrufenden Stream zurück, indem alle Daten entfernt werden und die Zähler auf den ursprünglichen Stand zurückgesetzt werden. Der Stream kann anschließend wieder verwendet werden.

size

`public int size( )`

Diese Methode gibt die Anzahl der Datenbytes zurück, die sich zurzeit im aufrufenden Stream befinden.

toByteArray

`public byte[] toByteArray( )`

Diese Methode gibt ein neues Byte-Array zurück, dessen Inhalt mit den Bytes des aufrufenden Streams übereinstimmt.

toString

`public String toString( )`

Diese Methode gibt den `String`-Wert des aufrufenden Objekts zurück.

`public String toString(int` *oberesByte*`)`

Diese Methode gibt den `String`-Wert des aufrufenden Objekts zurück. *oberesByte* wird für die oberen 8 Bit jedes Zeichens verwendet.

Sie wurde mit der Java-Spezifikation 1.1 verworfen.

`public String toString(String` *Kodierung*`)`

Diese Methode gibt den `String`-Wert des aufrufenden Objekts zurück. *Kodierung* gibt die Bezeichnung der bei der Umwandlung von

Byte in Zeichen verwendeten Zeichenkodierung an. Diese Methode kann eine `UnsupportedEncodingException` auslösen.

Sie wurde mit der Java-Spezifikation 1.1 eingeführt.

write

`public void write(int` *Daten*`)`

Diese Methode schreibt das niedere Byte aus *Daten* in den aufrufenden Stream.

`public void write(byte` *Puffer*`[], int` *Start*`, int` *Größe*`)`

Diese Methode schreibt die Anzahl der mit *Größe* angegebenen Bytes in den aufrufenden Stream. Die Bytes werden beginnend an der mit *Start* angegebenen Position in den *Puffer* geschrieben.

writeTo

`public void writeTo(OutputStream` *outStream*`)`

Diese Methode schreibt die `ByteArrayOutputStream`-Daten in den mit *outStream* angegebenen Ausgabestrom. Sie kann eine `IOException` auslösen.

8.7 Die CharArrayReader-Klasse

Die `CharArrayReader`-Klasse ermöglicht die Verwendung eines Zeichen-Arrays als Eingabestrom. Es gibt vier Instanzvariablen: `buf` ist ein geschütztes Zeichen-Array, in dem sich die Daten befinden, `count` ist eine geschützte `int`-Variable, die die Anzahl der gültigen Zeichen in `buf` angibt, `markedPos` ist eine geschützte `int`-Variable, welche die aktuelle Position markiert, und `pos` ist eine geschützte `int`-Variable, welche die nächste Position angibt, von der das nächste Zeichen aus `buf` gelesen wird. Verwandte Klasse: `Reader`

Diese Klasse wurde mit der Java-Spezifikation 1.1 eingeführt.

CharArrayReader

`public CharArrayReader(char` *cArray*`[])`

Dieser Konstruktor erstellt ein `CharArrayReader`-Objekt, das aus dem `char`-Array *cArray* lesen kann.

`public CharArrayReader(char` *cArray*`[], int` *Start*`, int` *Größe*`[])`

Dieser Konstruktor erstellt ein `CharArrayReader`-Objekt, welches aus dem `char`-Array *cArray* lesen kann. *Start* gibt die Position im *cArray* an, an der mit dem Lesen der Zeichen begonnen wird. *Größe* gibt die Anzahl der zu lesenden Zeichen an.

close

`public void close( )`

Diese Methode schließt den aufrufenden Stream.

mark

`public void mark(int` *Größe*`)`

Diese Methode markiert die aktuelle Position im aufrufenden Stream. Zu einem späteren Zeitpunkt kann die `reset()`-Methode diese Position zurückliefern. Der Parameter *Größe* wird in dieser Klasse nicht verwendet. Die Methode kann eine `IOException` auslösen.

markSupported

`public boolean markSupported( )`

Diese Methode stellt fest, ob der aufrufende Stream `mark`- und `reset`-Operationen unterstützt.

read

`public int read( )`

Diese Methode liest ein Zeichen aus dem aufrufenden Stream und gibt es zurück. Ist eine End-of-Stream-Bedingung erfüllt, wird `-1` zurückgegeben. Diese Methode kann eine `IOException` auslösen.

`public int read(char` *Puffer*`[], int` *Start*`, int` *Größe*`)`

Diese Methode liest die mit *Größe* angegebene Anzahl von Zeichen aus dem aufrufenden Stream. Die Zeichen werden ab dem mit *Start* angegebenen Index in den *Puffer* eingelesen. Der Rückgabewert gibt die Anzahl der in den Puffer gelesenen Zeichen an. Ist eine End-of-Stream-Bedingung erfüllt, wird `-1` zurückgegeben. Diese Methode kann eine `IOException` auslösen.

ready

`public boolean ready( )`

Diese Methode gibt den Wert `true` zurück, weil der Stream immer für die Eingabe bereit ist. Sie kann eine `IOException` auslösen.

reset

`public void reset( )`

Diese Methode setzt die Position im aufrufenden Stream auf die vorherige Position zurück. Sie kann eine `IOException` auslösen.

skip

`public long skip(long` *Anzahl*`)`

Diese Methode ignoriert beziehungsweise überspringt die mit *Anzahl* angegebene Menge von Zeichen im aufrufenden Stream. Der Rückgabewert gibt die Anzahl der tatsächlich übersprungen Zeichen an. Diese Methode kann eine `IOException` auslösen.

8.8 Die CharArrayWriter-Klasse

Mit der `CharArrayWriter`-Klasse kann ein Zeichenpuffer als Ausgabestrom verwendet werden. Es gibt zwei Instanzvariablen: `buf` ist ein geschütztes Zeichen-Array, in dem sich die Daten befinden. `count` ist eine geschützte `int`-Variable, welche die nächste Position zum Schreiben in `buf` angibt.

Verwandte Klasse: `Writer`

Diese Klasse wurde mit der Java-Spezifikation 1.1 eingeführt.

CharArrayWriter

`public CharArrayWriter( )`

Dieser Konstruktor erstellt ein `CharArrayWriter`-Objekt mit einer Standardanfangsgröße.

`public CharArrayWriter(int` *AnzZeichen*`)`

Dieser Konstruktor erstellt ein `CharArrayWriter`-Objekt mit der Puffergröße *AnzZeichen*.

close

`public void close( )`

Diese Methode schließt den aufrufenden Stream.

flush

`public void flush( )`

Diese Methode leert den aufrufenden Stream.

reset

`public void reset( )`

Diese Methode setzt den aufrufenden Stream zurück, indem alle Daten entfernt und die Zähler auf den Ausgangszustand zurückgesetzt werden. Der Stream kann wieder verwendet werden.

size

`public int size( )`

Diese Methode gibt die Anzahl der Datenbytes zurück, die sich zurzeit im aufrufenden Stream befinden.

toCharArray

`public char[] toCharArray( )`

Diese Methode gibt ein neues Zeichen-Array zurück, dessen Inhalt mit den Zeichen aus dem Stream-Puffer übereinstimmt.

toString

`public String toString( )`

Diese Methode gibt den `String`-Wert des aufrufenden Objekts zurück.

write

`public void write(char` *Puffer*`[], int` *Start*`, int` *Größe*`)`

Diese Methode schreibt die mit *Größe* angegebene Anzahl von Zeichen in den aufrufenden Stream. Die Zeichen werden beginnend mit dem mit *Start* angegebenen Index in den *Puffer* geschrieben.

`public void write(int` *data*`)`

Diese Methode schreibt den Zeichenwert von *data* in den aufrufenden Stream.

`public void write(String` *str*`, int` *Start*`, int` *Größe*`)`

Diese Methode schreibt die mit *Größe* angegebene Anzahl von Zeichen in den aufrufenden Stream. Die Zeichen aus *str* werden beginnend mit dem mit Start angegebenen Index geschrieben.

writeTo

`public void writeTo(Writer w)`

Diese Methode schreibt den Inhalt des Zeichenpuffers des aufrufenden Objekts in den `Writer` *w*. Sie kann eine `IOException` auslösen.

8.9 Die DataInput-Schnittstelle

Die `DataInput`-Schnittstelle stellt eine Reihe von Methoden zur Verfügung, mit denen die elementaren Datentypen eines Eingabestroms gelesen werden können.

Verwandte Schnittstelle: `DataOutput`

readBoolean

`public abstract boolean readBoolean( )`

Diese Methode liest einen `boolean`-Wert vom aufrufenden Stream und gibt ihn zurück. Sie kann eine `EOFException` oder eine `IOException` auslösen.

readByte

`public abstract byte readByte( )`

Diese Methode liest ein Byte vom aufrufenden Stream und gibt dieses zurück. Sie kann eine `EOFException` oder eine `IOException` auslösen.

readChar

`public abstract char readChar( )`

Diese Methode liest ein `char`-Objekt vom aufrufenden Stream und gibt es zurück. Sie kann eine `EOFException` oder eine `IOException` auslösen.

readDouble

`public abstract double readDouble( )`

Diese Methode liest ein `double`-Objekt vom aufrufenden Stream und gibt es zurück. Sie kann eine `EOFException` oder eine `IOException` auslösen.

readFloat

`public abstract float readFloat( )`

Diese Methode liest ein `float`-Objekt vom aufrufenden Stream und gibt es zurück. Sie kann eine `EOFException` oder eine `IOException` auslösen.

readFully

`public abstract void readFully(byte` *Puffer*`[])`

Diese Methode liest Bytes aus einem Stream in den *Puffer*. Sie kehrt erst zurück, wenn der *Puffer* gefüllt ist. Sie kann eine `EOFException` oder eine `IOException` auslösen.

`public abstract void readFully(byte` *Puffer*`[], int` *Start*`, int` *Größe*`)`

Diese Methode liest die mit *Größe* angegebene Anzahl von Bytes aus dem aufrufenden Stream. Die Bytes werden beginnend mit der mit *Start* angegebenen Position in den *Puffer* eingelesen. Die Methode kehrt erst zurück, wenn alle Bytes gelesen sind. Sie kann eine EOFException oder eine IOException auslösen.

readInt

```
public abstract int readInt( )
```

Diese Methode liest ein int-Objekt vom aufrufenden Stream und gibt es zurück. Sie kann eine EOFException oder eine IOException auslösen.

readLine

```
public abstract String readLine( )
```

Die Methode ist ab Java 1.1 verworfen. Statt dessen sollte die Methode readline() der Klasse BufferReader verwendet werden.

Diese Methode liest eine Textzeile vom aufrufenden Stream und gibt sie zurück. Zeilenendzeichen sind ein Wagenrücklauf, ein Zeilenvorschub oder ein Wagenrücklauf, unmittelbar gefolgt von einem Zeilenvorschub. Das Zeilenendzeichen ist nicht in der Zeichenfolge enthalten, die von dieser Methode zurückgegeben wird. readLine() gibt null zurück, wenn eine End-of-Stream-Bedingung erfüllt ist. Sie kann eine IOException auslösen.

readLong

```
public abstract long readLong( )
```

Diese Methode liest ein long-Objekt vom aufrufenden Stream und gibt es zurück. Sie kann eine EOFException oder eine IOException auslösen.

readShort

```
public abstract short readShort( )
```

Diese Methode liest ein `short`-Objekt vom aufrufenden Stream und gibt es zurück. Sie kann eine `EOFException` oder eine `IOException` auslösen.

readUnsignedByte

`public abstract int readUnsignedByte( )`

Diese Methode liest ein vorzeichenloses Byte aus dem aufrufenden Stream und gibt es zurück. Das Byte steht im niederen Byte des Rückgabewertes. Diese Methode kann eine `EOFException` oder eine `IOException` auslösen.

readUnsignedShort

`public abstract int readUnsignedShort( )`

Diese Methode liest einen vorzeichenlosen `short int`-Wert vom aufrufenden Stream und gibt ihn zurück. Sie kann eine `EOFException` oder eine `IOException` auslösen.

readUTF

`public abstract String readUTF( )`

Diese Methode liest Daten von einem Stream und gibt ein `String`-Objekt zurück. Die Zeichenfolge wird in einem modifizierten UTF-8-Format kodiert. Diese Methode kann eine `EOFException`, eine `IOException` oder eine `UTFDataFormatException` auslösen.

skipBytes

`public abstract int skipBytes(int` *Anzahl*`)`

Diese Methode veranlasst den aufrufenden Stream, die angegebene Anzahl von Bytes zu überspringen. Sie gibt die *Anzahl* zurück und kann eine `EOFException` oder eine `IOException` auslösen.

8.10 Die DataInputStream-Klasse

Die `DataInputStream`-Klasse ist ein Eingabestrom mit Methoden zum Lesen der elementaren Datentypen. Sie erweitert `FilterInputStream` und implementiert `DataInput`.

DataInputStream

`public DataInputStream(InputStream` *Istream*`)`

Dieser Konstruktor liefert ein auf *Istream* basierendes `DataInputStream`-Objekt.

read

`public final int read(byte` *Puffer*`[])`

Diese Methode füllt einen *Puffer* mit aus dem aufrufenden Stream gelesenen Bytes. Der Rückgabewert gibt die Anzahl der in den Puffer geschriebenen Bytes an. Ist eine End-of-Stream-Bedingung erfüllt, wird `-1` zurückgegeben. Die Methode wartet, bis Daten zur Verfügung stehen. Sie kann eine `IOException` auslösen.

`public final int read(byte` *Puffer*`[], int` *Start*`, int` *Größe*`)`

Diese Methode liest die mit *Größe* angegebene Anzahl von Bytes aus dem aufrufenden Stream. Die Bytes werden beginnend mit der mit *Start* angegebenen Position in den *Puffer* eingelesen. Der Rückgabewert gibt die Anzahl der in den Puffer geschriebenen Bytes an. Ist eine End-of-Stream-Bedingung erfüllt, wird `-1` zurückgegeben. Diese Methode kann eine `IOException` auslösen.

readBoolean

`public final boolean readBoolean( )`

Diese Methode liest einen boolean-Wert vom aufrufenden Stream und gibt ihn zurück. Sie wartet, bis Daten zur Verfügung stehen. Sie kann eine EOFException oder eine IOException auslösen.

readByte

```
public final byte readByte( )
```

Diese Methode liest ein Byte vom aufrufenden Stream und gibt dieses zurück. Sie wartet, bis Daten zur Verfügung stehen. Sie kann eine EOFException oder eine IOException auslösen.

readChar

```
public final char readChar( )
```

Diese Methode liest ein char-Objekt vom aufrufenden Stream und gibt es zurück. Sie wartet, bis Daten zur Verfügung stehen. Sie kann eine EOFException oder eine IOException auslösen.

readDouble

```
public final double readDouble( )
```

Diese Methode liest einen double-Wert vom aufrufenden Stream und gibt ihn zurück. Sie wartet, bis Daten zur Verfügung stehen. Sie kann eine EOFException oder eine IOException auslösen.

readFloat

```
public final float readFloat( )
```

Diese Methode liest einen float-Wert aus einem Stream und gibt ihn zurück. Sie wartet, bis Daten zur Verfügung stehen. Sie kann eine EOFException oder eine IOException auslösen.

readFully

`public final void readFully(byte` *Puffer*`[])`

Diese Methode liest Bytes aus einem Stream in den *Puffer*. Sie kehrt erst zurück, wenn der *Puffer* gefüllt ist. Sie kann eine `IOException` oder eine `EOFException` auslösen.

`public final void readFully(byte` *Puffer*`[], int` *Start*`, int` *Größe*`)`

Diese Methode liest die mit *Größe* angegebene Anzahl von Bytes aus dem aufrufenden Stream. Die Bytes werden beginnend mit der mit *Start* angegebenen Position in den *Puffer* eingelesen. Die Methode kehrt erst zurück, wenn die mit *Größe* angegebene Anzahl von Bytes gelesen wurden. Sie kann eine `IOException` oder eine `EOFException` auslösen.

readInt

`public final int readInt( )`

Diese Methode liest einen `int`-Wert vom aufrufenden Stream und gibt ihn zurück. Sie wartet, bis Daten zur Verfügung stehen. Sie kann eine `EOFException` oder eine `IOException` auslösen.

readLine

`public final String readLine( )`

Diese Methode liest eine Textzeile und gibt diese zurück. Zeilenendzeichen sind Wagenrücklauf, Zeilenvorschub oder ein Wagenrücklauf unmittelbar gefolgt von einem Zeilenvorschub. Das Zeilenendzeichen ist nicht in der Zeichenfolge enthalten, die von dieser Methode zurückgegeben wird. `readLine()` wartet, bis Daten zur Verfügung stehen. Wird eine End-of-Stream-Bedingung erfüllt, wird `null` zurückgegeben. Die Methode kann eine `IOException` auslösen.

Sie wurde mit der Java-Spezifikation 1.1 verworfen.

readLong

```
public final long readLong( )
```

Diese Methode liest einen `long`-Wert vom aufrufenden Stream und gibt ihn zurück. Sie wartet, bis Daten zur Verfügung stehen. Sie kann eine `EOFException` oder eine `IOException` auslösen.

readShort

```
public final short readShort( )
```

Diese Methode liest einen `short`-Wert vom aufrufenden Stream und gibt ihn zurück. Sie wartet, bis Daten zur Verfügung stehen. Sie kann eine `EOFException` oder eine `IOException` auslösen.

readUnsignedByte

```
public final int readUnsignedByte( )
```

Diese Methode liest ein vorzeichenloses Byte aus dem aufrufenden Stream und gibt es zurück. Das Byte steht im niederen Byte des Rückgabewertes. Die Methode wartet, bis Daten zur Verfügung stehen. Sie kann eine `IOException` oder eine `EOFException` auslösen.

readUnsignedShort

```
public final int readUnsignedShort( )
```

Diese Methode liest einen vorzeichenlosen `short int`-Wert vom aufrufenden Stream und gibt ihn zurück. Sie wartet, bis Daten zur Verfügung stehen. Die Methode kann eine `IOException` oder eine `EOFException` auslösen.

readUTF

`public final String readUTF( )`

Diese Methode liest Bytes vom aufrufenden Objekt. Die Bytes werden als nach dem modifizierten UTF-8-Format kodierte Zeichen interpretiert und in Unicode-Zeichen umgewandelt. Die Methode gibt eine Zeichenfolge mit den kodierten Zeichen zurück. Sie wartet, bis Daten bereitstehen, und kann eine `EOFException` oder eine `IOException` auslösen.

`public final static String readUTF(DataInput` *Istream*`)`

Diese Methode liest Bytes von *Istream*. Die Bytes werden als nach dem modifizierten UTF-8-Format kodierte Zeichen interpretiert und in Unicode-Zeichen umgewandelt. Die Methode gibt eine Zeichenfolge mit den kodierten Zeichen zurück. Sie wartet. bis Daten bereitstehen, und kann eine `IOException`, `EOFException` oder eine `UTFDataFormatException` auslösen.

skipBytes

`public final int skipBytes(int` *Anzahl*`)`

Diese Methode überspringt im aufrufenden Stream die mit *Anzahl* angegebene Anzahl von Bytes. Sie gibt die *Anzahl* der übersprungenen Bytes zurück. Die Methode wartet, bis Daten zur Verfügung stehen. Sie kann eine `EOFException` oder eine `IOException` auslösen.

8.11 Die DataOutput-Schnittstelle

Die `DataOutput`-Schnittstelle definiert eine Reihe von Methoden, mit denen elementare Datentypen in einen Stream geschrieben werden können. Verwandte Schnittstelle: `DataInput`

write

`public abstract void write(byte` *Puffer*`[])`

Diese Methode schreibt den Inhalt von *Puffer* in einen Stream. Sie kann eine `IOException` auslösen.

`public abstract void write(byte` *Puffer*`[], int` *Start*`, int` *Größe*`)`

Diese Methode schreibt die Anzahl der mit *Größe* angegebenen Bytes in den aufrufenden Stream. Die Bytes werden beginnend mit der mit *Start* angegebenen Position in den Puffer geschrieben. Diese Methode kann eine `IOException` auslösen.

`public abstract void write(int` *Wert*`)`

Diese Methode schreibt das niedere Byte von *Wert* in den aufrufenden Stream. Sie kann eine `IOException` auslösen.

writeBoolean

`public abstract void writeBoolean(boolean` *Wert*`)`

Diese Methode schreibt einen `boolean`-Wert in den aufrufenden Stream. Sie kann eine `IOException` auslösen.

writeByte

`public abstract void writeByte(int` *Wert*`)`

Diese Methode schreibt das niedere Byte von *Wert* in den aufrufenden Stream. Sie kann eine `IOException` auslösen.

writeBytes

`public abstract void writeBytes(String` *str*`)`

Diese Methode schreibt den Inhalt von *str* in den aufrufenden Stream. Sie kann eine `IOException` auslösen.

writeChar

`public abstract void writeChar(int Wert)`

Diese Methode schreibt einen `char`-Wert in den aufrufenden Stream. Sie kann eine `IOException` auslösen.

writeChars

`public abstract void writeChars(String str)`

Diese Methode schreibt den Inhalt von *str* in den aufrufenden Stream. Sie kann eine `IOException` auslösen.

writeDouble

`public abstract void writeDouble(double Wert)`

Diese Methode schreibt einen `double`-Wert in den aufrufenden Stream. Sie kann eine `IOException` auslösen.

writeFloat

`public abstract void writeFloat(float Wert)`

Diese Methode schreibt einen `float`-Wert in den aufrufenden Stream. Sie kann eine `IOException` auslösen.

writeInt

`public abstract void writeInt(int Wert)`

Diese Methode schreibt einen `int`-Wert in den aufrufenden Stream. Sie kann eine `IOException` auslösen.

writeLong

`public abstract void writeLong(long` *Wert*`)`

Diese Methode schreibt einen `long`-Wert in den aufrufenden Stream. Sie kann eine `IOException` auslösen.

writeShort

`public abstract void writeShort(int` *Wert*`)`

Diese Methode schreibt einen `short`-Wert in den aufrufenden Stream. Sie kann eine `IOException` auslösen.

writeUTF

`public abstract void writeUTF(String` *str*`)`

Diese Methode schreibt den Inhalt von *str* in den aufrufenden Stream. Die Unicode-Zeichenfolge *str* wird in das modifizierte UTF-8-Format umgewandelt. Sie kann eine `IOException` auslösen.

8.12 Die DataOutputStream-Klasse

Die `DataOutputStream`-Klasse stellt eine Reihe von Methoden zur Verfügung, mit denen die elementaren Datentypen in einen Stream geschrieben werden können. Es gibt nur eine Instanzvariable: `written` ist eine geschützte `int`-Variable, welche die Anzahl der geschriebenen Bytes angibt.

Verwandte Klassen und Schnittstellen: `DataOutput`, `FilterOutputStream`

DataOutputStream

`public DataOutputStream(OutputStream` *Ostream*`)`

Dieser Konstruktor erstellt ein DataOutputStream-Objekt für den OutputStream *Ostream*.

flush

```
public void flush( )
```

Diese Methode leert den aufrufenden Stream. Sie kann eine IOException auslösen.

size

```
public final int size( )
```

Diese Methode gibt die Größe des aufrufenden Stream zurück. Sie entspricht der Anzahl der geschriebenen Bytes.

write

public void write(byte *Puffer*[], int *Start*, int *Größe*)

Diese Methode schreibt die Anzahl der mit *Größe* angegebenen Bytes in den aufrufenden Stream. Die Bytes werden beginnend an der mit *Start* angegebenen Position in den Puffer geschrieben. Diese Methode kann eine IOException auslösen.

public void write(int *Wert*)

Diese Methode schreibt das niedere Byte von *Wert* in den aufrufenden Stream. Sie kann eine IOException auslösen.

writeBoolean

public final void writeBoolean(boolean *Wert*)

Diese Methode schreibt einen boolean-Wert in den aufrufenden Stream. Sie kann eine IOException auslösen.

writeByte

`public final void writeByte(int` *`Wert`*`)`

Diese Methode schreibt das niedere Byte von *Wert* in den aufrufenden Stream. Sie kann eine `IOException` auslösen.

writeBytes

`public final void writeBytes(String` *`str`*`)`

Diese Methode schreibt den Inhalt von *str* in den aufrufenden Stream. Sie kann eine `IOException` auslösen.

writeChar

`public final void writeChar(int` *`Wert`*`)`

Diese Methode schreibt einen `char`-Wert in den aufrufenden Stream. Sie kann eine `IOException` auslösen.

writeChars

`public final void writeChars(String` *`str`*`)`

Diese Methode schreibt den Inhalt von *str* in den aufrufenden Stream. Sie kann eine `IOException` auslösen.

writeDouble

`public final void writeDouble(double` *`Wert`*`)`

Diese Methode schreibt einen `double`-Wert in den aufrufenden Stream. Sie kann eine `IOException` auslösen.

writeFloat

`public final void writeFloat(float` *Wert*`)`

Diese Methode schreibt einen `float`-Wert in den aufrufenden Stream. Sie kann eine `IOException` auslösen.

writeInt

`public final void writeInt(int` *Wert*`)`

Diese Methode schreibt einen `int`-Wert in den aufrufenden Stream. Sie kann eine `IOException` auslösen.

writeLong

`public final void writeLong(long` *Wert*`)`

Diese Methode schreibt einen `long`-Wert in den aufrufenden Stream. Sie kann eine `IOException` auslösen.

writeShort

`public final void writeShort(int` *Wert*`)`

Diese Methode schreibt einen `short`-Wert in den aufrufenden Stream. Sie kann eine `IOException` auslösen.

writeUTF

`public final void writeUTF(String` *str*`)`

Diese Methode schreibt den Inhalt von *str* in den aufrufenden Stream. Die Zeichenfolge ist im modifizierten UTF-8-Format kodiert. Diese Methode kann eine `IOException` auslösen.

8.13 Die File-Klasse

Über ein `File`-Objekt sind die Informationen zu einer Festplattendatei oder einen Verzeichnis zu erreichen und zu verändern. Da `File` nicht mit Streams arbeitet, handelt es sich nicht um eine von `InputStream` oder `OutputStream` abgeleitete Klasse. Es werden drei statische Variablen verwendet, die aber hier nicht weiter erörtert werden.

In den folgenden Abschnitten werden die gebräuchlichsten Methoden beschrieben. Verwandte Klasse: `FileDescriptor`

File

`public File(String` *VerzPfad*`)`

Dieser Konstruktor erstellt ein `File`-Objekt für die Datei mit dem Pfad *VerzPfad*. Sie kann eine `NullPointerException` auslösen.

`public File(String` *VerzPfad*`, String` *Dateiname*`)`

Dieser Konstruktor erstellt ein `File`-Objekt für die Datei mit dem Pfad *VerzPfad* und der Bezeichnung *Dateiname*.

`public File(File` *VerzObj*`, String` *Dateiname*`)`

Dieser Konstruktor erstellt ein `File`-Objekt für die Datei aus dem Verzeichnis *VerzObj* mit der Bezeichnung *Dateiname*.

canRead

`public boolean canRead( )`

Diese Methode überprüft, ob die vom aufrufenden Objekt genannte Datei von diesem Programm gelesen werden kann. Sie kann eine `SecurityException` auslösen.

canWrite

`public boolean canWrite( )`

Diese Methode überprüft, ob die vom aufrufenden Objekt genannte Datei von diesem Programm geschrieben werden kann. Sie kann eine `SecurityException` auslösen.

createNewFile

`public boolean createNewFile()`

Diese Methode erzeugt eine neue leere Datei.

createTempFile

`public static File createTempFile(String prefix, String suffix)`

Diese Methode erzeugt eine temporäre Datei. `prefix` gibt den Dateinamen vor dem Punkt an, während `suffix` die Dateiendung (nach dem Punkt) spezifiziert.

delete

`public boolean delete( )`

Diese Methode löscht die vom aufrufenden Objekt genannte Datei. Die Methode liefert nur nach erfolgreicher Ausführung den Wert `true` zurück. Sie kann eine `SecurityException` auslösen.

deleteOnExit

`public void deleteOnExit( )`

Diese Methode entfernt die mit dem aufrufenden Objekt verbundene Datei, wenn die Java Virtual Machine beendet wird. Sie kann eine `SecurityException` auslösen.

Die Methode wurde mit Java 2 eingeführt.

equals

public boolean equals(Object *Obj*)

Diese Methode überprüft, ob das aufrufende Objekt und *Obj* den gleichen Wert haben.

exists

`public boolean exists( )`

Diese Methode stellt fest, ob die vom aufrufenden Objekt genannte Datei vorhanden ist. Sie kann eine `SecurityException` auslösen.

getAbsolutePath

`public String getAbsolutePath( )`

Diese Methode gibt ein `String`-Objekt mit dem absoluten Pfad der vom aufrufenden Objekt genannten Datei zurück.

getName

`public String getName( )`

Diese Methode gibt ein `String`-Objekt mit dem Namen der vom aufrufenden Objekt genannten Datei zurück.

getParent

`public String getParent( )`

Diese Methode gibt ein `String`-Objekt mit dem übergeordneten Verzeichnis der vom aufrufenden Objekt genannten Datei zurück.

getPath

`public String getPath( )`

Diese Methode gibt den relativen Pfad der Datei zurück.

hashCode

`public int hashCode( )`

Diese Methode gibt den Hash-Code des aufrufenden Objekts zurück.

isAbsolute

```
public boolean isAbsolute( )
```

Diese Methode stellt fest, ob es für die vom aufrufenden Objekt genannte Datei einen absoluten Pfad gibt.

isDirectory

```
public boolean isDirectory( )
```

Diese Methode überprüft, ob es sich bei der vom aufrufenden Objekt genannten Datei um ein Verzeichnis handelt. Sie kann eine `SecurityException` auslösen.

isFile

```
public boolean isFile( )
```

Diese Methode überprüft, ob es sich bei der vom aufrufenden Objekt genannten Datei um eine gewöhnliche Datei (also nicht um ein Verzeichnis oder eine besondere Datei) handelt. Sie kann eine `SecurityException` auslösen.

isHidden

```
public boolean isHidden( )
```

Diese Methode gibt den Wert `true` zurück, wenn die Datei mit dem Attribut `hidden` versehen ist. Andernfalls gibt sie `false` zurück. Sie kann eine `SecurityException` auslösen.

Die Methode wurde mit Java 2 eingeführt.

lastModified

```
public long lastModified( )
```

Diese Methode gibt den Zeitstempel für die vom aufrufenden Objekt genannte Datei zurück. Dieser gibt den Zeitpunkt der letzten Änderung an. Der Rückgabewert hängt vom jeweiligen System ab. Sie kann eine `SecurityException` auslösen.

length

`public long length( )`

Diese Methode gibt die Anzahl der Bytes in der vom aufrufenden Objekt genannten Datei zurück. Existiert die Datei nicht, wird `0L` zurückgegeben. Sie kann eine `SecurityException` auslösen.

list

`public String[] list( )`

Diese Methode gibt ein Array mit `String`-Objekten zurück, in dem alle Dateien aus dem vom aufrufenden Objekt genannten Verzeichnis stehen. Sie kann eine `SecurityException` auslösen.

`public String[] list(FilenameFilter` *NameFilter*`)`

Diese Methode gibt eine Auswahl von Dateien aus dem vom aufrufenden Objekt genannten Verzeichnis mit einem `String`-Objekt zurück. Es werden nur die Dateien aufgeführt, die dem mit *NameFilter* angegebenen Kriterium entsprechen. Diese Methode kann eine `SecurityException` auslösen.

listFiles

`File[] listFiles( )`

Diese Methode gibt in einem Array mit `File`-Objekten eine Liste aller Dateien aus dem vom aufrufenden Objekt genannten Verzeichnis zurück. Sie kann eine `SecurityException` auslösen.

Sie wurde mit Java 2 eingeführt.

`File[] listFiles(FilenameFilter` *FFObj*`)`

Diese Methode gibt eine Liste der Dateien aus dem vom aufrufenden Objekt genannten Verzeichnis in einem Array mit `File`-Objekten zurück, die den Kriterien des `FilenameFilter` *FFObj* entsprechen. Sie kann eine `SecurityException` auslösen.

Die Methode wurde mit Java 2 eingeführt.

`File[] listFiles(FileFilter` *FObj*`)`

Diese Methode gibt die Dateien aus dem vom aufrufenden Objekt genannten Verzeichnis mit ihren Pfade zurück, wenn diese dem angegebenen `FileFilter` entsprechen. Sie kann eine `SecurityException` auslösen.

Die Methode wurde mit Java 2 eingeführt.

mkdir

`public boolean mkdir( )`

Diese Methode legt ein Verzeichnis mit dem Pfad des aufrufenden Objekts als Bezeichnung an. Sie gibt nur dann `true` zurück, wenn der Vorgang erfolgreich abgeschlossen wurde. Sie kann eine `SecurityException` auslösen.

mkdirs

`public boolean mkdirs( )`

Diese Methode legt ein Verzeichnis mit dem Pfad des aufrufenden Objekts als Bezeichnung an. Fehlt eines der übergeordneten Verzeichnisse, wird es eingerichtet. Sie gibt nur dann `true` zurück, wenn der Vorgang erfolgreich abgeschlossen wurde. Die Methode kann eine `SecurityException` auslösen.

renameTo

`renameTopublic boolean renameTo(File neuerName)`

Diese Methode benennt die vom aufrufenden Objekt genannte Datei zu *neuerName* um. Diese Methode gibt den Wert `true` nur dann zurück, wenn der Vorgang erfolgreich abgeschlossen wurde. Sie kann eine `SecurityException` auslösen.

setLastModified

`public boolean setLastModified(long Millisek)`

Diese Methode setzt den Zeitstempel auf die mit *Millisek* angegebene Zeit. Hierbei handelt es sich um die seit dem 1. Januar 1970, 0 UhrUTC vergangenen Millisekunden. Sie kann eine `SecurityException` auslösen.

Die Methode wurde mit Java 2 eingeführt.

setReadOnly

`public boolean setReadOnly( )`

Diese Methode setzt für die aufrufende Datei das Attribut Nur-Lesen. Sie kann eine `SecurityException` auslösen.
Sie wurde mit Java 2 eingeführt.

toString

`public String toString( )`

Diese Methode gibt den `String`-Wert des aufrufenden Objekts zurück.

toURI

`public URI toURI()`

Diese Methode erzeugt aus dem absoluten Pfadnamen eine URI, die mit `file:` beginnt.

toURL

`public URL toURL()`

Diese Methode erzeugt aus dem absoluten Pfadnamen eine URL, die mit `file:` beginnt.

8.14 Die FileDescriptor-Klasse

Mit der `FileDescriptor`-Klasse werden Objekte erzeugt, die den plattformabhängigen Dateideskriptoren als plattformunabhängige Handler dienen. Bei den zuerst genannten handelt es sich um geöffnete Dateien oder Sockets.

`FileDescriptor` definieren drei statische Variablen, die jeweils einen Verweis auf `FileDescriptor`-Objekte enthalten. `err` enthält einen Verweis auf den Standardfehler-Stream. `in` enthält einen Verweis auf den Standard-Input-Stream, und `out` enthält einen Verweis auf den Standard-Output-Stream.

Verwandte Klasse: `File`

FileDescriptor

`public FileDescriptor( )`

Dies ist der Standardkonstruktor.

sync

`public void sync( )`

Diese Methode synchronisiert die I/O-Puffer und die physischen Speichergeräte. Das physische Speichergerät gibt daher immer die letzten I/O-Aktivitäten wieder. Sie kann eine `SyncFailedException` auslösen.

Sie wurde mit der Java-Spezifikation 1.1 eingeführt.

valid

```
public boolean valid( )
```

Diese Methode stellt fest, ob das aufrufende Objekt sich auf eine geöffnete Datei oder ein Socket bezieht. Ist dies der Fall, wird `true` zurückgegeben.

8.15 Die FileFilter-Schnittstelle

Mit der `FileFilter`-Schnittstelle kann ein Dateifilter festgelegt werden, wenn die Methode `listFiles()` verwendet wird. Sie besitzt nur die eine hier vorgestellte Methode.

Verwandte Schnittstelle: `FilenameFilter`

Diese Schnittstelle wurde mit Java 2 eingeführt.

accept

public abstract boolean accept(File *Pfad*)

Die `accept()`-Methode gibt für alle Dateien, die in die Dateiliste aufgenommen werden sollen, den Wert `true` zurück. Das sind die Dateien, die mit dem Argument *Pfad* übereinstimmen. Für die nicht in die Liste aufzunehmenden Dateien wird `false` zurückgegeben.

Die Methode wurde mit Java 2 eingeführt.

8.16 Die FileInputStream-Klasse

Die `FileInputStream`-Klasse erzeugt ein `InputStream`-Objekt, mit dem der Inhalt einer Datei gelesen werden kann.

FileInputStream

public FileInputStream(File *DateiObj*)

Dieser Konstruktor erzeugt ein Objekt und verwendet dabei den Verweis auf *DateiObj*. Er kann eine `FileNotFoundException` oder eine `SecurityException` auslösen.

`public FileInputStream(FileDescriptor` *DateiDeskObj*`)`

Dieser Konstruktor erzeugt ein Objekt und verwendet dabei den Verweis auf *DateiDeskObj*. Er kann eine `SecurityException` auslösen.

`public FileInputStream(String` *DateiPfad*`)`

Dieser Konstruktor erzeugt mit den vollständigen *DateiPfad* ein Objekt. Er kann eine `FileNotFoundException` oder eine `SecurityException` auslösen.

available

`public int available( )`

Diese Methode gibt die Anzahl der gerade im aufrufenden Stream vorhandenen Bytes zurück. Sie kann eine `IOException` auslösen.

close

`public void close( )`

Diese Methode schließt den aufrufenden Stream. Sie kann eine `IOException` auslösen.

finalize

`protected void finalize( )`

Diese Methode sorgt dafür, dass die `close()`-Methode für das aufrufende Objekt aufgerufen wird. Sie kann eine `IOException` auslösen.

getFD

`public final FileDescriptor getFD( )`

Diese Methode gibt den Dateideskriptor des aufrufenden Streams zurück. Sie kann eine `IOException` auslösen.

read

`public int read( )`

Diese Methode liest ein Byte vom aufrufenden Stream und gibt dieses zurück. Ist eine End-of-File-Bedingung erfüllt, wird der Wert -1 zurückgegeben. Die Methode wartet, bis Daten zur Verfügung stehen. Sie kann eine `IOException` auslösen.

`public int read(byte` *Puffer*`[])`

Diese Methode füllt den *Puffer* mit aus dem aufrufenden Stream gelesenen Bytes. Der Rückgabewert gibt die Anzahl der in den Puffer geschriebenen Bytes an. Ist eine End-of-Stream-Bedingung erfüllt, wird `-1` zurückgegeben. Diese Methode wartet, bis Daten zur Verfügung stehen. Sie kann eine `IOException` auslösen.

`public int read(byte` *Puffer*`[], int` *Start*`, int` *Größe*`)`

Diese Methode liest die mit *Größe* angegebene Anzahl von Bytes aus dem aufrufenden Stream. Die Bytes werden beginnend mit der mit *Start* angegebenen Position in den *Puffer* eingelesen. Der Rückgabewert gibt die Anzahl der in den Puffer geschriebenen Bytes an. Ist eine End-of-Stream-Bedingung erfüllt, wird `-1` zurückgegeben. Diese Methode wartet, bis Daten zur Verfügung stehen. Sie kann eine `IOException` auslösen.

skip

`public long skip(long` *Anzahl*`)`

Diese Methode überspringt im aufrufenden Stream die mit *Anzahl* angegebene Anzahl von Bytes. Der Rückgabewert entspricht der Anzahl der tatsächlich übersprungenen Bytes. Diese Methode kann eine `IOException` auslösen.

8.17 Die FilenameFilter-Schnittstelle

Mit der `FilenameFilter`-Schnittstelle kann die Liste der von der `list()`-Methode der `File`-Klasse zurückgegebenen Dateien so eingeschränkt werden, dass sie nur Dateien enthält, die mit einem bestimmten Muster für den Dateinamen übereinstimmen.

Verwandte Schnittstelle: `FileFilter`

accept

`public abstract boolean accept(File` *Verzeichnis*`, String` *Dateiname*`)`

Diese Methode stellt fest, ob eine bestimmte Datei vom aufrufenden Objekt akzeptiert wird. Entspricht der Dateiname den Kriterien, gibt `accept()` den Wert `true` zurück.

8.18 Die FileOutputStream-Klasse

Die `FileOutputStream`-Klasse erzeugt ein `OutputStream`-Objekt, mit dem der Inhalt einer Datei geschrieben werden kann.

Verwandte Klasse: `OutputStream`

FileOutputStream

`public FileOutputStream(File` *DateiObj*`)`

Dieser Konstruktor erstellt ein `FileOutputStream`-Objekt mit einem Verweis auf *DateiObj*. Er kann eine `IOException` oder eine `SecurityException` auslösen.

`public FileOutputStream(FileDescriptor` *DateiDesk*`)`

Dieser Konstruktor erstellt ein `FileOutputStream`-Objekt mit einem Verweis auf *DateiDesk*. Er kann eine `SecurityException` auslösen.

`public FileOutputStream(String` *Dateipfad*`)`

Dieser Konstruktor erstellt ein `FileOutputStream`-Objekt mit dem vollständigen *Dateipfad*. Er kann eine `IOException` oder eine `SecurityException` auslösen.

`public FileOutputStream(String` *Dateiname*`,`
`boolean` *anhängen*`)`

Dieser Konstruktor erstellt mit dem `String`-Objekt *Dateiname* ein neues Objekt für die Datei. Hat *anhängen* den Wert `true`, werden Eingaben an das Ende der Datei angehängt. Andernfalls wird mit dem Schreiben am Dateianfang begonnen, so dass der vorhandene Inhalt überschrieben wird. Dieser Konstruktor kann eine `IOException` auslösen.

Er wurde mit der Java-Spezifikation 1.1 eingeführt.

close

`public void close( )`

Diese Methode schließt den aufrufenden Stream. Sie kann eine `IOException` auslösen.

finalize

`protected void finalize( )`

Diese Methode sorgt dafür, dass die `close()`-Methode für das aufrufende Objekt aufgerufen wird. Sie kann eine `IOException` auslösen.

getFD

`public final FileDescriptor getFD( )`

Diese Methode gibt den Dateideskriptor des aufrufenden Streams zurück. Sie kann eine `IOException` auslösen.

write

`public void write(byte` *Puffer*`[])`

Diese Methode schreibt den Inhalt von *Puffer* in den aufrufenden Stream. Sie kann eine `IOException` auslösen.

`public void write(byte` *Puffer*`[], int` *Start*`, int` *Größe*`)`

Diese Methode schreibt die Anzahl der mit *Größe* angegebenen Bytes in den aufrufenden Stream. Die Bytes werden beginnend an der mit *Start* angegebenen Position in den Puffer geschrieben. Diese Methode kann eine `IOException` auslösen.

`public void write(int` *data*`)`

Diese Methode schreibt das niedere Byte von *data* in den aufrufenden Stream. Sie kann eine `IOException` auslösen.

Programmiertipp

Die beiden am häufigsten verwendeten Stream-Klassen sind `FileInputStream` und `FileOutputStream`. Sie erzeugen mit Streams verbundene Dateien. Zum Öffnen einer Datei wird einfach ein Objekt einer dieser Klassen erzeugt und dabei der Dateiname als Argument an den Konstruktor übergeben. Wird eine Ausgabedatei geöffnet, werden vorhandene Dateien mit gleichem Namen zerstört.

Wird eine Datei nicht mehr benötigt, sollte sie mit einem `close()`-Aufruf geschlossen werden. Diese Methode ist sowohl für `FileInputStream` als auch für `FileOutputStream` definiert.

Mit einer für `FileInputStream` definierten `read()`-Version kann aus einer Datei gelesen werden. Die in diesem Beispiel verwendete Version wird im folgenden Abschnitt vorgestellt.

int read()

Die Methode liest bei jedem Aufruf ein Byte aus der Datei und gibt es als `int`-Wert zurück. Am Ende der Datei wird `-1` zurückgegeben. Tritt beim Lesen ein Fehler auf, wird die Ausnahme `IOException` ausgelöst.

Zum Schreiben einer Datei wird eine Version der `write()`-Methode verwendet, die von `FileOutputStream` definiert wird. In diesem Beispiel wird die folgende Version verwendet:

void write(int *b*)

Diese Methode schreibt das Byte *b* in die Datei. *b* ist zwar als `int`-Wert deklariert, es werden aber nur die unteren 8 Bits in die Datei geschrieben. Tritt beim Schreiben eine Fehler auf, wird eine `IOException` ausgelöst.

Das folgende Beispiel zeigt, wie eine Datei gelesen und geschrieben wird. Das Programm kopiert eine Textdatei. Die Namen der Quell- und Zieldatei müssen in der Befehlszeile angegeben werden.

```
   /* Eine Textdatei kopieren

  Um dieses Programm benutzen zu können,
  müssen Sie die Namen der Quell- und
  Zieldatei angeben. Um beispielsweise die
  Datei FIRST.TXT in die Datei SECOND.TXT
  zu kopieren, geben Sie in der
   Befehlszeile ein:
  java CopyFile FIRST.TXT SECOND.TXT
*/

import java.io.*;

class CopyFile {
  public static void main(String args[])
    throws IOException
  {
    int i;
    FileInputStream fin;
    FileOutputStream fout;

    try {
      fin = new FileInputStream(args[0]);
      fout = new FileOutputStream(args[1]);
    } catch(FileNotFoundException e) {
```

```
      System.out.println("Datei nicht gefunden");
      return ;
    } catch(IOException e) {
      System.out.println("Fehler beim Öffnen der Aus-
   gabedatei");
      return ;
    } catch(ArrayIndexOutOfBoundsException e) {
      System.out.println("Verwendung: CopyFile von
   nach");
      return ;
    }

    // Datei kopieren
    try {
      do {
        i = fin.read();
        if(i != -1) fout.write(i);
      } while(i != -1);
    } catch(IOException e) {
      System.out.println("Dateifehler");
    }

    fin.close();
    fout.close();
  }
}
```

Beachten Sie die Fehlerbehandlung in diesem Programm.

Anders als die meisten anderen Programmiersprachen (einschließlich C und C++ ( ), die Fehlercodes für Dateifehler verwenden, setzt Java das Ausnahme-Handling ein. Das ermöglicht nicht nur ein saubereres Datei-Handling, sondern gestattet auch eine einfache Unterscheidung der Dateiendebedingung von Dateifehlern, wenn Eingaben vorgenommen werden. In C/C++ geben viele Eingabefunktionen beim Auftreten eines Fehlers den gleichen Wert aus wie beim Erreichen des Dateiendes. (In C/C++ ist eine EOF-Bedingung häufig mit dem gleichen Wert verbunden, wie ein Eingabefehler.) Das bedeutet gewöhnlich, dass der Programmierer zusätzliche Programmanweisungen erstellen muss, die feststellen, welches Ereignis tatsächlich eingetreten ist. Java übergibt Fehler an das Programm mit Ausnahmen, und nicht über Rückgabewerte. Wenn also `read()` den Wert -1 zurückgibt, bedeutet das eindeutig, dass das Ende der Datei erreicht wurde.

8.19 Die FileReader-Klasse

Mit der `FileReader`-Klasse können Dateien gelesen werden, die Zeichen enthalten. Sie verwendet die Standardzeichenkodierung.
Verwandte Klassen: `FileWriter`, `InputStreamReader`, `Reader`

Die Klasse wurde mit der Java-Spezifikation 1.1 eingeführt.

FileReader

`public FileReader(File` *f*`)`

Dieser Konstruktor erstellt ein `FileReader`-Objekt für `File` *f*. Er kann eine `FileNotFoundException` auslösen.

`public FileReader(FileDescriptor fd)`

Dieser Konstruktor erstellt ein `FileReader`-Objekt für den `FileDescriptor` *fd*.

`public FileReader(String str)`

Dieser Konstruktor erstellt ein `FileReader`-Objekt für die Datei, deren Namen in `String` *str* enthalten ist. Er kann eine `FileNotFoundException` auslösen.

8.20 Die FileWriter-Klasse

Mit der `FileWriter`-Klasse können Zeichen in Dateien geschrieben werden. Sie verwendet die Standardzeichenkodierung und die Standardpuffergröße.

Verwandte Klassen: `FileReader`, `OutputStreamWriter`, `Writer`

Die Klasse wurde mit der Java-Spezifikation 1.1 eingeführt.

FileWriter

`public FileWriter(File f)`

Dieser Konstruktor erstellt ein `FileWriter`-Objekt für `File` *f*. Er kann eine `IOException` auslösen.

`public FileWriter(FileDescriptor fd)`

Dieser Konstruktor erstellt ein `FileWriter`-Objekt für den `FileDescriptor` *fd*.

`public FileWriter(String str)`

Dieser Konstruktor erstellt ein `FileWriter`-Objekt für die Datei, deren Namen in `String` *str* enthalten ist. Er kann eine `IOException` auslösen.

`public FileWriter(String str, boolean anhängen)`

Dieser Konstruktor erstellt ein `FileWriter`-Objekt für die Datei, deren Namen in `String` *str* enthalten ist. Hat *anhängen* den Wert `true`, dann werden die zu schreibenden Daten an das Ende der Datei angehängt. Andernfalls wird vom Dateibeginn an geschrieben, wobei vorhandene Daten verloren gehen. Dieser Konstruktor kann eine `IOException` auslösen.

8.21 Die FilterInputStream-Klasse

Die `FilterInputStream`-Klasse bietet eine Implementierung der abstrakten Methoden der `InputStream`-Klasse. Sie besitzt eine Instanzvariable: `in` ist ein geschützter Verweis auf den `InputStream`, der gefiltert wird. Verwandte Klasse: `InputStream`

FilterInputStream

`protected FilterInputStream(InputStream Istream)`

Dieser Konstruktor erstellt ein `FilterInputStream`-Objekt für *Istream.*

available()

`public int available( )`

Diese Methode gibt den Wert der augenblicklich im aufrufenden Stream verfügbaren Bytes zurück. Sie kann eine `IOException` auslösen.

close

`public void close( )`

Diese Methode schließt den aufrufenden Stream. Sie kann eine `IOException` auslösen.

mark

`public void mark(int` *Größe*`)`

Diese Methode markiert die aktuelle Position im aufrufenden Stream. Zu einem späteren Zeitpunkt kann die `reset()`-Methode diese Position zurückliefern. Die *Größe* gibt die maximale Byteanzahl an, die der Stream voraussichtlich zwischen den `mark`- und `reset`-Operationen speichert.

markSupported

`public boolean markSupported( )`

Diese Methode stellt fest, ob der aufrufende Stream `mark`- und `reset`-Operationen unterstützt.

read

`public int read( )`

Diese Methode liest ein Byte vom aufrufenden Stream und gibt dieses zurück. Ist eine End-of-Stream-Bedingung erfüllt, wird `-1` zurückgegeben. Die Methode wartet, bis Daten zur Verfügung stehen. Sie kann eine `IOException` auslösen.

`public int read(byte` *Puffer*`[])`

Diese Methode füllt den *Puffer* mit aus dem aufrufenden Stream gelesenen Bytes. Der Rückgabewert gibt die Anzahl der in den Puffer geschriebenen Bytes an. Ist eine End-of-Stream-Bedingung erfüllt, wird -1 zurückgegeben. Die Methode wartet, bis Daten zur Verfügung stehen. Sie kann eine IOException auslösen.

public int read(byte *Puffer*[], int *Start*, int *Größe*)

Diese Methode liest die mit *Größe* angegebene Anzahl von Bytes aus dem aufrufenden Stream. Die Bytes werden beginnend mit der mit *Start* angegebenen Position in den *Puffer* eingelesen. Der Rückgabewert gibt die Anzahl der in den Puffer geschriebenen Bytes an. Ist eine End-of-Stream-Bedingung erfüllt, wird -1 zurückgegeben. Diese Methode wartet, bis Daten zur Verfügung stehen. Sie kann eine IOException auslösen.

reset

public void reset( )

Diese Methode setzt die Stream-Position auf die vorherige Markierung zurück. Sie kann eine IOException auslösen.

skip

public long skip(long *Anzahl*)

Diese Methode überspringt im aufrufenden Stream die mit *Anzahl* angegebene Anzahl von Bytes. Der Rückgabewert entspricht der Anzahl der tatsächlich übersprungenen Bytes. Diese Methode kann eine IOException auslösen.

8.22 Die FilterOutputStream-Klasse

Die FilterOutputStream-Klasse bietet eine Implementierung der abstrakten Methoden der OutputStream-Klasse. Sie besitzt eine Instanzvariable: out ist ein geschützter Verweis auf das OutputStream-Objekt, das gefiltert wird.

Verwandte Klasse: `OutputStream`

FilterOutputStream

`public FilterOutputStream(OutputStream` *Ostream*`)`

Dieser Konstruktor erstellt ein `FilterOutputStream`-Objekt für *Ostream.*

close

`public void close( )`

Diese Methode schließt den aufrufenden Stream. Sie kann eine `IOException` auslösen.

flush

`public void flush( )`

Diese Methode leert den aufrufenden Stream. Sie kann eine `IOException` auslösen.

write

`public void write(byte` *Puffer*`[])`

Diese Methode schreibt den Inhalt von *Puffer* in den aufrufenden Stream. Sie kann eine `IOException` auslösen.

`public void write(byte` *Puffer*`[], int` *Start*`, int` *Größe*`)`

Diese Methode schreibt die Anzahl der mit *Größe* angegebenen Bytes in den aufrufenden Stream. Die Bytes werden beginnend an der mit *Start* angegebenen Position in den Puffer geschrieben. Diese Methode kann eine `IOException` auslösen.

`public void write(int` *data*`)`

Diese Methode schreibt das niedere Byte von *data* in den aufrufenden Stream. Sie kann eine `IOException` auslösen.

8.23 Die FilterReader-Klasse

Mit der abstrakten Klasse `FilterReader` können Zeichen-Streams gelesen werden. Sie besitzt nur eine Instanzvariable: `in` ist ein geschützter Verweis auf das `Reader`-Objekt, welches gefiltert wird.

Verwandte Klasse: `Reader`

Die Klasse wurde mit der Java-Spezifikation 1.1 eingeführt.

FilterReader

`protected FilterReader(Reader` *r*`)`

Dieser Konstruktor erzeugt ein Objekt zum Lesen gefilterter Zeichen-Streams. *r* ist ein Verweis auf das `Reader`-Objekt.

close

`public void close( )`

Diese Methode schließt den aufrufenden Stream. Sie kann eine `IOException` auslösen.

mark

`public void mark(int` *Größe*`)`

Diese Methode markiert die aktuelle Position im aufrufenden Stream. Zu einem späteren Zeitpunkt kann die `reset()`-Methode diese Position zurückliefern. Der Parameter *Größe* gibt die voraussichtlich maximale Anzahl der zwischen den `mark`- und `reset`-Operationen gespeicherten Zeichen an. Diese Methode kann eine `IOException` auslösen.

markSupported

`public boolean markSupported( )`

Diese Methode stellt fest, ob der aufrufende Stream `mark`- und `reset`-Operationen unterstützt.

read

`public int read( )`

Diese Methode liest ein Zeichen aus dem aufrufenden Stream und gibt es zurück. Ist eine End-of-Stream-Bedingung erfüllt, wird `-1` zurückgegeben. Diese Methode kann eine `IOException` auslösen.

`public int read(char` *Puffer*`[], int` *Start*`, int` *Größe*`)`

Diese Methode liest die mit *Größe* angegebene Anzahl von Zeichen aus dem aufrufenden Stream. Die Zeichen werden ab dem mit *Start* angegebenen Index in den *Puffer* eingelesen. Der Rückgabewert gibt die Anzahl der in den Puffer gelesenen Zeichen an. Ist eine End-of-Stream-Bedingung erfüllt, wird `-1` zurückgegeben. Diese Methode kann eine `IOException` auslösen.

ready

`public boolean ready( )`

Diese Methode stellt fest, ob sich in den Puffern oder dem Stream selbst Daten befinden. Sie kann eine `IOException` auslösen.

reset

`public void reset( )`

Diese Methode setzt die Stream-Position auf die vorherige Markierung zurück. Sie kann eine `IOException` auslösen.

skip

```
public long skip(long Anzahl)
```

Diese Methode ignoriert beziehungsweise überspringt die *Anzahl* der angegebenen Zeichen im aufrufenden Stream. Der Rückgabewert gibt die Anzahl der tatsächlich übersprungen Zeichen an. Diese Methode kann eine `IOException` auslösen.

8.24 Die FilterWriter-Klasse

Mit der abstrakten `FilterWriter`-Klasse können gefilterte Zeichen-Streams geschrieben werden. Sie besitzt eine Instanzvariable: `out` ist ein geschützter Verweis auf das zu filternde `Writer`-Objekt.

Verwandte Klasse: `Writer`

Die Klasse wurde mit der Java-Spezifikation 1.1 eingeführt.

FilterWriter

```
protected FilterWriter(Writer w)
```

Dieser Konstruktor dient zum Schreiben gefilterter Zeichen-Streams. *w* ist ein Verweis auf das `Writer`-Objekt.

close

```
public void close( )
```

Diese Methode schließt den aufrufenden Stream. Sie kann eine `IOException` auslösen.

flush

```
public void flush( )
```

Diese Methode leert den aufrufenden Stream. Sie kann eine `IOException` auslösen.

write

`public void write(char` *Puffer*`[], int` *Start*`, int` *Größe*`)`

Diese Methode schreibt die mit *Größe* angegebene Anzahl von Zeichen in den aufrufenden Stream. Die Zeichen werden beginnend mit dem mit Start angegebenen Index in den Puffer geschrieben. Diese Methode kann eine `IOException` auslösen.

`public void write(int` *c*`)`

Diese Methode schreibt das Zeichen *c* in den aufrufenden Stream. Sie kann eine `IOException` auslösen.

`public void write(String` *str*`, int` *Start*`, int` *Größe*`)`

Diese Methode schreibt die mit *Größe* angegebene Anzahl von Zeichen in den aufrufenden Stream. Die Zeichen aus str werden beginnend mit dem mit Start angegebenen Index geschrieben. Diese Methode kann eine `IOException` auslösen.

8.25 Die InputStream-Klasse

`InputStream` ist eine abstrakte Klasse, die das Stream-Input-Modell von Java definiert.

Verwandte Klassen: `BufferedInputStream`, `ByteArrayInputStream`, `DataInputStream`, `FilterInputStream`, `OutputStream`

InputStream

`public InputStream( )`

Dies ist der Standardkonstruktor.

available()

`public int available( )`

Diese Methode gibt den Wert der augenblicklich im aufrufenden Stream verfügbaren Bytes zurück. Sie kann eine `IOException` auslösen.

close

`public void close( )`

Diese Methode schließt den aufrufenden Stream. Sie kann eine `IOException` auslösen.

mark

`public void mark(int` *Größe*`)`

Diese Methode markiert die aktuelle Position im aufrufenden Stream. Zu einem späteren Zeitpunkt kann die `reset()`-Methode diese Position zurückliefern. Die *Größe* gibt die maximale Byteanzahl an, die der Stream voraussichtlich zwischen den `mark`- und `reset`-Operationen speichert.

markSupported

`public boolean markSupported( )`

Diese Methode stellt fest, ob der aufrufende Stream `mark`- und `reset`-Operationen unterstützt.

read

`public abstract int read( )`

Diese Methode liest ein Byte vom aufrufenden Stream und gibt dieses zurück. Ist eine End-of-Stream-Bedingung erfüllt, wird `-1` zurückgegeben. Die Methode wartet, bis Daten zur Verfügung stehen. Sie kann eine `IOException` auslösen.

`public int read(byte` *Puffer*`[])`

Diese Methode füllt den *Puffer* mit aus dem aufrufenden Stream gelesenen Bytes. Der Rückgabewert gibt die Anzahl der in den Puffer geschriebenen Bytes an. Ist eine End-of-Stream-Bedingung erfüllt, wird `-1` zurückgegeben. Die Methode wartet, bis Daten zur Verfügung stehen. Sie kann eine `IOException` auslösen.

`public int read(byte` *Puffer*`[], int` *Start*`, int` *Größe*`)`

Diese Methode liest die mit *Größe* angegebene Anzahl von Bytes aus dem aufrufenden Stream. Die Bytes werden beginnend mit der mit *Start* angegebenen Position in den *Puffer* eingelesen. Der Rückgabewert gibt die Anzahl der in den Puffer geschriebenen Bytes an. Ist eine End-of-Stream-Bedingung erfüllt, wird `-1` zurückgegeben. Die Methode wartet, bis Daten zur Verfügung stehen. Sie kann eine `IOException` auslösen.

reset

`public void reset( )`

Diese Methode setzt die Stream-Position auf die vorherige Markierung zurück. Sie kann eine `IOException` auslösen.

skip

`public long skip(long` *Anzahl*`)`

Diese Methode überspringt im aufrufenden Stream die mit *Anzahl* angegebene Anzahl von Bytes. Der Rückgabewert entspricht der Anzahl der tatsächlich übersprungenen Bytes. Sie kann eine `IOException` auslösen.

8.26 Die InputStreamReader-Klasse

Die `InputStreamReader`-Klasse liest Bytes von einem Input-Stream und wandelt diese in Zeichen um.

Verwandte Klasse: `Reader`

Die Klasse wurde mit der Java-Spezifikation 1.1 eingeführt.

InputStreamReader

`public InputStreamReader(InputStream` *Istream*`)`

Dieser Konstruktor erzeugt ein `InputStreamReader`-Objekt für den `InputStream` *Istream*. Er verwendet die Standardzeichenkodierung.

`public InputStreamReader(InputStream` *Istream*`, String` *Kodierung*`)`

Dieser Konstruktor erzeugt ein `InputStreamReader`-Objekt für den `InputStream` *Istream*. *Kodierung* ist der Name der zu verwendenden Zeichenkodierung. Dieser Konstruktor kann eine `UnsupportedEncodingException` auslösen.

close

`public void close( )`

Diese Methode schließt den aufrufenden Stream. Sie kann eine `IOException` auslösen.

getEncoding

`public String getEncoding( )`

Diese Methode gibt den Namen des für die Zeichenkodierung verwendeten Algorithmus zurück.

read

`public int read( )`

Diese Methode liest ein Zeichen aus dem aufrufenden Stream und gibt es zurück. Ist eine End-of-Stream-Bedingung erfüllt, wird `-1` zurückgegeben. Die Methode kann eine `IOException` auslösen.

`public int read(char` *Puffer*`[], int` *Start*`, int` *Größe*`)`

Diese Methode liest die mit *Größe* angegebene Anzahl von Zeichen aus dem aufrufenden Stream. Die Zeichen werden ab dem mit *Start* angegebenen Index in den *Puffer* eingelesen. Der Rückgabewert gibt die Anzahl der in den Puffer gelesenen Zeichen an. Ist eine End-of-Stream-Bedingung erfüllt, wird `-1` zurückgegeben. Diese Methode kann eine `IOException` auslösen.

ready

`public boolean ready( )`

Diese Methode stellt fest, ob sich in den Puffern oder dem Stream selbst Daten befinden. Sie kann eine `IOException` auslösen.

8.27 Die LineNumberInputStream-Klasse

Die `LineNumberInputStream`-Klasse stellt einen Input-Stream zur Verfügung, der Zeilen zählt. Verwandte Klassen: `FilterInputStream`, `InputStream`, `LineNumberReader`

Diese Klasse wurde mit der Java-Spezifikation 1.1 verworfen. Verwenden Sie an ihrer Stelle `LineNumberReader`.

8.28 Die LineNumberReader-Klasse

Die `LineNumberReader`-Klasse stellt einen gepufferten Stream zur Verfügung, der Zeichen liest und Zeilen zählt.

Verwandte Klassen: `BufferedReader`, `Reader`

Die Klasse wurde mit der Java-Spezifikation 1.1 eingeführt.

LineNumberReader

`public LineNumberReader(Reader` *r*`)`

Dieser Konstruktor erstellt ein `LineNumberReader`-Objekt für den `Reader` *r*. Für den Eingabepuffer wird eine Standardgröße verwendet.

`public LineNumberReader(Reader` *r*`, int` *Größe*`)`

Dieser Konstruktor erstellt ein `LineNumberReader`-Objekt für den `Reader` *r*. *Größe* gibt die Größe des Eingabepuffers an.

getLineNumber

`public int getLineNumber( )`

Diese Methode gibt die aktuelle Zeile des aufrufenden Streams zurück.

mark

`public void mark(int` *AnzZeichen*`)`

Diese Methode platziert an der aktuellen Position im Input-Stream eine Markierung, die solange gültig ist, bis die mit *AnzZeichen* angegebenen Zeichenanzahl gelesen wurden. Sie kann eine `IOException` auslösen.

read

`public int read( )`

Diese Methode liest ein Zeichen aus dem aufrufenden Stream und gibt es zurück. Ist eine End-of-Stream-Bedingung erfüllt, wird `-1` zurückgegeben. Die Methode wartet, bis Daten zur Verfügung stehen. Sie kann eine `IOException` auslösen.

`public int read(char` *Puffer*`[], int` *Start*`, int` *Größe*`)`

Diese Methode liest die mit *Größe* angegebene Anzahl von Zeichen aus dem aufrufenden Stream. Die Zeichen werden ab dem mit *Start* angegebenen Index in den *Puffer* eingelesen. Der Rückgabewert gibt die Anzahl der in den Puffer gelesenen Zeichen an. Ist eine End-of-Stream-Bedingung erfüllt, wird `-1` zurückgegeben. Die Methode wartet, bis Daten zur Verfügung stehen. Sie kann eine `IOException` auslösen.

readLine

`public String readLine( )`

Diese Methode liest eine Textzeile und gibt diese zurück. Zeilenendzeichen sind ein Wagenrücklauf, ein Zeilenvorschub oder ein Wagenrücklauf, unmittelbar gefolgt von einem Zeilenvorschub. Das Zeilenendzeichen ist nicht in der Zeichenfolge enthalten, die von dieser Methode zurückgegeben wird. `readLine()` gibt `null` zurück, wenn eine End-of-Stream-Bedingung erfüllt ist. Sie kann eine `IOException` auslösen.

reset

`public void reset( )`

Diese Methode setzt die Stream-Position auf die vorherige Markierung zurück. Sie kann eine `IOException` auslösen.

setLineNumber

`public void setLineNumber(int` *`ZeilenNum`*`)`

Diese Methode setzt die Zeilenzahl für das aufrufende Objekt.

skip

`public long skip(long` *`Anzahl`*`)`

Diese Methode überspringt im aufrufenden Stream die mit *Anzahl* angegebene Anzahl von Bytes. Der Rückgabewert entspricht der Anzahl der tatsächlich übersprungenen Bytes. Diese Methode kann eine `IOException` auslösen.

8.29 Die OutputStream-Klasse

`OutputStream` ist eine abstrakte Klasse, die das Streaming Output-Modell von Java definiert.

Verwandte Klassen: `BufferedOutputStream`, `ByteArrayOutputStream`, `DataOutputStream`, `FilterOutputStream`, `InputStream`

OuputStream

`public OutputStream( )`

Dies ist der Standardkonstruktor.

close

`public void close( )`

Diese Methode schließt den aufrufenden Stream. Sie kann eine `IOException` auslösen.

flush

`public void flush( )`

Diese Methode leert den aufrufenden Stream. Sie kann eine `IOException` auslösen.

write

`public void write(byte` *Puffer*`[])`

Diese Methode schreibt den Inhalt von *Puffer* in den aufrufenden Stream. Sie kann eine `IOException` auslösen.

`public void write(byte` *Puffer*`[], int` *Start*`, int` *Größe*`)`

Diese Methode schreibt die Anzahl der mit *Größe* angegebenen Bytes in den aufrufenden Stream. Die Bytes werden beginnend mit der mit Start angegebenen Position in den Puffer geschrieben. Diese Methode kann eine `IOException` auslösen.

`public abstract void write(int` *Wert*`)`

Diese Methode schreibt das niedere Byte von *Wert* in den aufrufenden Stream. Sie kann eine `IOException` auslösen.

8.30 Die OutputStreamWriter-Klasse

Die `OutputStreamWriter`-Klasse wandelt Zeichen in Bytes um und schreibt sie in einen Output-Stream.

Verwandte Klasse: `Writer`

Die Klasse wurde mit der Java-Spezifikation 1.1 eingeführt.

OutputStreamWriter

`public OutputStreamWriter(OutputStream` *Ostream*`)`

Dieser Konstruktor erzeugt ein `OutputStreamWriter`-Objekt für den `OutputStream` *Ostream*. Es wird die Standardzeichenkodierung verwendet.

`public OutputStreamWriter(OutputStream` *Ostream*`, String` *Kodierung*`)`

Dieser Konstruktor erzeugt ein `OutputStreamWriter`-Objekt für den `OutputStream` *Ostream*. *Kodierung* gibt die zu verwendende Zeichenkodierung an. Dieser Konstruktor kann eine `UnsupportedEncodingException` auslösen.

close

`public void close( )`

Diese Methode schließt den aufrufenden Stream. Sie kann eine `IOException` auslösen.

flush

`public void flush( )`

Diese Methode leert den aufrufenden Stream. Sie kann eine `IOException` auslösen.

getEncoding

`public String getEncoding( )`

Diese Methode gibt die Bezeichnung des für die Zeichenkodierung zu verwendenden Algorithmus an.

write

`public void write(char` *Puffer*`[], int` *Start*`, int` *Größe*`)`

Diese Methode schreibt die mit Größe angegebene Anzahl von Zeichen in den aufrufenden Stream. Die Zeichen werden beginnend mit dem mit Start angegebenen Index in den Puffer geschrieben. Diese Methode kann eine `IOException` auslösen.

`public void write(int` *c*`)`

Diese Methode schreibt das Zeichen *c* in den aufrufenden Stream. Sie kann eine `IOException` auslösen.

`public void write(String` *str*`, int` *Start*`, int` *Größe*`)`

Diese Methode schreibt die mit *Größe* angegebene Anzahl von Zeichen in den aufrufenden Stream. Die Zeichen aus *str* werden beginnend mit dem mit Start angegebenen Index geschrieben. Diese Methode kann eine `IOException` auslösen.

8.31 Die PrintStream-Klasse

Die `PrintStream`-Klasse enthält Methoden, mit denen auf einfache Weise eine formatierte Ausgabe erzeugt werden kann.

Verwandte Klassen: `FilterOutputStream`, `OutputStream`, `PrintWriter`

Diese Klasse wurde mit der Java-Spezifikation 1.1 weitgehend überflüssig. Für die Ausgabe von Zeichen sollte stattdessen `PrintWriter` verwendet werden.

PrintStream

`public PrintStream(OutputStream` *Ostream*`)`

Diese Methode richtet ein `PrintStream`-Objekt für *Ostream* ein.

```
public PrintStream(OutputStream Ostream,
                   boolean flushOnNewline)
```

Diese Methode richtet ein `PrintStream`-Objekt für *Ostream* ein. Hat *flushOnNewline* den Wert `true`, wird der Stream nach jedem Zeilenendzeichen in der Ausgabe geleert.

append

```
public PrintStream append(char c)
```

Diese Methode hängt das angegebene Zeichen an. Die Methode ist erst ab J2SE 5.0 verfügbar.

checkError

```
public boolean checkError( )
```

Diese Methode stellt fest, ob im aufrufenden Stream ein Fehler aufgetreten ist.

close

```
public void close( )
```

Diese Methode schließt den aufrufenden Stream.

flush

```
public void flush( )
```

Diese Methode leert den aufrufenden Stream.

print

```
public void print(boolean b)
```

Diese Methode gibt Zeichenfolge aus, die `boolean` *b* entspricht.

```
public void print(char c)
```

Diese Methode gibt *c* aus.

`public void print(char` *cArray*`[])`

Diese Methode gibt das `char`-Array *cArray* aus.

`public void print(double` *d*`)`

Diese Methode gibt die Zeichenfolge aus, die `double` *d* entspricht.

`public void print(float` *f*`)`

Diese Methode gibt die Zeichenfolge aus, die `float` *f* entspricht.

`public void print(int` *i*`)`

Diese Methode gibt die Zeichenfolge aus, die `int` *i* entspricht.

`public void print(long` *l*`)`

Diese Methode gibt die Zeichenfolge aus, die `long` *l* entspricht.

`public void print(Object` *Obj*`)`

Diese Methode gibt die Zeichenfolge aus, die `Object` *Obj* entspricht.

`public void print(String` *str*`)`

Diese Methode gibt *str* aus.

println

`public void println( )`

Diese Methode schreibt einen Zeilenendzeichen in den aufrufenden Stream.

`public void println(boolean` *b*`)`

Diese Methode gibt die Zeichenfolge aus, die `boolean` *b* entspricht. Zeilenendzeichen werden ebenfalls ausgegeben.

`public void println(char` *c*`)`

Diese Methode gibt *c* aus. Zeilenendzeichen werden ebenfalls ausgegeben.

`public void println(char` *cArray*`[])`

Diese Methode gibt das `char`-Array *cArray* aus. Zeilenendzeichen werden ebenfalls ausgegeben.

`public void println(double` *d*`)`

Diese Methode gibt die Zeichenfolge aus, die `double` *d* entspricht. Zeilenendzeichen werden ebenfalls ausgegeben.

`public void println(float` *f*`)`

Diese Methode gibt die Zeichenfolge aus, die `float` *f* entspricht. Zeilenendzeichen werden ebenfalls ausgegeben.

`public void println(int` *i*`)`

Diese Methode gibt die Zeichenfolge aus, die `int` *i* entspricht. Zeilenendzeichen werden ebenfalls ausgegeben.

`public void println(long` *l*`)`

Diese Methode gibt die Zeichenfolge aus, die `long` *l* entspricht. Zeilenendzeichen werden ebenfalls ausgegeben.

`public void println(Object` *Obj*`)`

Diese Methode gibt die Zeichenfolge aus, die `Object` *Obj* entspricht. Zeilenendzeichen werden ebenfalls ausgegeben.

`public void println(String` *str*`)`

Diese Methode gibt die Zeichenfolge *str* aus. Zeilenendzeichen werden ebenfalls ausgegeben.

setError

`protected void setError( )`

Diese Methode wird aufgerufen, wenn ein Fehler auftritt.

Sie wurde mit der Java-Spezifikation 1.1 eingeführt.

write

`public void write(byte` *Puffer*`[], int` *Start*`, int` *Größe*`)`

Diese Methode schreibt die Anzahl der mit *Größe* angegebenen Bytes in den aufrufenden Stream. Die Bytes werden beginnend mit der mit *Start* angegebenen Position in den *Puffer* geschrieben.

`public void write(int` *data*`)`

Diese Methode schreibt das niedere Byte von *data* in den aufrufenden Stream.

8.32 Die PrintWriter-Klasse

Die `PrintWriter`-Klasse verfügt über Methoden, mit denen auf einfache Weise eine formatierte Ausgabe erzeugt werden kann. Seit der Version Java 2 definiert `PrintWriter` ein geschütztes Feld mit der Bezeichnung `out`, bei dem es sich um den Stream handelt, der das `PrintWriter`-Objekt unterstützt.

Diese Klasse wurde mit der Java-Spezifikation 1.1 eingeführt. Sie sollte anstelle von `PrintStream` verwendet werden.

Folgende Methoden gibt es sowohl für `PrintStream` als auch für `PrintWriter`: `checkError()`, `close()`, `flush()`, `print()`, `println()` und `setError()`. Diese Methoden werden im Abschnitt zu `PrintStream` erläutert. Die folgenden Abschnitte stellen nur die zusätzlichen Methoden der `PrintWriter`-Klasse vor.

PrintWriter

`public PrintWriter(OutputStream` *Ostream*`)`

Diese Methode konstruiert ein `PrintWriter`-Objekt für *Ostream*. Der Stream wird nicht bei jedem Aufruf von `println()` geleert.

`public PrintWriter(OutputStream` *Ostream*`, boolean` *flushOnNewline*`)`

Diese Methode konstruiert ein `PrintWriter`-Objekt für *Ostream*. Hat *flushOnNewline* den Wert `true`, wird der Stream bei jedem Aufruf von `println()` geleert.

`public PrintWriter(Writer` *w*`)`

Diese Methode konstruiert ein `PrintWriter`-Objekt für *w*. Der Stream wird nicht bei jedem Aufruf von `println()` geleert.

`public PrintWriter(Writer` *w*, *boolean flushOnNewline*`)`

Diese Methode konstruiert ein `PrintWriter`-Objekt für *w*. Hat *flushOnNewline* den Wert `true`, wird der Stream bei jedem Aufruf von `println()` geleert.

write

`public void write(char` *Puffer*`[])`

Diese Methode schreibt den Inhalt von *Puffer* in den aufrufenden Stream.

`public void write(char` *Puffer*`[], int` *Start*`, int` *Größe*`)`

Diese Methode schreibt die mit Größe angegebene Anzahl von Zeichen in den aufrufenden Stream. Die Zeichen werden beginnend mit dem mit Start angegebenen Index in den Puffer geschrieben.

`public void write(int c)`

Diese Methode schreibt das Zeichen *c* in den aufrufenden Stream.

`public void write(String str)`

Diese Methode schreibt den Inhalt von *str* in den aufrufenden Stream.

`public void write(String str, int Start, int Größe)`

Diese Methode schreibt die mit *Größe* angegebene Anzahl von Zeichen in den aufrufenden Stream. Die Zeichen aus *str* werden beginnend mit dem mit Start angegebenen Index geschrieben.

8.33 Die RandomAccessFile-Klasse

Die `RandomAccessFile`-Klasse kapselt eine Datei mit wahlfreiem Zugriff ein. Sie implementiert die Standard-Input- und -Output-Methoden, mit denen diese Dateien gelesen und geschrieben werden können.

Verwandte Schnittstellen: `DataInput`, `DataOutput`

RandomAccessFile

`public RandomAccessFile(File DateiObj, String Zugriff)`

Bei dieser Form des Konstruktors gibt *DateiObj* den Namen der Datei an, die als `File`-Objekt geöffnet werden soll. *Zugriff* gibt die zulässige Zugriffsart an. Hat *Zugriff* den Wert `r`, dann darf die Datei nur gelesen und nicht geschrieben werden. Der Wert `rw` gibt an, das die Datei mit schreibendem und lesendem Zugriff geöffnet wird. Dieser Konstruktor kann eine `IllegalArgumentException`, eine `IOException` oder eine `SecurityException` auslösen.

`public RandomAccessFile(String` *Dateiname*, `String` *Zugriff*)

Bei dieser Form des Konstruktors wird der *Dateiname* übergeben. *Zugriff* gibt die zulässigen Zurgriffsrechte an. Hat *Zugriff* den Wert `r`, dann darf die Datei nur gelesen und nicht geschrieben werden. Der Wert `rw` gibt an, das die Datei mit schreibendem und lesendem Zugriff geöffnet wird. Dieser Konstruktor kann eine `IllegalArgumentException`, eine `IOException` oder eine `SecurityException` auslösen.

close

`public void close( )`

Diese Methode schließt die Datei. Sie kann eine `IOException` auslösen.

getFD

`public final FileDescriptor getFD( )`

Diese Methode gibt ein `FileDescriptor`-Objekt zurück, welches die Datei beschreibt. Sie kann eine `IOException` auslösen.

getFilePointer

`public native long getFilePointer( )`

Diese Methode gibt den aktuellen Wert des Dateizeigers zurück. Er gibt die Position an, an der als nächstes gelesen oder geschrieben wird. Diese Methode kann eine `IOException` auslösen.

length

`public long length( )`

Diese Methode gibt die Anzahl der Bytes der Datei an. Sie kann eine `IOException` auslösen.

read

`public int read( )`

Diese Methode liest ein Byte aus der Datei und gibt es zurück. Beim Erreichen des Dateiendes wird der Wert `-1` zurückgegeben. Die Methode wartet, bis Daten zur Verfügung stehen. Sie kann eine `IOException` auslösen.

`public int read(byte` *Puffer*`[])`

Diese Methode füllt den *Puffer* mit aus dem aufrufenden Stream gelesenen Bytes. Der Rückgabewert gibt die Anzahl der in den Puffer geschriebenen Bytes an. Ist eine End-of-Stream-Bedingung erfüllt, wird `-1` zurückgegeben. Die Methode wartet, bis Daten zur Verfügung stehen. Sie kann eine `IOException` auslösen.

`public int read(byte` *Puffer*`[], int` *Start*`, int` *Größe*`)`

Diese Methode liest die mit *Größe* angegebene Anzahl von Bytes aus dem aufrufenden Stream. Die Bytes werden beginnend mit der mit *Start* angegebenen Position in den *Puffer* eingelesen. Der Rückgabewert gibt die Anzahl der in den Puffer geschriebenen Bytes an. Ist eine End-of-Stream-Bedingung erfüllt, wird `-1` zurückgegeben. Die Methode wartet, bis Daten zur Verfügung stehen. Sie kann eine `IOException` auslösen.

readBoolean

`public final boolean readBoolean( )`

Diese Methode liest einen `boolean`-Wert aus der Datei und gibt ihn zurück. Sie wartet, bis Daten zur Verfügung stehen. Sie kann eine `EOFException` oder eine `IOException` auslösen.

readByte

`public final byte readByte( )`

Diese Methode liest ein Byte aus der Datei und gibt es zurück. Sie wartet, bis Daten zur Verfügung stehen. Sie kann eine `EOFException` oder eine `IOException` auslösen.

readChar

`public final char readChar( )`

Diese Methode liest einen `char`-Wert aus der Datei und gibt ihn zurück. Sie wartet, bis Daten zur Verfügung stehen. Sie kann eine `EOFException` oder eine `IOException` auslösen.

readDouble

`public final double readDouble( )`

Diese Methode liest einen `double`-Wert aus der Datei und gibt ihn zurück. Sie wartet, bis Daten zur Verfügung stehen. Sie kann eine `EOFException` oder eine `IOException` auslösen.

readFloat

`public final float readFloat( )`

Diese Methode liest einen `float`-Wert aus der Datei und gibt ihn zurück. Sie wartet, bis Daten zur Verfügung stehen. Sie kann eine `EOFException` oder eine `IOException` auslösen.

readFully

`public final void readFully(byte` *Puffer*`[])`

Diese Methode liest Bytes aus der Datei in den *Puffer*. Sie kehrt erst zurück, wenn der *Puffer* gefüllt ist. Sie kann eine `IOException` oder eine `EOFException` auslösen.

```
public final void readFully(byte Puffer[], int Start,
    int Größe)
```

Diese Methode liest die mit *Größe* angegebene Anzahl von Bytes aus dem aufrufenden Stream. Die Bytes werden beginnend mit der mit *Start* angegebenen Position in den *Puffer* eingelesen. Die Methode kehrt erst zurück, wenn die mit *Größe* angegebene Anzahl von Bytes gelesen wurden. Sie kann eine `IOException` oder eine `EOFException` auslösen.

readInt

```
public final int readInt( )
```

Diese Methode liest einen `int`-Wert aus der Datei und gibt diesen zurück. Sie wartet, bis Daten zur Verfügung stehen. Sie kann eine `EOFException` oder eine `IOException` auslösen.

readLine

```
public final String readLine( )
```

Diese Methode liest eine Textzeile und gibt diese zurück. Zeilenendzeichen sind ein Wagenrücklauf, ein Zeilenvorschub oder ein Wagenrücklauf, unmittelbar gefolgt von einem Zeilenvorschub. Die Zeilenendzeichen sind in dem von dieser Methode zurückgegebenen `String`-Wert enthalten. `readLine()` wartet, bis Daten zur Verfügung stehen. Beim Erreichen des Dateiendes wird `null` zurückgegeben. Sie kann eine `IOException` auslösen.

readLong

`public final long readLong( )`

Diese Methode liest einen `long`-Wert aus der Datei und gibt diesen zurück. Sie wartet, bis Daten zur Verfügung stehen. Sie kann eine `EOFException` oder eine `IOException` auslösen.

readShort

`public final short readShort( )`

Diese Methode liest einen `short`-Wert aus der Datei und gibt diesen zurück. Sie wartet, bis Daten zur Verfügung stehen. Sie kann eine `EOFException` oder eine `IOException` auslösen.

readUnsignedByte

`public final int readUnsignedByte( )`

Diese Methode liest ein vorzeichenloses Byte aus der Datei und gibt es zurück. Das Byte steht im niederen Byte des Rückgabewertes.

Die Methode wartet, bis Daten zur Verfügung stehen. Sie kann eine `EOFException` oder eine `IOException` auslösen.

readUnsignedShort

`public final int readUnsignedShort( )`

Diese Methode liest einen vorzeichenlosen `short int`-Wert aus der Datei und gibt ihn zurück. Sie wartet, bis Daten zur Verfügung stehen. Sie kann eine `EOFException` oder eine `IOException` auslösen.

readUTF

`public final String readUTF( )`

Diese Methode liest Bytes aus der Datei. Die Bytes werden als im UTF-8-Format kodierte Zeichen interpretiert und in Unicode-Zeichen umgewandelt. Der Rückgabewert enthält die kodierten Zeichen. Die Methode wartet, bis Daten zur Verfügung stehen. Sie kann eine `EOFException`, `IOException` oder eine `UTFDataFormatException` auslösen.

seek

`public void seek(long` *`Offset`*`)`

Diese Methode ändert die aktuelle Position innerhalb der Datei auf die Position von *Offset*. Sie kann eine `IOException` auslösen.

setLength

`public void setLength(long` *`Länge`*`)`

Diese Methode setzt die Länge der Datei auf den mit *Länge* angegebenen Wert. Mit ihr kann eine Datei verlängert oder verkürzt werden. Wird die Datei verlängert, bleibt der hinzugefügte Teil undefiniert. Sie kann eine `IOException` auslösen.

Die Methode wurde mit Java 2 eingeführt.

skipBytes

`public int skipBytes(int` *`Anzahl`*`)`

Diese Methode überspringt im aufrufenden Stream die mit *Anzahl* angegebene Anzahl von Bytes und gibt den Wert von *Anzahl* zurück. Die Methode wartet, bis der Vorgang abgeschlossen ist. Sie kann eine `EOFException` oder eine `IOException` auslösen.

write

`public void write(byte` *`Puffer`*`[])`

Diese Methode schreibt den Inhalt von *Puffer* in die Datei. Sie kann eine `IOException` auslösen.

`public void write(byte` *Puffer*`[], int` *Start*`, int` *Größe*`)`

Diese Methode schreibt die Anzahl der mit *Größe* angegebenen Bytes in den aufrufenden Stream. Die Bytes werden beginnend an der mit *Start* angegebenen Position in den Puffer geschrieben. Diese Methode kann eine `IOException` auslösen.

`public void write(int` *Wert*`)`

Diese Methode schreibt das niedere Byte von *Wert* in die Datei. Sie kann eine `IOException` auslösen.

writeBoolean

`public final void writeBoolean(boolean` *Wert*`)`

Diese Methode schreibt einen `boolean`-Wert in die Datei. Sie kann eine `IOException` auslösen.

writeByte

`public final void writeByte(int` *Wert*`)`

Diese Methode schreibt das niedere Byte von *Wert* in die Datei. Sie kann eine `IOException` auslösen.

writeBytes

`public final void writeBytes(String` *str*`)`

Diese Methode schreibt den Inhalt von *str* in die Datei. Nur die acht niedrigen Bits werden ausgegeben. Diese Methode kann eine `IOException` auslösen.

writeChar

`public final void writeChar(int` *Wert*`)`

Diese Methode schreibt einen `char`-Wert in die Datei. Sie kann eine `IOException` auslösen.

writeChars

`public final void writeChars(String` *str*`)`

Diese Methode schreibt den Inhalt von *str* in die Datei. Sie kann eine `IOException` auslösen.

writeDouble

`public final void writeDouble(double` *Wert*`)`

Diese Methode schreibt einen `double`-Wert in die Datei. Sie kann eine `IOException` auslösen.

writeFloat

`public final void writeFloat(float` *Wert*`)`

Diese Methode schreibt einen `float`-Wert in die Datei. Sie kann eine `IOException` auslösen.

writeInt

`public final void writeInt(int` *Wert*`)`

Diese Methode schreibt einen `int`-Wert in die Datei. Sie kann eine `IOException` auslösen.

writeLong

`public final void writeLong(long` *Wert*`)`

Diese Methode schreibt einen `long`-Wert in die Datei. Sie kann eine `IOException` auslösen.

writeShort

`public final void writeShort(short Wert)`

Diese Methode schreibt einen `short`-Wert in die Datei. Sie kann eine `IOException` auslösen.

writeUTF

`public final void writeUTF(String str)`

Diese Methode schreibt Daten aus der Zeichenfolge *str* in die Datei. Die Unicode-Zeichenfolge *str* wird in ein modifiziertes UTF-8-Format umgewandelt. Diese Methode kann eine `IOException` auslösen.

8.34 Die Reader-Klasse

Mit der abstrakten `Reader`-Klasse kann ein Zeichenstrom gelesen werden.

Sie besitzt eine Instanzvariable: `lock` ist ein geschützter Verweis auf ein Objekt, mit dem die Aktivitäten mehrerer Threads synchronisiert werden, die gleichzeitig Leseoperationen durchführen.

Verwandte Klassen: `BufferedReader`, `CharArrayReader`, `FileReader`, `FilterReader`, `InputStreamReader`, `LineNumberReader`, `StringReader`, `Writer`. Diese Klasse wurde mit der Java-Spezifikation 1.1 eingeführt.

Reader

`protected Reader( )`

Dieser Konstruktor erzeugt ein Objekt, das einen Zeichenstrom lesen kann.

`protected Reader(Object lock)`

Dieser Konstruktor erzeugt ein Objekt, das einen Zeichenstrom lesen kann. Mit dem Objekt *lock* werden die Aktivitäten mehrerer gleichzeitig lesender Threads synchronisiert.

close

`public abstract void close( )`

Diese Methode schließt den aufrufenden Stream. Sie kann eine `IOException` auslösen.

mark

`public void mark(int` *Größe*`)`

Diese Methode markiert die aktuelle Position im aufrufenden Stream. Zu einem späteren Zeitpunkt kann die `reset()`-Methode diese Position zurückliefern. Der Parameter *Größe* gibt die maximal zu erwartende Anzahl von Zeichen an, die der Stream zwischen `mark`- und `reset`-Operationen speichert. Diese Methode kann eine `IOException` auslösen.

markSupported

`public boolean markSupported( )`

Diese Methode stellt fest, ob der aufrufende Stream `mark`- und `reset`-Operationen unterstützt.

read

`public int read( )`

Diese Methode liest ein Zeichen aus dem aufrufenden Stream und gibt es zurück. Ist eine End-of-Stream-Bedingung erfüllt, wird `-1` zurückgegeben. Diese Methode wartet, bis Daten zur Verfügung stehen. Sie kann eine `IOException` auslösen.

```
public int read(char Puffer[])
```

Diese Methode liest Zeichen aus dem aufrufenden Stream und füllt damit den *Puffer*. Der Rückgabewert gibt die Anzahl der in den Puffer gelesenen Zeichen an. Ist eine End-of-Stream-Bedingung erfüllt, wird -1 zurückgegeben. Diese Methode wartet, bis Daten zur Verfügung stehen. Sie kann eine `IOException` auslösen.

```
public abstract int read(char Puffer[], int Start, int
    Größe)
```

Diese Methode liest die mit *Größe* angegebene Anzahl von Zeichen aus dem aufrufenden Stream. Die Zeichen werden ab dem mit *Start* angegebenen Index in den *Puffer* eingelesen. Der Rückgabewert gibt die Anzahl der in den Puffer gelesenen Zeichen an. Ist eine End-of-Stream-Bedingung erfüllt, wird -1 zurückgegeben. Diese Methode wartet, bis Daten zur Verfügung stehen. Sie kann eine `IOException` auslösen.

ready

```
public boolean ready( )
```

Diese Methode stellt fest, ob sich in den Puffern oder dem Stream selbst Daten befinden. Sie kann eine `IOException` auslösen.

reset

```
public void reset( )
```

Diese Methode setzt die Stream-Position auf die vorherige Markierung zurück. Sie kann eine `IOException` auslösen.

skip

```
public long skip(long Anzahl)
```

Diese Methode ignoriert beziehungsweise überspringt die mit *Anzahl* angegebenen Zeichen im aufrufenden Stream. Der Rückgabewert gibt die Anzahl der tatsächlich übersprungen Zeichen an. Diese Methode wartet, bis Daten zur Verfügung stehen. Sie kann eine `IOException` auslösen.

8.35 Die StreamTokenizer-Klasse

Die `StreamTokenizer`-Klasse unterteilt einen `InputStream` in einzelne Abschnitte (Tokens), die von einer Reihe von Zeichen begrenzt werden. `StreamTokenizer` definiert vier `int`-Konstanten: `TT_EOF`, `TT_EOL`, `TT_NUMBER` und `TT_WORD`.

Drei Instanzvariablen werden verwendet: `nval` ist eine öffentliche `double`-Variable, die Zahlenwerte enthält, wie sie erkannt werden. `sval` ist eine öffentliche `String`-Variable mit erkannten Wörtern. `ttype` ist eine öffentliche `int`-Variable, die den Typ des gerade von der Methode `nextToken()` gelesenen Tokens enthält. Handelt es sich bei dem Token um ein Wort, ist `ttype` gleich `TT_WORD`. Handelt es sich um eine Zahl, dann ist `ttype` gleich `TT_NUMBER`. Besteht das Token aus einem einzelnen Zeichen, enthält `ttype` dessen Wert. Beim Eintritt einer End-of-Line-Bedingung ist `ttype` gleich `TT_EOL`. (Das setzt voraus, dass `eolIsSignificant()` mit einem Argument mit dem Wert `true` aufgerufen wurde.) Am Ende des Streams ist `ttype` gleich `TT_EOF`.

StreamTokenizer

`public StreamTokenizer(InputStream` *Istream*`)`

Dieser Konstruktor liefert ein `StreamTokenizer`-Objekt, mit dem der `InputStream` *Istream* verarbeitet werden kann.

Dieser Konstruktor wurde mit der Java-Spezifikation 1.1 verworfen.

`public StreamTokenizer(Reader r)`

Dieser Konstruktor liefert ein `StreamTokenizer`-Objekt, mit dem der `Reader` *r* verarbeitet werden kann.

Er wurde mit der Java-Spezifikation 1.1 eingeführt.

commentChar

`public void commentChar(int c)`

Diese Methode setzt das Kommentarzeichen. Stößt das `StreamTokenizer`-Objekt auf dieses Zeichen, dann werden alle folgenden Zeichen der gleichen Zeile als Kommentar behandelt.

eolIsSignificant

`public void eolIsSignificant(boolean eolflag)`

Diese Methode stellt fest, ob die Zeilenendzeichen (`\r` und `\n`) signifikant sind. Hat *eolflag* den Wert `true`, werden die Zeilenendzeichen als Token zurückgegeben und die Methode `nextToken()` liefert den Wert von `TT_EOL` zurück. (Die Wagenrücklauftaste gefolgt von einem Zeilenvorschub wird als ein Zeilenende interpretiert.) Hat *eolflag* den Wert `false`, werden die Zeilenendzeichen als nicht darstellbare Zeichen übergangen.

lineno

`public int lineno( )`

Diese Methode gibt die aktuelle Zeilenzahl zurück.

lowerCaseMode

`public void lowerCaseMode(boolean caseFlag)`

Wenn *caseFlag* den Wert `true` hat, wandelt diese Methode die Tokens automatisch in Kleinschreibung um, bevor sie der Variablen `sval` zugewiesen werden.

nextToken

`public int nextToken( )`

Diese Methode sucht das nächste Token im Stream und gibt dessen Typ zurück. Der Typ des Tokens wird auch in der Variablen `ttype` gespeichert. Die Methode kann eine `IOException` auslösen.

ordinaryChar

`public void ordinaryChar(int` *c*`)`

Diese Methode veranlasst den `StreamTokenizer`, das Zeichen *c* als gewöhnliches Zeichen zu behandeln. Wird es im Stream gefunden, liefert die Methode `nextToken()` den Wert zurück. Auch die Variable `ttype` enthält diesen Wert.

ordinaryChars

`public void ordinaryChars(int` *Start*`, int` *Ende*`)`

Diese Methode veranlasst den `StreamTokenizer`, alle Zeichen ab *Start* bis einschließlich *Ende* als gewöhnliche Zeichen zu behandeln. Wird eines dieser Zeichen im Stream gefunden, liefert die Methode `nextToken()` den Wert zurück. Die Variable `ttype` enthält ebenfalls diesen Wert.

parseNumbers

`public void parseNumbers( )`

Diese Methode veranlasst den `StreamTokenizer`,die Ziffern 0 bis 9, den Dezimalpunkt und das Minuszeichen als numerische Zeichen zu interpretieren. Wird eines dieser Zeichen im Stream gefunden, behandelt die Methode `nextToken()` sie als Gleitkommazahl und gibt `TT_NUMBER` zurück. Die Variable `nval` enthält den Wert dieser Gleitkommazahl.

pushBack

```
public void pushBack( )
```

Diese Methode sorgt dafür, dass der `StreamTokenizer`, den Wert des aktuellen Tokens zurück in den Stream schiebt. Beim nächsten Aufruf der Methode `nextToken()` wird daher noch einmal der gleiche Wert zurückgegeben.

quoteChar

```
public void quoteChar(int c)
```

Diese Methode veranlasst den `StreamTokenizer` c als Begrenzer für Zeichenfolgenkonstanten zu werten. Stößt die Methode `nextToken()` auf eine solche Zeichenfolge, wird der Variablen `ttype` dieses Zeichen und der Variablen `sval` die Zeichenfolgenkonstante zugewiesen. Die Zeichenfolge, auf die `sval` verweist, enthält die Begrenzer nicht.

resetSyntax

```
public void resetSyntax( )
```

Diese Methode sorgt dafür, dass der `StreamTokenizer` alle Zeichen wie gewöhnliche Zeichen behandelt. Da jedes Zeichen im Stream vorhanden ist, gibt die Methode `nextToken()` dessen Wert zurück. Die Variable `ttype` enthält ebenfalls den Wert.

slashSlashComments

`public void slashSlashComments(boolean` *KommentarFlag*`)`

Wenn *KommentarFlag* den Wert `true` hat, sorgt diese Methode dafür, dass der `StreamTokenizer` zwei gewöhnliche Schrägstriche als Beginn eines Kommentars wertet. Alle bis zum Zeilenende folgenden Zeichen werden ignoriert.

slashStarComments

`public void slashStarComments(boolean` *KommentarFlag*`)`

Hat *KommentarFlag* den Wert `true`, dann sorgt diese Methode dafür, dass der `StreamTokenizer` einen Schrägstrich gefolgt von einem Sternchen (/*) als Beginn eines Kommentars interpretiert. Bis zur nächsten Folge eines Sternchens und eines Schrägstrichs (*/) werden alle folgenden Zeichen ignoriert.

toString

`public String toString( )`

Diese Methode gibt ein `String`-Objekt zurück, welches dem aktuellen Token entspricht.

whitespaceChars

`public void whitespaceChars(int` *Start*`, int` *Ende*`)`

Diese Methode sorgt dafür, dass der `StreamTokenizer` alle Zeichen zwischen *Start* und *Ende* (einschließlich) als nicht darzustellende Zeichen interpretiert.

wordChars

`public void wordChars(int` *Start*`, int` *Ende*`)`

Diese Methode weist den `StreamTokenizer` an, alle Zeichen zwischen *Start* und *Ende* (einschließlich) als Buchstaben zu interpretieren.

8.36 Die StringReader-Klasse

Die `StringReader`-Klasse liest Zeichen aus einer Zeichenfolge.

Verwandte Klassen: `Reader`, `StringWriter`

Diese Klasse wurde mit der Java-Spezifikation 1.1 eingeführt.

StringReader

`public StringReader(String` *str*`)`

Dieser Konstruktor erstellt ein neues Objekt zum Lesen eines Zeichen-Streams. *str* ist das `String`-Objekt, aus dem die Daten gelesen werden.

close

`public void close( )`

Diese Methode schließt den aufrufenden Stream.

mark

`public void mark(int` *Größe*`)`

Diese Methode markiert die aktuelle Position im aufrufenden Stream. Zu einem späteren Zeitpunkt kann die `reset()`-Methode diese Position zurückliefern. Der Parameter *Größe* gibt die voraussichtliche Anzahl der Zeichen an, die zwischen `mark`- und `reset`-Operationen gespeichert werden. Diese Methode kann eine `IOException` auslösen.

markSupported

`public boolean markSupported( )`

Diese Methode stellt fest, ob der aufrufende Stream `mark`- und `reset`-Operationen unterstützt.

read

`public int read( )`

Diese Methode liest ein Zeichen aus dem aufrufenden Stream ein und gibt es zurück. Ist eine End-of-Stream-Bedingung erfüllt, wird `-1` zurückgegeben. Diese Methode kann eine `IOException` auslösen.

`public int read(char` *Puffer*`[], int` *Start*`, int` *Größe*`)`

Diese Methode liest die mit *Größe* angegebene Anzahl von Zeichen aus dem aufrufenden Stream. Die Zeichen werden ab dem mit *Start* angegebenen Index in den *Puffer* eingelesen. Der Rückgabewert gibt die Anzahl der in den *Puffer* gelesenen Zeichen an. Ist eine End-of-Stream-Bedingung erfüllt, wird `-1` zurückgegeben. Diese Methode kann eine `IOException` auslösen.

ready

`public boolean ready( )`

Diese Methode gibt immer `true` zurück.

reset

`public void reset( )`

Diese Methode setzt die Stream-Position auf die vorherige Markierung zurück. Sie kann eine `IOException` auslösen.

skip

`public long skip(long` *Anzahl*`)`

Diese Methode ignoriert beziehungsweise überspringt die mit *Anzahl* angegebenen Zeichen im aufrufenden Stream. Der Rückgabewert gibt die Anzahl der tatsächlich übersprungenen Zeichen an. Diese Methode kann eine `IOException` auslösen.

8.37 Die StringWriter-Klasse

Die `StringWriter`-Klasse ermöglicht die Umlenkung der Ausgabe in ein `StringBuffer`-Objekt. Mit diesem Objekt kann später eine Instanz eines `String`-Objekts eingerichtet werden.

Verwandte Klassen: `StringReader`, `Writer`

Diese Klasse wurde mit der Java-Spezifikation 1.1 eingeführt.

StringWriter

`public StringWriter( )`

Dieser Konstruktor erzeugt ein Objekt, das einen Zeichenstrom entgegennehmen und die Zeichen in einem `StringBuffer`-Objekt speichern kann. Für die Anfangskapazität des `StringBuffer`-Objekts wird eine Standardgröße gewählt.

`protected StringWriter(int` *Größe*`)`

Dieser Konstruktor erzeugt ein Objekt, das einen Zeichenstrom entgegennehmen und die Zeichen in einem `StringBuffer`-Objekt speichern kann. *Größe* gibt die Anfangskapazität des `StringBuffer`-Objekts an.

append

`public Writer append(char c)`

Diese Methode hängt das angegebene Zeichen an. Die Methode ist erst ab J2SE 5.0 verfügbar.

close

`public void close( )`

Diese Methode schließt den aufrufenden Stream.

flush

`public void flush( )`

Diese Methode leert den aufrufenden Stream.

getBuffer

`public StringBuffer getBuffer( )`

Diese Methode gibt das `StringBuffer`-Objekt zurück, in dem die Zeichen gespeichert wurden.

toString

`public String toString( )`

Diese Methode gibt den `String`-Wert des aufrufenden Objekts zurück.

write

`public void write(char` *Puffer*`[], int` *Start*`, int` *Größe*`)`

Diese Methode schreibt die mit *Größe* angegebene Anzahl von Zeichen in den aufrufenden Stream. Die Zeichen werden beginnend mit dem mit Start angegebenen Index in den *Puffer* geschrieben.

`public void write(int` *c*`)`

Diese Methode schreibt das Zeichen *c* in den aufrufenden Stream.

`public void write(String` *str*`)`

Diese Methode schreibt den Inhalt von *str* in einen Stream.

`public void write(String` *str*`, int` *Start*`, int` *Größe*`)`

Diese Methode schreibt die mit *Größe* angegebene Anzahl von Zeichen in den aufrufenden Stream. Die Zeichen aus *str* werden beginnend mit dem mit Start angegebenen Index geschrieben.

8.38 Die Writer-Klasse

Mit der abstrakten Klasse `Writer` kann ein Zeichenstrom geschrieben werden. Sie besitzt eine Instanzvariable: `lock` ist ein geschützter Verweis auf ein Objekt, mit dem die Aktivitäten verschiedener Threads, die Ausgaben vornehmen, synchronisiert werden, .

Verwandte Klassen: `BufferedWriter`, `CharArrayWriter`, `FileWriter`, `FilterWriter`, `OutputStreamWriter`, `StringWriter`, `Reader`

Diese Klasse wurde mit der Java-Spezifikation 1.1 eingeführt.

Writer

`protected Writer( )`

Dieser Konstruktor erzeugt ein Objekt, das in einen Zeichenstrom schreiben kann.

`protected Writer(Object` *lock*`)`

Dieser Konstruktor erzeugt ein Objekt, das in einen Zeichenstrom schreiben kann. *lock* ist ein `Object`, mit dessen Hilfe die Aktivitäten mehrerer Threads synchronisiert werden, die gleichzeitig Schreiboperationen durchführen.

append

`public Writer append(char c)`

Diese Methode hängt das angegebene Zeichen an. Die Methode ist erst ab J2SE 5.0 verfügbar.

close

`public abstract void close( )`

Diese Methode schließt den aufrufenden Stream. Sie kann eine `IOException` auslösen.

flush

```
public abstract void flush( )
```

Diese Methode leert den aufrufenden Stream. Sie kann eine `IOException` auslösen.

write

`public void write(char` *Puffer*`[])`

Diese Methode schreibt den Inhalt von *Puffer* in den aufrufenden Stream. Sie kann eine `IOException` auslösen.

`public abstract void write(char` *Puffer*`[], int` *Start*`,`
`int` *Größe*`)`

Diese Methode schreibt die mit *Größe* angegebene Anzahl von Zeichen in den aufrufenden Stream. Die Zeichen werden beginnend mit dem mit Start angegebenen Index in den *Puffer* geschrieben. Diese Methode kann eine `IOException` auslösen.

`public void write(int` *c*`)`

Diese Methode schreibt das Zeichen *c* in den aufrufenden Stream. Sie kann eine `IOException` auslösen.

`public void write(String` *str*`)`

Diese Methode schreibt den Inhalt von *str* in den aufrufenden Stream. Sie kann eine `IOException` auslösen.

`public void write(String` *str*`, int` *Start*`, int` *Größe*`)`

Diese Methode schreibt die mit *Größe* angegebene Anzahl von Zeichen in den aufrufenden Stream. Die Zeichen aus *str* werden beginnend mit dem mit Start angegebenen Index geschrieben. Diese Methode kann eine `IOException` auslösen.

9 Die Netzwerkklassen und -Schnittstellen

Zur Java-Bibliothek gehören auch eine Reihe von Netzwerkklassen, die das Programmieren für das Web erleichtern. Die folgenden Netzwerkklassen befinden sich in der Bibliothek `java.net`:

Authenticator	CacheRequest	CacheResponse	ContentHandler
CookieHandler	DatagramPacket	DatagramSocket	DatagramSocketImpl
HttpURLConnection	Inet4Address	Inet6Address	InetAddress
InetSocketAddress	JarURLConnection	MulticastSocket	NetPermission
NetworkInterface	PasswordAuthentication	Proxy	ProxySelector
ResponseCache	SecureCacheResponse	ServerSocket	Socket
SocketAddress	SocketImpl	SocketPermission	URI
URL	URLClassLoader	URLConnection	URLDecoder
URLEncoder	URLStreamHandler		

Darüber hinaus definiert java.net die folgenden Schnittstellen:

ContentHandler-Factory	DatagramSocket-ImplFactory	FileNameMap	SocketImpl-Factory
SocketOptions	URLStreamHandler-Factory		

Folgende Klassen und Schnittstellen wurden mit der Java-Spezifikation 1.1 eingeführt: DatagramSocketImpl, HttpURLConnection, MulticastSocket und FileNameMap.

Mit Java 2 Version 1.2 kamen die nachstehend genannten Klassen und Schnittstellen hinzu: Authenticator, JarURLConnection, NetPermission, PasswordAuthentication, SocketOptions, SocketPermission, URLDecoder und URLClassLoader.

Mit J2SE 1.3 wurde die Schnittstelle DatagramSocketImplFactory eingeführt. J2SE Version 1.4 enthält diese neuen Klassen: Inet4Address, Inet6Address, InetSocketAddress, NetworkInterface, SokketAddress, URI. J2SE 5.0 führt diese Klasse neue ein: CacheRequest, CacheResponse, CookieHandler, Proxy, ProxySelector, ResponseCache, SecureCacheResponse.

Die im Folgenden aufgeführten Klassen und Schnittstellen werden weniger häufig verwendet und deshalb in diesem Buch nicht erörtert: ContentHandler, DatagramSocketImpl, HttpURLConnection, JarURLConnection, MulticastSocket, PasswordAuthentication, SocketImpl, URLClassLoader, URLConnection, URLStreamHandler, ContentHandlerFactory, FileNameMap, SocketImplFactory, SocketOptions, URLStreamHandlerFactory, DatagramSocketImplFactory, Inet4Address, Inet6Address, InetSocketAddress, NetworkInterface, SocketAddress, URI, CacheRequest, CacheResponse, CookieHandler, Proxy, ProxySelector, ResponseCache und SecureCacheResponse.

9.1 Die Authenticator-Klasse

Diese Klasse stellt ein Objekt zur Verfügung, mit dem eine Authentifizierung in einer Netzwerkumgebung durchgeführt werden kann. Im Allgemeinen wird für einzelne Anwendungen eine abgeleitete Klasse erzeugt, die in der Lage ist, mit `setDefault()` eine Authentifizierung und Systemregistrierung durchzuführen. Üblicherweise werden vom Benutzer bei der Authentifizierung bestimmte Zugangsdaten abgefragt.

Diese Klasse wurde mit J2SE Version 1.2 eingeführt.

Ihre gebräuchlichsten Methoden werden in den folgenden Abschnitten beschrieben.

getPasswordAuthentication

```
protected PasswordAuthentication getPasswordAuthentica-
   tion()
```

Diese Methode wird aufgerufen, wenn eine Authentifizierung erforderlich ist. Normalerweise überschreiben die Anwendungen die Standardimplementierung und stellen einen eigenen Authentifizierungsdienst bereit.

getRequestingHost

```
protected final String getRequestingHost()
```

Diese Methode ermittelt den Hostnamen, der nach einer Authentifizierung anfragt. Die Methode ist erst ab J2SE 1.4 verfügbar.

getRequestingPort

```
protected final int getRequestingPort()
```

Diese Methode ermittelt die Portnummer für die Authentifizierung. Die Methode ist erst ab J2SE 1.4 verfügbar.

getRequestorType

```
protected Authenticator.RequestorType getRequestorType()
```

Diese Methode ermittelt, ob ein Proxy oder ein Server die Authentifizierung anfragt. Die Methode ist erst ab J2SE 5.0 verfügbar.

getRequestingURL

```
protected URL getRequestingURL()
```

Diese Methode ermittelt die URL der Anfrage. Die Methode ist erst ab J2SE 5.0 verfügbar.

requestPasswordAuthentication

```
public static PasswordAuthentication requestPassword-
    Authentication(InetAddress Adresse, int Port, String
    Protokoll, String Prompt, String Schema)
```

Diese Methode fordert im entsprechenden Szenario ein Kennwort vom registrierten Benutzer an.

setDefault

```
public static void setDefault(Authenticator auth)
```

Diese Methode setzt den Standardauthentikator, der bei einer erforderlichen Authentifizierung verwendet wird.

9.2 Die DatagramPacket-Klasse

Instanzen der `DatagramPacket`-Klasse repräsentieren Datagramme, die von einem Rechner an einen anderen gesendet werden. Das zugrunde liegende Protokoll gewährleistet nicht, dass ein Rechner das Datagramm auch tatsächlich erhält. Außerdem ist nicht sichergestellt, das die Reihenfolge der gesendeten Pakete bei Entgegennahme durch den empfangenden Rechner die gleiche ist.

Verwandte Klassen: `DatagramSocket`, `InetAddress`

Die gebräuchlichsten Methoden werden im weiteren Verlauf beschrieben.

DatagramPacket

`public DatagramPacket(byte` *Puffer*`[], int` *Größe*`)`

Dieser Konstruktor erstellt ein `DatagramPacket`-Objekt, mit dem eingehende Pakete entgegengenommen werden können. Das Paket wird im *Puffer* gespeichert. Die maximal zu erwartende Paketgröße wird mit *Größe* angegeben. Der *Puffer* muss mindestens so groß wie die angegebene *Größe* sein.

`public DatagramPacket(byte` *Puffer*`[], int` *Größe*`, InetAddress` *Adresse*`, int` *Port*`)`

Dieser Konstruktor erstellt ein `DatagramPacket`-Objekt, mit dem ein ausgehendes Paket übertragen werden kann. Das Paket ist im *Puffer* gespeichert. Die maximal zu erwartende Paketgröße wird mit *Größe* angegeben. Die Größe des *Puffers* muss mindestens gleich der angegebenen *Größe* sein. *Adresse* gibt in diesem Fall die Internet-Adresse des Zielrechners und *Port* den Software-Port des Zielrechners an.

getAddress

`public InetAddress getAddress()`

Diese Methode gibt ein `InetAddress`-Objekt zurück, das der IP-Adresse im Paket entspricht.

getData

`public byte[] getData()`

Diese Methode gibt ein Byte-Array mit den Daten des Pakets zurück.

getLength

```
public int getLength()
```

Diese Methode gibt die Anzahl der Bytes der Paketdaten zurück.

getPort

```
public int getPort()
```

Diese Methode gibt die Port-Nummer aus diesem Paket zurück. Bei einem zu übertragenden Paket entspricht dieser Wert der Port-Nummer der Zielrechners. Bei einem eingegangenen Paket wird die Port-Nummer des sendenden Rechners zurückgegeben.

getSocketAddress

```
public SocketAddress getSocketAddress()
```

Diese Methode die Socket-Adresse, normalerweis ist dies die IP-Adresse und die verwendete Portnummer. Die Methode ist erst ab J2SE 1.4 verfügbar.

setAddress

public void setAddress(InetAddress *Adresse*)

Diese Methode setzt die IP-Adresse des Pakets auf den Wert von *Adresse*.

Sie wurde mit der Java-Spezifikation 1.1 eingeführt.

setData

public void setData(byte *data*[])

Diese Methode weist den Paketdaten den Wert von *data* zu.

Sie wurde mit der Java-Spezifikation 1.1 eingeführt.

setLength

`public void setLength(int` *Größe*`)`

Diese Methode setzt die Paketgröße auf den Wert von *Größe*.

Sie wurde mit der Java-Spezifikation 1.1 eingeführt.

setPort

`public void setPort(int` *PortNum*`)`

Diese Methode setzt die Port-Nummer des Pakets auf *PortNum*.

Sie wurde mit der Java-Spezifikation 1.1 eingeführt.

9.3 Die DatagramSocket-Klasse

Die `DatagramSocket`-Klassen stellt einen Mechanismus zum Senden und Empfangen von `DatagramPacket`-Objekten zur Verfügung.

Verwandte Klasse: `DatagramPacket`

Die gebräuchlichsten Methoden werden im weiteren Verlauf beschrieben.

DatagramSocket

`public DatagramSocket()`

Dieser Konstruktor erstellt ein `DatagramSocket`-Objekt und wählt einen verfügbaren Port. Er kann eine `SocketException` auslösen.

`public DatagramSocket(int` *Port*`)`

Dieser Konstruktor erstellt ein `DatagramSocket`-Objekt und verbindet es mit dem angegebenen *Port*. Er kann eine `SocketException` auslösen.

`public DatagramSocket(int` *Port*`, InetAddress` *Adresse*`)`

Dieser Konstruktor erstellt ein `DatagramSocket`-Objekt und verbindet es mit dem angegebenen *Port* und der angegebenen *Adresse*. In diesem Fall gibt *Adresse* eine lokale Internet-Adresse an. Der Konstruktor kann eine `SocketException` auslösen.

Er wurde mit der Java-Spezifikation 1.1 eingeführt.

bind

```
public void bind(SocketAddress addr)
```

Diese Methode bindet das `DatagramSocket`-Objekt an eine IP-Adresse und einen Port, die über ein Objekt der Klasse `SocketAdress` angegeben werden. Die Methode ist erst ab J2SE 1.4 verfügbar.

close

```
public void close()
```

Diese Methode schließt das Socket.

connect

```
public void connect(InetAddress address, int port)
```

Diese Methode verbindet mit einer bestimmten IP-Adresse und einer Portnummer.

disconnect

```
public void disconnect()
```

Diese Methode beendet die Verbindung zu einem Socket.

getInetAddress

```
public InetAddress getInetAddress()
```

Diese Methode ermittelt die IP-Adresse als ein Objekt der Klasse InetAddress des Sockets.

getLocalAddress

```
public InetAddress getLocalAddress()
```

Diese Methode gibt die lokale Adresse des aufrufenden Sockets zurück.

Sie wurde mit der Java-Spezifikation 1.1 eingeführt.

getLocalPort

```
public int getLocalPort()
```

Diese Methode gibt die lokale Port-Nummer des aufrufenden Sockets zurück.

getPort

```
public int getPort()
```

Diese Methode ermittelt die Portnummer, über die mit einem Socket verbunden ist. Der Rückgabewert ist -1, wenn keine Verbindung vorliegt.

getSoTimeout

```
public int getSoTimeout()
```

Diese Methode gibt eine Zeitschwelle (in Millisekunden) für das aufrufende Socket zurück. Der Wert `0` bedeutet, dass keine Zeitschwelle festgelegt wurde. Diese Methode kann eine `SocketException` auslösen.

Sie wurde mit der Java-Spezifikation 1.1 eingeführt.

isBound

`public boolean isBound()`

Diese Methode gibt `true` zurück, wenn der Socket an eine IP-Adresse gebunden ist, andernfalls `false`. Die Methode ist erst ab J2SE 1.4 verfügbar.

isClosed()

`public boolean isClosed()`

Diese Methode gibt `true` zurück, wenn die Verbindung beendet ist, andernfalls `false`. Die Methode ist erst ab J2SE 1.4 verfügbar.

isConnected ()

`public boolean isConnected ()`

Diese Methode gibt `true` zurück, wenn die eine Verbindung zu einem Server besteht, andernfalls `false`. Die Methode ist erst ab J2SE 1.4 verfügbar.

receive

`public void receive(DatagramPacket` *Paket*`)`

Diese Methode nimmt ein `DatagramPacket` entgegen. Sie wartet, bis ein Paket eintrifft. Das empfangene Paket enthält die Daten und die Internet-Adresse sowie den Software-Port des sendenden Rechners. Diese Methode kann eine `IOException` auslösen.

send

`public void send(DatagramPacket` *Paket*`)`

Diese Methode sendet `DatagramPacket`. Das übertragene Paket enthält die Daten, die Internet-Adresse und den Software-Port des Zielrechners. Sie kann eine `IOException` auslösen.

setSoTimeout

`public void setSoTimeout(int Millisekunden)`

Diese Methode legt einen Schwellenwert (in *Millisekunden*) für das aufrufende Socket fest. Dieser Schwellenwert bestimmt, wie lange `receive()` wartet. Null bedeutet, das kein Schwellenwert vorliegt und `receive()` daher endlos wartet. Diese Methode kann eine `SocketException` auslösen. Bei einer Zeitüberschreitung wird eine `InterruptedIOException` ausgelöst.

Die Methode wurde mit der Java-Spezifikation 1.1 eingeführt.

9.4 Die InetAddress-Klasse

Die `InetAddress`-Klasse bietet Möglichkeiten für den Umgang mit Internet-Adressen.

equals

`public boolean equals(Object Obj)`

Diese Methode überprüft, ob das aufrufende Objekt und *Obj* die gleiche IP-Adresse besitzen.

getAddress

`public byte[] getAddress()`

Diese Methode gibt die einfache IP-Adresse des aufrufenden Objekts in einem `Byte`-Array zurück. In diesem Array wird das obere Byte der IP-Adresse am Index Null platziert.

getAllByName

`public static InetAddress[] getAllByName(String HostName)`

Diese Methode gibt ein Array von `InetAddress`-Objekten zurück, die alle IP-Adressen für den Rechner mit dem *HostName* darstellen. Ist der Host unbekannt, wird eine `UnknownHostException` ausgelöst.

getByName

`public static InetAddress getByName(String` *HostName*`)`

Diese Methode gibt ein `InetAddress`-Objekt mit einer IP-Adresse des Rechners *HostName* zurück. Ist der Host nicht bekannt, wird eine `UnknownHostException` ausgelöst.

getHostAddress

`public String getHostAddress()`

Diese Methode gibt einen `String`-Wert mit der IP-Adresse des aufrufenden Objekts zurück.

Sie wurde mit der Java-Spezifikation 1.1 eingeführt.

getHostName

`public String getHostName()`

Diese Methode gibt einen `String`-Wert mit dem Host-Namen des aufrufenden Objekts zurück. (Wird der Wert `null` zurückgegeben, handelt es sich um die IP-Adresse des lokalen Rechners.)

getLocalHost

`public static InetAddress getLocalHost()`

Diese Methode gibt ein `InetAddress`-Objekt für den lokalen Host zurück. Sie kann eine `UnknownHostException` auslösen.

hashCode

`public int hashCode()`

Diese Methode gibt den Hash-Code des aufrufenden Objekts zurück.

isMulticastAddress

`public boolean isMulticastAddress()`

Diese Methode stellt fest, ob die IP-Adresse eine Multicast-Adresse ist.

Sie wurde mit der Java-Spezifikation 1.1 eingeführt.

isReachable

`public boolean isReachable(int timeout)`

Diese Methode gibt `true` zurück, wenn die IP-Adresse erreichbar, andernfalls `false`. Die Methode ist erst ab J2SE 5.0 verfügbar.

toString

`public String toString()`

Diese Methode gibt einen `String`-Wert mit der IP-Adresse zurück.

9.5 Die NetPermission-Klasse

Diese Klasse ist für den Umgang mit den unterschiedlichen Netzwerkberechtigungen gedacht. Für jede Berechtigung steht ein `TargetName` zur Verfügung. Zurzeit werden folgende Target-Namen verwendet:

TargetName	Durchgeführte Aktionen
`setDefaultAuthenticator`	Setzen des Standardauthentifikators für Proxy- oder HTTP-Anforderungen
`requestPasswordAuthentication`	Suche des Kennworts beim Systemauthentifikators

TargetName	Durchgeführte Aktionen
`specifyStreamHandler`	Festlegen eines `StreamHandler` für eine neu angelegte URL
`setProxySelector`	Setzen des ProxySelector, der bei mehreren Proxies entscheidet, welcher Proxy verwendet wird (ab J2SE 5.0).
getProxySelector	Ermittelt den ProxySelector, der bei mehreren Proxies entscheidet, welcher Proxy eingesetzt wird (ab J2SE 5.0).
setCookieHandler	Setzt den CookieHandler, um Cookie-Informationen über das HTTP-Protokoll zu übertragen (ab J2SE 5.0).
getCookieHandler	Ermittelt den CookieHandler (ab J2SE 5.0).
setResponseCache	Setzen des ResponseCache, der Zugang zu einem lokalen Cache bietet (ab J2SE 5.0).
getResponseCache	Ermitteln des ResponseCache für Zugriff auf den lokalen Cache (ab J2SE 5.0).

Diese Klasse wurde mit der Java 2 Version 1.2eingeführt.

NetPermission

`public NetPermission(String` *`nm`*`)`

Dieser Konstruktor erstellt eine neue `NetPermission` für den angegebenen Namen.

`public NetPermission(String` *Name*, `String` *Aktion*`)`

Dieser Konstruktor erstellt eine neue `NetPermission` für den angegebenen *Namen*. Der Parameter *Aktion* wird zurzeit nicht verwendet.

9.6 Die ServerSocket-Klasse

Die `ServerSocket`-Klasse ist für das »Lauschen« gedacht. Sie wartet auf Clients, die eine Verbindungsanforderung herstellen. Hierfür stehen noch weitere Methoden zur Verfügung, die hier aber nicht näher vorgestellt werden.

Verwandte Klasse: `Socket`

Die gebräuchlichsten Methoden werden im weiteren Verlauf beschrieben.

ServerSocket

`public ServerSocket(int` *Port*`)`

Dieser Konstruktor erstellt ein `ServerSocket`-Objekt, mit dem eingehende Anforderungen entgegengenommen werden können. In diesem Fall gibt *Port* den lokalen Software-Port an, an den der Client-Rechner seine Verbindungsanforderung richtet. Hat *Port* den Wert Null, wird jeder verfügbare Port gewählt. Der Konstruktor kann eine `IOException` auslösen.

`public ServerSocket(int` *Port*, `int` *QueueSize*`)`

Dieser Konstruktor erstellt ein `ServerSocket`-Objekt für eine eingehende Anforderung. Der *Port* gibt den lokalen Software-Port an, mit dem der Client-Rechner verbunden werden möchte. Hat *Port* den Wert Null, wird jeder verfügbare Port benutzt. Die maximale Anzahl eingehender Anforderungen, die in eine Warteschlange übernommen werden können, wird mit *QueueSize* angegeben. Trifft eine Verbindungsanforderung ein und befindet sich bereits die mit *QueueSize* angegebene Anzahl von Anforderungen in der Warteschlange, wird diese Anforderung abgewiesen. Der Konstruktor kann eine `IOException` auslösen.

```
public ServerSocket(int Port, int QueueSize,
   InetAddress LokaleAdresse)
```

Dieser Konstruktor erstellt ein `ServerSocket`-Objekt für eingehende Anforderungen. *Port* gibt den lokalen Software-Port an, mit dem der Client verbunden werden möchte. Hat *Port* den Wert Null, wird ein beliebiger freier Port gewählt. Die maximale Anzahl eingehender Anforderungen, die in eine Warteschlange übernommen werden können, wird mit *QueueSize* angegeben. Trifft eine Verbindungsanforderung ein und befindet sich bereits die mit *QueueSize* angegebene Anzahl von Anforderungen in der Warteschlange, wird diese Anforderung abgewiesen. Der Parameter *LokaleAdresse* nennt die lokale IP-Adresse, die das Server-Socket verwenden sollte. Der Konstruktor kann eine `IOException` auslösen.

Er wurde mit der Java-Spezifikation 1.1 eingeführt.

accept

```
public Socket accept()
```

Diese Methode wartet auf eingehende Anforderungen von Clients. Sie gibt ein `Socket`-Objekt zurück, das für die Kommunikation mit diesem Client verwendet werden kann. Diese Methode kann eine `IOException` auslösen.

bind

`public void bind(SocketAddress addr)`

Diese Methode bindet das `ServerSocket`-Objekt an eine IP-Adresse und einen Port, die über ein Objekt der Klasse `SocketAdress` angegeben werden. Die Methode ist erst ab J2SE 1.4 verfügbar.

close

`public void close()`

Diese Methode schließt das aufrufende Objekt. Sie kann eine `IOException` auslösen.

getInetAddress

`public InetAddress getInetAddress()`

Diese Methode gibt ein `InetAddress`-Objekt mit der IP-Adresse des aufrufenden Objekts zurück.

getLocalPort

`public int getLocalPort()`

Diese Methode gibt den lokalen Port des aufrufenden Objekts zurück. (Dies ist die Port-Nummer, an die sendende Rechner ihre Anforderungen richten.)

getSoTimeout

`public int getSoTimeout()`

Diese Methode gibt den Schwellenwert (in Millisekunden) des aufrufenden Objekts zurück. Wird `null` zurückgegeben, wurde kein Schwellenwert festgelegt. Sie kann eine `IOException` auslösen.

Die Methode wurde mit der Java-Spezifikation 1.1 eingeführt.

isBound

`public boolean isBound()`

Diese Methode gibt `true` zurück, wenn der Socket an eine IP-Adresse gebunden ist, andernfalls `false`. Die Methode ist erst ab J2SE 1.4 verfügbar.

isClosed()

`public boolean isClosed()`

Diese Methode gibt `true` zurück, wenn die Verbindung beendet ist, andernfalls `false`. Die Methode ist erst ab J2SE 1.4 verfügbar.

setSoTimeout

`public void setSoTimeout(long` *`Millisekunden`*`)`

Diese Methode setzt den Schwellenwert des aufrufenden `ServerSokket` auf den mit *Millisekunden* angegebenen Wert. Dieser Wert gibt an, wie lange `accept()` auf eine Verbindungsanforderung wartet. Gehen innerhalb dieser Frist keine Anforderungen ein, wird eine `InterruptedIOException` ausgelöst. Beim Wert `null` wurde keine Frist festgelegt, was bedeutet, dass `accept()` unbegrenzt wartet. Diese Methode kann eine `SocketException` auslösen.

Sie wurde mit der Java-Spezifikation 1.1 eingeführt.

toString

`public String toString()`

Diese Methode gibt den `String`-Wert für das aufrufende Objekts zurück.

9.7 Die Socket-Klasse

Die `Socket`-Klasse verbindet Server-Sockets und initialisiert den Protokollaustausch. Das Erzeugen eines `Socket`-Objekts richtet implizit eine Verbindung zwischen Client und Server ein. Es gibt keine Methoden oder Konstruktoren, die explizit Einzelheiten dieser Verbindung offen legen. Ist das `Socket`-Objekt einmal eingerichtet, kann es auch untersucht werden, um Zugriff auf dessen Input- und Output-Streams zu erhalten.

Die am häufigsten verwendeten Konstruktoren und Methoden werden hier beschrieben.

Verwandte Klasse: `ServerSocket`

Socket

`public Socket(String` *HostName*`, int` *Port*`)`

Dieser Konstruktor erstellt ein `Socket`-Objekt, mit dessen Hilfe über eine bestimmte Port-Nummer mit einem bestimmten Rechner kommuniziert werden kann. *HostName* gibt den Namen des Zielrechners und *Port* den Ziel-Port an. Der Konstruktor kann eine `IOException` oder eine `UnknownHostException` auslösen.

`public Socket(InetAddress` *Adresse*`, int` *Port*`)`

Dieser Konstruktor erstellt ein `Socket`-Objekt, mit dessen Hilfe über eine bestimmte Port-Nummer mit einem bestimmten Rechner kommuniziert werden kann. In diesem Fall gibt *Adresse* ein `InetAddress`-Objekt mit der IP-Adresse des entfernten Rechners und *Port* die Nummer des Ziel-Ports an. Der Konstruktor kann eine `IOException` auslösen.

bind

`public void bind(SocketAddress addr)`

Diese Methode bindet das `Socket`-Objekt an eine IP-Adresse und einen Port, die über ein Objekt der Klasse `SocketAdress` angegeben werden. Die Methode ist erst ab J2SE 1.4 verfügbar.

close

`public void close()`

Diese Methode schließt das aufrufende Objekt. Sie kann eine `IOException` auslösen.

connect

`public void connect(SocketAddress address)`

Diese Methode verbindet mit einer bestimmten Adresse, die als Objekt der Klasse `SocketAddress` vorliegt.

getInetAddress

`public InetAddress getInetAddress()`

Diese Methode gibt ein `InetAddress`-Objekt mit der entfernten IP-Adresse zurück, mit dem das aufrufende Socket verbunden ist.

getInputStream

`public InputStream getInputStream()`

Diese Methode gibt den `InputStream` des aufrufenden Objekts zurück. Sie kann eine `IOException` auslösen.

getLocalAddress

`public InetAddress getLocalAddress()`

Diese Methode gibt ein `InetAddress`-Objekt mit der lokalen IP-Adresse des aufrufenden Sockets zurück.

Sie wurde mit der Java-Spezifikation 1.1 eingeführt.

getLocalPort

```
public int getLocalPort()
```

Diese Methode gibt den lokalen Port zurück, mit dem das aufrufende Objekt verbunden ist.

getOutputStream

```
public OutputStream getOutputStream()
```

Diese Methode gibt den `OutputStream` des aufrufenden Objekts zurück. Sie kann eine `IOException` auslösen.

getPort

```
public int getPort()
```

Diese Methode gibt den aufrufenden Port zurück, mit dem das aufrufende Objekt verbunden ist.

getSoTimeout

```
public int getSoTimeout()
```

Diese Methode gibt den Schwellenwert (in Millisekunden) für das aufrufende Socket zurück. Beträgt der Wert Null, liegt kein Schwellwert vor. Diese Methode kann eine `SocketException` auslösen.

Diese Methode wurde mit der Java-Spezifikation 1.1 eingeführt.

isBound

```
public boolean isBound()
```

Diese Methode gibt `true` zurück, wenn der Socket an eine Adresse gebunden ist, andernfalls `false`. Die Methode ist erst ab J2SE 1.4 verfügbar.

isClosed()

`public boolean isClosed()`

Diese Methode gibt `true` zurück, wenn die Verbindung beendet ist, andernfalls `false`. Die Methode ist erst ab J2SE 1.4 verfügbar.

isConnected ()

`public boolean isConnected ()`

Diese Methode gibt `true` zurück, wenn die eine Verbindung besteht, andernfalls `false`. Die Methode ist erst ab J2SE 1.4 verfügbar.

setKeepAlive

`public void setKeepAlive(boolean on)`

Diese Methode setzt den KeepAlive-Status bei Verbindungen über das HTTP-Protokoll auf `true` oder `false`. Die Methode ist erst ab J2SE 1.3 verfügbar.

setSoTimeout

`public void setSoTimeout(int` *Millisekunden*`)`

Diese Methode setzt den Schwellenwert für die Zeitüberschreitung (in *Millisekunden*) für das aufrufende `ServerSocket`. Diese Frist legt fest, wie lange `read()` am Input-Stream des `ServerSocket` auf eine eingehende Nachricht wartet. Trift innerhalb des festgelegten Zeitraums keine Nachricht ein, wird eine `InterruptedIOException` ausgelöst. Beträgt der Wert Null, liegt kein Schwellwert vor, so dass `read()` unbegrenzt wartet. Diese Methode kann eine `SocketException` auslösen.

Sie wurde mit der Java-Spezifikation 1.1 eingeführt.

toString

`public String toString()`

Diese Methode gibt einen `String`-Wert des aufrufenden Objekts zurück.

9.8 Die SocketPermission-Klasse

Diese Klasse dient dem Umgang mit den Berechtigungen, die für den Zugriff auf Netzwerkressourcen über Sockets erforderlich sind. Diese Berechtigungen beziehen sich auf bestimmte Aktionen im Umgang mit einem bestimmten Host. Hosts werden entweder über den Namen oder die IP-Adresse und eine optionale Port-Nummer angegebenen. Als Aktionen stehen `accept`, `connect`, `listen` und `resolve` zur Verfügung. Die Aktion `listen` darf nur für den lokalen Host angewendet werden.

Die Klasse wurde mit der Java-Version 2 eingeführt.

Die gebräuchlichsten Methoden werden im weiteren Verlauf beschrieben.

SocketPermission

`public SocketPermission(String` *Host*`, String` *Aktion*`)`

Dieser Konstruktor erstellt eine neue `SocketPermission` für den angegebenen *Host* mit den angegebenen *Aktionen.*

getActions

`public String getActions()`

Diese Methode gibt die `String`-Darstellung der Aktionen aus `SocketPermission` zurück.

Programmiertipp

Das folgende einfache Beispiel zeigt die grundlegenden Techniken zum Erstellen einer Verbindung zu einem URL und zum Lesen von Daten dieses URLs. Es stellt standardmäßig eine Verbindung zur Web-Site des MITP-Verlags oder zu einem in der Befehlszeile übergebenen URL her.

```
// Verbindung zu einem URL einrichten und Daten lesen
import java.net.*;
import java.io.*;

class NetTest {
  public static void main(String args[])
    throws MalformedURLException, IOException {
    URL url;
    int ch;

    // URL einrichten
    try {
      url = new URL(args[0]);
    } catch (ArrayIndexOutOfBoundsException e) {
      url = new URL("http://www.mitp.de/");
       System.out.println("Verbindung zu MITP wird her-
   gestellt");
    }
```

```
    // Einen Stream für den URL öffnen
    InputStream urlIn = url.openStream();

    // Den Inhalt lesen und anzeigen
    if(urlIn != null) {
      System.out.println("Es wird gelesen...");
      do {
        ch = urlIn.read();
        if(ch != -1) System.out.print((char)ch);
      } while (ch != -1);
      System.out.println();
      urlIn.close();
    }
  }
}
```

Zuerst richtet das Programm ein URL-Objekt für den in der Befehlszeile übergebenen URL oder zum URL `http://www.mitp.de/` ein. Ein Verweis auf diesen URL wird in in `url` gespeichert. Anschließend wird `openStream()` für `url` aufgerufen. Damit wird eine Verbindung zum URL hergestellt und ein Input-Stream angelegt. Abschließend wird Zeichen für Zeichen von diesem URL gelesen und auf dem Bildschirm angezeigt. Hierbei handelt es sich um den HTML-Code dieses URLs. Abschließend wird der Input-Stream geschlossen.

Dieses Beispiel macht deutlich, dass der Umgang mit URLs in Java sehr einfach ist. Selbstverständlich wäre ein Programm, das einen vollständigen Web-Browser implementiert, wesentlich komplizierter (für den Umgang mit Bildern, Hyperlinks und so weiter), aber dieses kleine Programm veranschaulicht dennoch die grundlegenden Techniken zum Lesen von Daten über einen URL.

9.9 Die URL-Klasse

Mit dem URL (Uniform Resource Locator) können Adressen im Internet eindeutig angegeben werden. Die `URL`-Klasse stellt Möglichkeiten für den Umgang mit URLs bereit.

Die am häufigsten verwendeten Konstruktoren und Methoden werden an dieser Stelle beschrieben.

URL

`public URL(String` *str*`)`

Dieser Konstruktor erstellt mit den Informationen aus *str* ein `URL`-Objekt. Er kann eine `MalformedURLException` auslösen.

`public URL(String` *Protokoll*`, String` *HostName*`, int` *Port*`,`
`String` *Dateiname*`)`

Dieser Konstruktor erstellt ein `URL`-Objekt. *Protokoll*, *HostName*, *Port* und *Dateiname* geben die entsprechenden Bestandteile des Dateinamens beziehungsweise URLs an. Der Standard-Port für ein bestimmtes Protokoll wird mit dem Wert `-1` für den *Port* angegeben. Der Konstruktor kann eine `MalformedURLException` auslösen.

`public URL(String` *Protokoll*, `String` *HostName*, `String` *Dateiname*`)`

Dieser Konstruktor erstellt ein `URL`-Objekt. *Protokoll, HostName, Port* und *Dateiname* geben die entsprechenden Bestandteile des Dateinamens beziehungsweise URLs an. Für alle Protokolle wird der Standard-Port benutzt. Der Konstruktor kann eine `MalformedURLException` auslösen.

equals

`public boolean equals(Object` *Obj*`)`

Diese Methode stellt fest, ob der aufrufende URL und *Obj* den gleichen Wert haben.

getContent

`public final Object getContent()`

Diese Methode gibt den Inhalt des aufrufenden URLs zurück. Sie kann eine `IOException` auslösen.

getFile

`public String getFile()`

Diese Methode gibt den Dateinamen aus dem aufrufenden URL zurück.

getHost

`public String getHost()`

Diese Methode gibt den Host-Namen aus dem aufrufenden URL zurück.

getPort

`public int getPort()`

Diese Methode gibt die Port-Nummer aus dem aufrufenden URL zurück.

getProtocol

```
public String getProtocol()
```

Diese Methode gibt das Protokoll aus dem aufrufenden URL zurück.

getQuery

```
public String getQuery()
```

Diese Methode ermittelt den Anfrage-Teil einer URL, d.h. der Teil einer URL, der nach dem Fragezeichen (?) an die URL angehängt wurde. Die Methode ist erst ab J2SE 1.3 verfügbar.

getRef

```
public String getRef()
```

Diese Methode gibt den Anker aus einem aufrufenden URL zurück.

hashCode

```
public int hashCode()
```

Diese Methode gibt den Hash-Code des aufrufenden Objekts zurück.

openConnection

```
public URLConnection openConnection()
```

Diese Methode richtet eine Verbindung zum vom aufrufenden Objekt angegebenen URL ein. Sie gibt einen Verweis auf die abstrakte Klasse `URLConnection` zurück, die die URL-Kommunikation einkapselt. `openConnection()` kann eine `IOException` auslösen.

openStream

```
public final InputStream openStream()
```

Diese Methode gibt einen Stream zurück, der mit einem von aufrufenden Objekt genannten URL verbunden ist. Gibt es keine geöffneten Verbindungen zum URL, wird sie eingerichtet. Steht der Input-Stream einmal zur Verfügung, können über ihn Daten von dem URL gelesen werden. `openStream()` kann eine `IOException` auslösen.

sameFile

`public boolean sameFile(URL` *andererURL*`)`

Diese Methode überprüft, ob das aufrufende Objekt und *andererURL* sich auf die gleiche Ressource beziehen. Die Ankerinformation wird für diesen Test nicht verwendet.

toString

`public String toString()`

Diese Methode gibt den `String`-Wert des aufrufenden Objekts zurück.

9.10 Die URLConnection-Klasse

`URLConnection` ist eine abstrakte Klasse, die den Mechanismus für die Kommunikation mit einem entfernten URL einkapselt. Es ginge über den Rahmen dieses Buches hinaus, an dieser Stelle die Members der Klasse zu erörtern. In den meisten Situationen reichen die Möglichkeiten der `URL`-Klasse aus, es sei denn, es wird eine eigene Kommunikationsklasse erstellt.

9.11 Die URLDecoder-Klasse

Die `URLDecoder`-Klasse enthält eine statische Methode, die ein `String`-Objekt als »*x*-www-form-urlencoded« kodierten MIME-Typ übernimmt und diesen wieder in den Wert vor dem Zeitpunkt der Umwandlung zurück verwandelt.

Diese Klasse wurde mit der Java-Version 2 eingeführt.

decode

`public static String decode(String str)`

Diese Methode gibt den ursprünglichen Wert der URL-kodierten Zeichenfolge *str* zurück. Die Dekodierung folgt diesen Regeln: Alphanumerische Zeichen bleiben unverändert. Das Pluszeichen (+) wird in ein Leerzeichen umgewandelt. Alle übrigen Zeichen werden von einer zweistelligen hexadezimalen Darstellung in das niedrigere Byte des Zeichens umgewandelt. Diesem Wert wird ein Prozentzeichen (%) vorangestellt.

9.12 Die URLEncoder-Klasse

Die `URLEncoder`-Klasse enthält eine statische Methode, die ein `String`-Objekt übernimmt und es in das entsprechende URL-Format umwandelt.

encode

`public static String encode(String str)`

Diese Methode gibt die Zeichenfolge *str* im URL-Format zurück. Die Umwandlung verläuft nach folgenden Regeln: Alphanumerische Zeichen bleiben unverändert. Leerzeichen werden in Pluszeichen (+) umgewandelt. Alle übrigen Zeichen werden in eine zweistellige hexadezimale Darstellung des niedrigeren Bytes des Zeichen umgewandelt. Diesem Wert wird ein Prozentzeichen (%) vorangestellt.

10 Die Java-SQL-Klassen und -Schnittstellen

Die in der Bibliothek `java.sql` definierten Klassen und Schnittstellen sind für den Umgang mit SQL und Datenbankanfragen vorgesehen. Dieses Paket bildet zusammen mit einem Datenbanktreiber JDBC die so genannte `Java Database Connectivity`. Die Anbindung einer Datenbank erfolgt über einen entsprechenden Treiber, der in der Regel vom Hersteller der Datenbank zur Verfügung gestellt wird. Einen Überblick über vorhandene JDBC-Treiber für diverse Datenbanken finden Sie hier:

`http://servlet.java.sun.com/products/jdbc/drivers`

Die folgenden Klassen befinden sich in der Bibliothek `java.sql`:

Date	DriverManager	DriverPropertyInfo
SQLPermission	Time	Timestamp
Types		

Darüber hinaus definiert `java.sql` die folgenden Schnittstellen:

Array	Blob	CallableStatement
Clob	Connection	DatabaseMetaData
Driver	ParameterMetaData	PreparedStatement
Ref	ResultSet	ResultSetMetaData
Savepoint	SQLData	SQLInput
SQLOutput	Statement	Struct

Das Paket `java.sql` wurde mit der Java-Spezifikation 1.1 eingeführt. In J2SE 1.2 kamen diese Klassen und Schnittstellen hinzu: `Array`, `Blob`, `Clob`, `Ref`, `SQLData`, `SQLInput`, `SQLOutput`, `Struct`. J2SE 1.3 führte diese Schnittstelle ein: `SQLPermission`. Ab J2SE 1.4 sind diese Schnittstellen enthalten: `ParameterMetaData`, `Savepoint`.

Die im Folgenden aufgeführten Klassen und Schnittstellen werden weniger häufig verwendet und deshalb in diesem Buch nicht erörtert:

Array, Clob, DatabaseMetaData, Driver, DriverPropertyInfo, Database-MetaData, ParameterMetaData, Ref, ResultSetMetaData, Savepoint, SQLData, SQLInput, SQLOutput, SQLPermission, Struct, Types.

10.1 Die Blob-Schnittstelle

Die `Blob`-Schnittstelle repräsentiert den SQL-Datentyp BLOB (Binary Large Object.

Die gebräuchlichsten Methoden werden im weiteren Verlauf beschrieben.

getBinaryStream

```
InputStream getBinaryStream()
```

Diese Methode gibt den Datentyp als Stream zurück.

getBytes

```
byte[] getBytes(long pos, int length)
```

Diese Methode gibt den Datentyp als `byte`-Array zurück. Dabei kann über den Parameter `pos` angegeben werden, ab welcher Position die Bytes zurückgegeben werden. Über `length` wird die Anzahl der Bytes angegeben, die zurückgegeben werden sollen.

length

```
long length()
```

Diese Methode gibt die Anzahl der Bytes zurück, die der Datentyp belegt.

truncate

```
void truncate(long len)
```

Diese Methode kürzt den Datentyp auf `len` Bytes. Die Methode ist erst ab J2SE 1.4 verfügbar.

10.2 Die CallableStatement-Schnittstelle

Die `CallableStatement`-Schnittstelle führt Prozeduren in der Datenbank aus, die dort als so genannte Stored Procedures gespeichert sind. Das Interface ist abgeleitet von den Interfaces `Statement` und `PreparedStatement`. Das Interface `CallableStatement` erbt die Methoden dieser beiden Interfaces.

10.3 Die Connection-Schnittstelle

Die `Connection`-Schnittstelle repräsentiert eine konkrete Verbindung zu einer Datenbank. Über diese Schnittstelle werden SQL-Befehle erzeugt.

Die gebräuchlichsten Methoden werden im weiteren Verlauf beschrieben.

close

```
void close()
```

Diese Methode schließt die Verbindung zur Datenbank.

commit

`void commit()`

Diese Methode führt sämtliche Änderungen seit dem letzten Rollback durch. Kann nur verwendet werden, wenn der Autocommit-Modus über die Methode `setAutoCommit()` ausgeschaltet ist.

createStatement

`Statement createStatement()`

Diese Methode erzeugt ein neues Objekt der Schnittstelle `Statement`, über das ein konkreter SQL-Befehl an die Datenbank abgesetzt wird.

prepareCall

`CallableStatement prepareCall(String sql)`

Diese Methode erzeugt ein Objekt der Schnittstelle `CallableStatement`, über das Prozeduren, die in der Datenbank gespeichert sind (so genannte Stored Procedures), ausgeführt werden können.

prepareStatement

`PreparedStatement prepareStatement(String sql)`

Diese Methode erzeugt ein Objekt der Schnittstelle `PreparedStatement`, über das parametrisierbare SQL-Befehle an die Datenbank geschickt werden können.

rollback

`void rollback()`

Diese Methode macht sämtliche Änderungen der letzten Transaktion rückgängig.

setAutoCommit

```
void setAutoCommit(boolean autoCommit)
```

Diese Methode legt den AutoCommit-Modus auf `true` oder `false`. Ist dieser auf `true` gesetzt, wird jeder einzelne SQL-Befehl als eine Transaktion angesehen und sofort an die Datenbank abgesetzt. Dies ist auch die Standardeinstellung bei dem Erzeugen neuer Datenbankverbindungen. Ist der Übergabewert `false`, dann werden die SQL-Befehle zusammengefasst und erst durch die Methoden `commit()` oder `rollback()` an die Datenbank übertragen.

10.4 Die Date-Klasse

Die `Date`-Klasse repräsentiert den SQL-Datentyp Date. Ein Objekt dieser Klasse kann neben dem Konstruktor auch über die Methode `getDate()` aus dem Interface `ResultSet` erhalten werden.

Die gebräuchlichsten Methoden werden im weiteren Verlauf beschrieben.

Date

```
Date(long date)
```

Dieser Konstruktor erstellt ein `Date`-Objekt. An den Konstruktor werden die Millisekunden übergeben, die seit dem Beginn der Unix-Epoche am 01.01.1970 00:00:00.000 GMT vergangen sind.

setTime

```
public void setTime(long date)
```

Diese Methode setzt eine neues Datum. An die Methode werden die Millisekunden übergeben, die seit dem Beginn der Unix-Epoche am 01.01.1970 00:00:00.000 GMT vergangen sind.

toString

```
public String toString()
```

Diese Methode gibt das `Date`-Objekt als String zurück und formatiert den String in dem Format Jahr-Monat-Tag.

valueOf

```
public static Date valueOf(String s)
```

Diese Methode gibt das `Date`-Objekt zurück, das das Datum als String im Format Jahr-Monat-Tag repräsentiert.

10.5 Die DriverManager-Klasse

Die `DriverManager`-Klasse enthält mehrere statische Methoden, die die grundsätzliche Anbindung einer Datenbank über einen JDBC-Treiber bietet. Die Klasse besitzt keinen Konstruktor.

Die gebräuchlichsten Methoden werden im weiteren Verlauf beschrieben.

destroy

```
public static Connection getConnection(String url, String
   user, String password)
```

```
public static Connection getConnection(String url)
```

```
public static Connection getConnection(String url, Proper-
   ties info)
```

Diese Methode stellt eine Verbindung zur Datenbank her. Dazu wird als erstes Argument die URL angegeben. Optional sind der Benutzername `user` und das Password `password` für die Datenbank. Alternativ können sich diese beiden Informationen auch in einem `Properties`-Objekt befinden, das übergeben wird. Der Rückgabewert der Methode ist ein Objekt der Schnittstelle `Connection`, das die konkrete Verbindung zur Datenbank repräsentiert.

getDriver

```
public static Driver getDriver(String url)
```

Diese Methode gibt ein Objekt der Schnittstelle Driver zurück. Über diese Schnittstelle können Informationen über den JDBC-Treiber erhalten werden. Der Übergabeparameter ist die URL, über die die Datenbank angesprochen wird.

getLoginTimeout

```
public static int getLoginTimeout()
```

Diese Methode ermittelt die maximale Anzahl der Sekunden, die der Datenbanktreiber wartet, bis eine Verbindung zur Datenbank hergestellt ist.

getLogWriter

```
public static PrintWriter getLogWriter()
```

Diese Methode ermittelt ein Objekt der Klasse `PrintWriter`, über das Log-Informationen zur Datenbankverbindung ausgegeben werden können.

setLoginTimeout

```
public static void setLoginTimeout(int sec)
```

Diese Methode setzt die maximale Anzahl der Sekunden, die der Datenbanktreiber wartet, bis eine Verbindung zur Datenbank hergestellt ist.

setLogWriter

```
public static void setLogWriter(PrintWriter out)
```

Diese Methode setzt ein Objekt der Klasse `PrintWriter`, über das Log-Informationen zur Datenbankverbindung ausgegeben werden können.

10.6 Die PreparedStatement-Schnittstelle

Die `PreparedStatement`-Schnittstelle setzt einen vorbereiteten SQL-Befehl an die Datenbank ab und gibt ein Ergebnis zurück.

Die gebräuchlichsten Methoden werden im weiteren Verlauf beschrieben.

execute

```
boolean execute()
```

Diese Methode setzt einen vorbereiteten SQL-Befehl an die Datenbank ab. Der Rückgabewert ist `true`, wenn das Ergebnis des ausgeführten SQL-Befehls ein `ResultSet`-Objekt ist. Der Rückgabewert ist `false`, wenn die Datenbank durch den SQL-Befehl aktualisiert wurde oder sich kein Ergebnis ergeben hat.

executeQuery

```
ResultSet executeQuery()
```

Diese Methode setzt einen vorbereiteten SQL-Befehl an die Datenbank ab. Die Methode wird hauptsächlich zum Senden des SQL-Befehls `SELECT` verwendet. Der Rückgabewert ist ein `ResultSet`-Objekt. Für die SQL-Befehle `INSERT`, `UPDATE`, oder `DELETE` sollte die Methode `executeUpdate()` verwendet werden.

executeUpdate

`int executeUpdate()`

Diese Methode setzt einen vorbereiteten SQL-Befehl an die Datenbank ab. Die Methode wird hauptsächlich zum Senden der SQL-Befehle `INSERT`, `UPDATE`, oder `DELETE` verwendet. Der Rückgabewert ist ein `int`-Wert, der die Zeile angibt, die vom SQL-Befehl aktualisiert wurde. Für den SQL-Befehl `SELECT` sollte die Methode `executeQuery()` verwendet werden.

setBlob

`void setBlob(int i, Blob x)`

Diese Methode setzt für den Parameter `i` im vorbereiteten SQL-Befehl ein `Blob`-Objekt.

setBoolean

`void setBoolean(int i, boolean x)`

Diese Methode setzt für den Parameter `i` im vorbereiteten SQL-Befehl einen `boolean`-Wert.

setByte

`void setByte (int i, byte x)`

Diese Methode setzt für den Parameter `i` im vorbereiteten SQL-Befehl einen `byte`-Wert.

setDate

`void setDate (int i, Date x)`

Diese Methode setzt für den Parameter `i` im vorbereiteten SQL-Befehl ein `Date`-Objekt.

setDouble

```
void setDouble (int i, double x)
```

Diese Methode setzt für den Parameter `i` im vorbereiteten SQL-Befehl einen `double`-Wert.

setFloat

```
void setFloat (int i, float x)
```

Diese Methode setzt für den Parameter `i` im vorbereiteten SQL-Befehl einen `float`-Wert.

setInt

```
void setInt (int i, int x)
```

Diese Methode setzt für den Parameter `i` im vorbereiteten SQL-Befehl einen `int`-Wert.

setLong

```
void setLong (int i, long x)
```

Diese Methode setzt für den Parameter `i` im vorbereiteten SQL-Befehl einen `long`-Wert.

setShort

```
void setShort (int i, short x)
```

Diese Methode setzt für den Parameter `i` im vorbereiteten SQL-Befehl einen `short`-Wert.

setString

```
void setString (int i, String x)
```

Diese Methode setzt für den Parameter `i` im vorbereiteten SQL-Befehl einen String.

setTime

`void setTime (int i, Time x)`

Diese Methode setzt für den Parameter `i` im vorbereiteten SQL-Befehl ein `Time`-Objekt.

setTimestamp

`void setTimestamp (int i, Timestamp x)`

Diese Methode setzt für den Parameter `i` im vorbereiteten SQL-Befehl ein `Timestamp`-Objekt.

10.7 Die ResultSet-Schnittstelle

Die `ResultSet`-Schnittstelle wertet das Ergebnis eines SQL-Befehls aus. In der Regel gibt die Methode `executeQuery()`, die einen `SELECT`-Befehl an die Datenbank absetzt, ein `ResultSet`-Objekt zurück.

Die gebräuchlichsten Methoden werden im weiteren Verlauf beschrieben.

absolute

`boolean absolute(int row)`

Diese Methode setzt den Cursor auf die Zeile `rows` im `ResultSet`-Objekt, d.h. im Ergebnis der Datenbankanfrage. Wurde dies erfolgreich durchgeführt, ist der Rückgabewert `true`, andernfalls `false`.

afterLast

`void afterLast()`

Diese Methode setzt den Cursor nach der letzten Zeile im `ResultSet`-Objekt, d.h. nach der Zeile im Ergebnis der Datenbankanfrage.

beforeFirst

`void beforeFirst()`

Diese Methode setzt den Cursor vor der ersten Zeile im ResultSet-Objekt, d.h. vor der ersten Zeile im Ergebnis der Datenbankanfrage.

close

`void close()`

Diese Methode gibt das verwendete ResultSet-Objekt frei.

deleteRow

`void deleteRow()`

Diese Methode löscht die Zeile aus dem ResultSet-Objekt, an dem sich der Cursor befindet.

first

`boolean first()`

Diese Methode setzt den Cursor auf die ersten Zeile im ResultSet-Objekt. Wurde dies erfolgreich durchgeführt, ist der Rückgabewert true, andernfalls false.

getBlob

```
Blob getBlob(int i)
Blob getBlob(String colName)
```

Diese Methode gibt ein Blob-Objekt zurück. Der Übergabewert ist entweder die Spaltennummer oder der Name der Spalte der aktuellen Zeile.

getBoolean

`boolean getBoolean (int i)`

`boolean getBoolean (String colName)`

Diese Methode gibt einen `boolean`-Wert zurück. Der Übergabewert ist entweder die Spaltennummer oder der Name der Spalte der aktuellen Zeile.

getByte

`byte getByte (int i)`

`byte getByte (String colName)`

Diese Methode gibt einen `byte`-Wert zurück. Der Übergabewert ist entweder die Spaltennummer oder der Name der Spalte der aktuellen Zeile.

getDate

`Date getDate (int i)`

`Date getDate (String colName)`

Diese Methode gibt ein `Date`-Objekt zurück. Der Übergabewert ist entweder die Spaltennummer oder der Name der Spalte der aktuellen Zeile.

getDouble

`double getDouble (int i)`

`double getDouble (String colName)`

Diese Methode gibt einen `double`-Wert zurück. Der Übergabewert ist entweder die Spaltennummer oder der Name der Spalte der aktuellen Zeile.

getFloat

`float getFloat (int i)`

`float getFloat (String colName)`

Diese Methode gibt einen `float`-Wert zurück. Der Übergabewert ist entweder die Spaltennummer oder der Name der Spalte der aktuellen Zeile.

getInt

```
int getInt (int i)
```

```
int getInt (String colName)
```

Diese Methode gibt einen `int`-Wert zurück. Der Übergabewert ist entweder die Spaltennummer oder der Name der Spalte der aktuellen Zeile.

getLong

```
long getLong (int i)
```

```
long getLong (String colName)
```

Diese Methode gibt einen `long`-Wert zurück. Der Übergabewert ist entweder die Spaltennummer oder der Name der Spalte der aktuellen Zeile.

getRow

```
int getRow ()
```

Diese Methode gibt die Nummer des aktuellen Datensatzes zurück. Der erste Datensatz hat die Zeilennummer 1.

getShort

```
short getShort (int i)
```

```
short getShort (String colName)
```

Diese Methode gibt einen `short`-Wert zurück. Der Übergabewert ist entweder die Spaltennummer oder der Name der Spalte der aktuellen Zeile.

getString

```
String getString (int i)
String getString (String colName)
```

Diese Methode gibt einen String zurück. Der Übergabewert ist entweder die Spaltennummer oder der Name der Spalte der aktuellen Zeile.

getTime

```
Time getTime (int i)
Time getTime (String colName)
```

Diese Methode gibt ein `Time`-Objekt zurück. Der Übergabewert ist entweder die Spaltennummer oder der Name der Spalte der aktuellen Zeile.

getTimestamp

```
Timestamp getTimestamp (int i)
Timestamp getTimestamp (String colName)
```

Diese Methode gibt ein `Timestamp`-Objekt zurück. Der Übergabewert ist entweder die Spaltennummer oder der Name der Spalte der aktuellen Zeile.

insertRow

```
void insertRow()
```

Diese Methode fügt eine neue Zeile in das aktuelle `ResultSet`-Objekt ein.

last

```
boolean last()
```

Diese Methode setzt den Cursor auf die letzte Zeile im `ResultSet`-Objekt. Wurde dies erfolgreich durchgeführt, ist der Rückgabewert `true`, andernfalls `false`.

next

```
boolean next()
```

Diese Methode setzt den Cursor auf die nächste Zeile im `ResultSet`-Objekt. Wurde dies erfolgreich durchgeführt, ist der Rückgabewert `true`, andernfalls `false`.

previous

```
boolean previous()
```

Diese Methode setzt den Cursor auf die vorhergehende Zeile im `ResultSet`-Objekt. Wurde dies erfolgreich durchgeführt, ist der Rückgabewert `true`, andernfalls `false`.

relative

```
boolean relative(int rows)
```

Diese Methode setzt den Cursor auf eine neue Zeile im `ResultSet`-Objekt. Die neue Zeile ist dabei relativ zur aktuellen Zeile. Über den Wert `rows` wird angegeben, um wieviele Zeilen zurück (negativer Wert) oder vor (positiver Wert) gezählt wird. Wurde dies erfolgreich durchgeführt, ist der Rückgabewert `true`, andernfalls `false`.

10.8 Die Statement-Schnittstelle

Die `Statement`-Schnittstelle setzt einen SQL-Befehl an die Datenbank ab und gibt ein Ergebnis zurück.

Die gebräuchlichsten Methoden werden im weiteren Verlauf beschrieben.

addBatch

`void addBatch(String sql)`

Diese Methode fügt einen SQL-Befehl zu einer Liste hinzu. Sämtliche SQL-Befehle, die sich in der Liste befinden, können über `executeBatch()` an die Datenbank abgesetzt werden.

clearBatch

`void clearBatch()`

Diese Methode löscht sämtliche SQL-Befehle aus der Liste, die über `addBatch()` hinzugefügt wurden.

close

`void close()`

Diese Methode gibt das verwendete `Statement`-Objekt frei.

execute

`boolean execute(String sql)`

Diese Methode setzt einen SQL-Befehl an die Datenbank ab. Der Rückgabewert ist `true`, wenn das Ergebnis des ausgeführten SQL-Befehls ein `ResultSet`-Objekt ist. Der Rückgabewert ist `false`, wenn die Datenbank durch den SQL-Befehl aktualisiert wurde oder sich kein Ergebnis ergeben hat.

executeBatch

`int[] executeBatch()`

Diese Methode führt mehrere SQL-Befehl aus, die sich in der Liste befinden und die über `addBatch()` hinzugefügt wurden. Der Rückgabewert ist ein Array aus `int`-Werten. Jeder `int`-Wert entspricht einem SQL-Befehl in der Reihenfolge, wie sie in der Liste vorliegen.

Der Wert gibt die Zeile in der Datenbanktabelle an, die vom SQL-Befehl betroffen ist. Die Methode ist erst ab J2SE 1.3 verfügbar.

executeQuery

```
ResultSet executeQuery(String sql)
```

Diese Methode setzt einen SQL-Befehl an die Datenbank ab. Die Methode wird hauptsächlich zum Senden des SQL-Befehls `SELECT` verwendet. Der Rückgabewert ist ein `ResultSet`-Objekt. Für die SQL-Befehle `INSERT`, `UPDATE`, oder `DELETE` sollte die Methode `executeUpdate()` verwendet werden.

executeUpdate

```
int executeUpdate(String sql)
```

Diese Methode setzt einen SQL-Befehl an die Datenbank ab. Die Methode wird hauptsächlich zum Senden der SQL-Befehle `INSERT`, `UPDATE`, oder `DELETE` verwendet. Der Rückgabewert ist ein `int`-Wert, das die Zeile angibt, die vom SQL-Befehl aktualisiert wurde. Für den SQL-Befehl `SELECT` sollte die Methode `executeQuery()` verwendet werden.

getResultSet

```
ResultSet getResultSet()
```

Diese Methode ermittelt das `ResultSet`-Objekt, das sich durch eine Datenbankanfrage via `executeQuery()` ergeben hat.

10.9 Die Time-Klasse

Die `Time`-Klasse repräsentiert den SQL-Datentyp `Time`. Ein Objekt dieser Klasse kann neben dem Konstruktor auch über die Methode `getTime()` aus dem Interface `ResultSet` erhalten werden.

Die gebräuchlichsten Methoden werden im weiteren Verlauf beschrieben.

Time

```
Time(long time)
```

Dieser Konstruktor erstellt ein `Time`-Objekt. An den Konstruktor werden die Millisekunden übergeben, die seit dem Beginn der Unix-Epoche am 01.01.1970 00:00:00.000 GMT vergangen sind.

setTime

```
public void setTime(long date)
```

Diese Methode setzt eine neue Uhrzeit. An die Methode werden die Millisekunden übergeben, die seit dem Beginn der Unix-Epoche am 01.01.1970 00:00:00.000 GMT vergangen sind.

toString

```
public String toString()
```

Diese Methode gibt das `Date`-Objekt als String zurück.

valueOf

```
public static Time valueOf(String s)
```

Diese Methode gibt das `Time`-Objekt zurück, das das Datum als String im Format Stunde:Minute:Sekunde repräsentiert.

10.10 Die Timestamp-Klasse

Die `Timestamp`-Klasse repräsentiert den SQL-Datentyp `Timestamp`. Ein Objekt dieser Klasse kann neben dem Konstruktor auch über die Methode `getTimestamp()` aus dem Interface `ResultSet` erhalten werden.

Die gebräuchlichsten Methoden werden im weiteren Verlauf beschrieben.

Timestamp

`Timestamp(long timestamp)`

Dieser Konstruktor erstellt ein `Timestamp`-Objekt. An den Konstruktor werden die Millisekunden übergeben, die seit dem Beginn der Unix-Epoche am 01.01.1970 00:00:00.000 GMT vergangen sind.

after

`public boolean after(Timestamp ts)`

Diese Methode stellt fest, ob die Zeit des aufrufenden Objekts nach der Zeit von *ts* liegt.

before

`public boolean before(Timestamp ts)`

Diese Methode stellt fest, ob die Zeit des aufrufenden Objekts vor der Zeit von *ts* liegt.

compareTo

`public int compareTo(Timestamp ts)`

`public int compareTo(Date d)`

Diese Methode vergleicht den Zeitwert in Millisekunden seit dem Beginn der Unix-Epoche des übergebenen `ts`-Objekt mit einem anderen `Timestamp`-Objekt. Der Rückgabewert ist 0, wenn die Werte beider Objekte übereinstimmen. Ist der Wert kleiner als 0 liegt das Datum davor, ist der Wert größer als 0, liegt der Zeitwert danach. Die Methode ist erst ab J2SE 1.2 verfügbar. Ab J2SE 5.0 kann auch statt eines `Timestamp`-Objekts ein `Date`-Objekt übergeben werden.

equals

```
public boolean equals(Timestamp ts)
```

Diese Methode stellt fest, ob die Zeit des aufrufenden Objekts gleich der Zeit von *ts* ist.

getNanos

```
public int getNanos()
```

Diese Methode ermittelt das Datum und die Uhrzeit des `Timestamp`-Objekts in Nanosekunden.

getTime

```
public long getTime()
```

Diese Methode ermittelt das Datum und die Uhrzeit des `Timestamp`-Objekts in Millisekunden.

setNanos

```
public void setNanos(int n)
```

Diese Methode setzt ein neues Datum und eine neue Uhrzeit. An die Methode werden die Nanosekunden übergeben, die seit dem Beginn der Unix-Epoche am 01.01.1970 00:00:00.000 GMT vergangen sind.

setTime

```
public void setTime(long date)
```

Diese Methode setzt ein neues Datum und eine neue Uhrzeit. An die Methode werden die Millisekunden übergeben, die seit dem Beginn der Unix-Epoche am 01.01.1970 00:00:00.000 GMT vergangen sind.

toString

```
public String toString()
```

Diese Methode gibt das `Timestamp`-Objekt als String im Format Jahr-Monat-Tag Stunde:Minute:Sekunde.Nanosekunden zurück.

valueOf

```
public static Timestamp valueOf(String s)
```

Diese Methode gibt das `Timestamp`-Objekt zurück, das das Datum als String im Format Jahr-Monat-Tag Stunde:Minute:Sekunde.Nanosekunden repräsentiert.

Programmiertipp

Das folgende Beispiel veranschaulicht die Verwendung des Pakets java.sql und deren Klassen bzw. Schnittstellen. Das erste Listing stellt eine Verbindung zum Datenbankprogramm MySQL her, erzeugt eine neue Datenbank (`java_ge_packt`) und eine Tabelle (`personen`). In die Tabelle werden zwei Datensätze eingefügt. Für dieses Beispiel ist das Datenbankprogramm MySQL und der JDBC-Treiber Connector/J erforderlich (beide erhältlich über `http://mysql.de`).

```
import java.sql.*;
class MySQLTest {
  public static void main(String args[]) {
   try {
    Class.forName("com.mysql.jdbc.Driver");
         Connection  conn  =  DriverManager.getConnec-
    tion("jdbc:mysql://localhost/test", "root", "");
    Statement stmt = conn.createStatement();
```

```
    String sql="create database java_ge_packt";
   stmt.executeUpdate(sql);
    sql="use java_ge_packt";
    stmt.executeUpdate(sql);
    sql="create table personen (name varchar(50))";
    stmt.executeUpdate(sql);
    sql="insert into personen values ('Michael')";
    stmt.executeUpdate(sql);
sql="insert into personen values ('Vicki')";
    stmt.executeUpdate(sql);
   }
   catch (ClassNotFoundException err) {
    System.out.println("\nTreiber nicht gefunden!");
    System.out.println("\n"+err);
  }
  catch (SQLException err) {
   System.out.println("\nConnect nicht moeglich");
   System.out.println("\n"+err);
  }
 }
}
```

In der Java-Applikation wird zuerst nach der Treiberklasse für des JDBC-Treibers gesucht. Standardmäßig ist dies bei Connector/J die Klasse com.mysql.jdbc.Driver. Sollte die Treiberklasse nicht gefunden werden, wird direkt der catch-Block mit der Ausnahme ClassNotFoundException ausgeführt. Anschließend wird über die Methode getConnection() der Klasse DriverManager eine Verbindung zur Datenbank hergestellt. In diesem Fall erfolgt die Verbindung zur MySQL-Datenbank (für andere Datenbankprogramme kann der Aufruf anders lauten). Über die Methode createStatement() wird ein Objekt des Statement-Interface erzeugt, über das der jeweilige SQL-Befehl mit Hilfe der Methode executeUpdate() an die Datenbank geschickt wird.

Das nachfolgende zweite Beispiel fragt die erzeugte Datenbanktabelle personen ab und gibt die Einträge aus der Datenbanktabelle aus.

```
    import java.sql.*;
class Abfrage {
  public static void main(String args[]) {
   try {
    Class.forName("com.mysql.jdbc.Driver");
         Connection  conn  =  DriverManager.getConnec-
   tion("jdbc:mysql://localhost/java_ge_packt",
   "root", "");
    Statement stmt = conn.createStatement();
    String sql="select * from personen";
    ResultSet res=stmt.executeQuery(sql);
```

```
    res.last();
        System.out.println("\nAnzahl:  "+ res.getRow()+
   "\n");
    res.beforeFirst();
    while (res.next()) {
     System.out.println("\nName: "+res.getString(1));
    }
   }
   catch (ClassNotFoundException err) {
    System.out.println("\nTreiber nicht gefunden!");
    System.out.println("\n"+err);
  }
  catch (SQLException err) {
   System.out.println("\nConnect nicht moeglich");
   System.out.println("\n"+err);
  }
 }
}
```

In diesem Beispiel wird in der `getConnection()`-Methode direkt die Datenbank angegeben, die im vorherigen Beispiel erzeugt wurde und die abgefragt werden soll. Über die Methode `executeQuery()` wird der erstellte SQL-Befehl an die Datenbank abgesetzt. Der Rückgabewert ist ein Objekt von `ResultSet`. In diesem Objekt liegen für dieses Beispiel zwei Datensätze vor.

Zuerst wird über die last()-Methode der Cursor an das Ende der Liste in dem ResultSet-Objekt gesetzt und dann über die getRow()-Methode die Nummer der Zeile ermittelt. Dies ist gleichbedeutend mit der Anzahl der zurückgegebenen Datensätze. Anschließend wird der Cursor vor den ersten Datensatz platziert (beforeFirst()). Jetzt werden über eine while-Schleife die einzelnen Datensätze durchlaufen. Die Laufbedingung der while-Schleife ist res.next(), d.h. solange wie ein einzelner Datensatz zurückgegeben wird. Über die Methode getString() wird die entsprechende Spalte des Datensatzes ermittelt und ausgegeben. Die folgende Abbildung zeigt die Ausgabe der Java-Applikation:

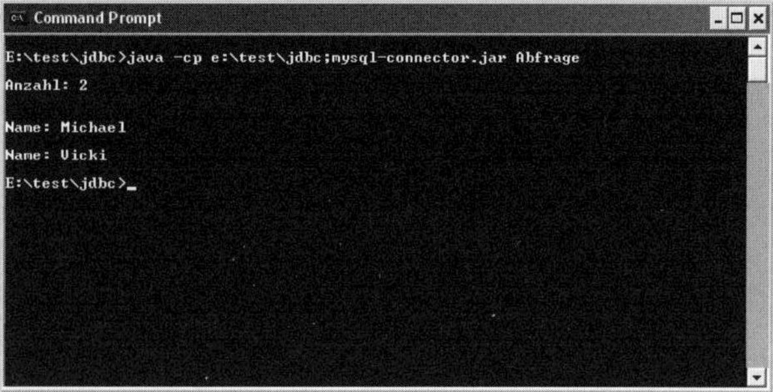

11 Die Klassen und Schnittstellen des Abstract Window Toolkit

Das Abstract Window Toolkit (AWT) enthält viele Klassen, Schnittstellen und Methoden, mit denen Fenster eingerichtet und verwaltet werden. Das AWT ist sehr umfangreich, so dass man einer vollständigen Beschreibung ein eigenes Buch widmen könnte. Dieses Kapitel beschreibt daher nur die gebräuchlichsten Elemente.

Die AWT-Hauptklassen sind im Paket `java.awt` enthalten. Das Paket enthält folgende Klassen:

`AlphaComposite`	`AWTEvent`	`AWTEventMulticaster`
`AWTKeyStroke`	`AWTPermission`	`BasicStroke`
`BorderLayout`	`BufferCapabilities`	`BufferCapabilities.FlipContents`
`Button`	`Canvas`	`CardLayout`
`Checkbox`	`CheckboxGroup`	`CheckboxMenuItem`
`Choice`	`Color`	`Component`
`ComponentOrientation`	`Container`	`ContainerOrderFocusTraversalPolicy`
`Cursor`	`DefaultFocusTraversalPolicy`	`DefaultKeyboardFocusManager`
`Dialog`	`Dimension`	`DisplayMode`
`Event`	`EventQueue`	`FileDialog`
`FlowLayout`	`FocusTraversalPolicy`	`Font`

FontMetrics	Frame	GradientPaint
Graphics	Graphics2D	GraphicsConfigTem-plate
GraphicsConfi-guration	GraphicsDevice	GraphicsEnviron-ment
GridBagConstraints	GridBagLayout	GridLayout
Image	ImageCapabilities	Insets
JobAttributes	JobAttributes.De-faultSelectionType	JobAttributes.De-stinationType
JobAttributes.Dia-logType	JobAttributes.Multiple-DocumentHandlingType	JobAttributes.Si-desType
KeyboardFocusManager	Label	List
MediaTracker	Menu	MenuBar
MenuComponent	MenuItem	MenuShortcut
MouseInfo	PageAttributes	PageAttributes.Co-lorType
PageAttributes.Me-diaType	PageAttributes.Orien-tationRequestedType	PageAttribu-tes.OriginType
PageAttribu-tes.PrintQualityType	Panel	Point
PointerInfo	Polygon	PopupMenu
PrintJob	Rectangle	RenderingHints
RenderingHints.Key	Robot	Scrollbar
ScrollPane	ScrollPaneAdjustable	SystemColor
TextArea	TextComponent	TextField
TexturePaint	Toolkit	Window

java.awt definiert darüber hinaus die folgenden Schnittstellen:

ActiveEvent	Adjustable	Composite
CompositeContext	ItemSelectable	KeyEventDispatcher
KeyEventPostProcessor	LayoutManager	LayoutManager2
MenuContainer	Paint	PaintContext
PrintGraphics	Shape	Stroke
Transparency		

Mit der Java-Spezifikation 1.1 kamen die folgenden Klassen und Schnittstellen hinzu: Adjustable, AWTEvent, AWTEventMulticaster, Cursor, EventQueue, ItemSelectable, LayoutManager2, MenuShortcut, PopupMenu, PrintGraphics, PrintJob, ScrollPane, Shape und SystemColor.

Mit der Java 2 Version 1.2 kamen weitere Klassen und Schnittstellen hinzu: ActiveEvent, AlphaComposite, AWTPermission, BasicStroke, ComponentOrientation, Composite, CompositeContext, GradientPaint, Graphics2D, GraphicsConfigTemplate, GraphicsConfiguration, GraphicsDevice, GraphicsEnvironment, Paint, PaintContext, RenderingHints, RenderingHints.key, Stroke, TexturePaint und Transparency.

Ab J2SE 1.3 sind diese Klassen und Schnittstellen verfügbar: JobAttributes, JobAttributes.DefaultSelectionType, JobAttributes.DestinationType, JobAttributes.DialogType, JobAttributes.MultipleDocumentHandlingType, JobAttributes.SidesType, PageAttributes, PageAttributes.ColorType, PageAttributes.MediaType, PageAttributes.OrientationRequestedType, PageAttributes.OriginType, PageAttributes.PrintQualityType, Robot.

J2SE 1.4 führt diese Klassen und Schnittstellen ein: AWTKeyStroke, BufferCapabilities, BufferCapabilities.FlipContents, ContainerOrderFocusTraversalPolicy, DefaultFocusTraversalPolicy, DisplayMode, FocusTraversalPolicy, ImageCapabilities, KeyboardFocusManager, ScrollPaneAdjustable, KeyEventDispatcher, KeyEventPostProcessor.

Ab J2SE 5.0 können diese Klassen und Schnittstellen genutzt werden: MouseInfo, PointerInfo.

Mit der Java-Spezifikation 1.1 wurde der Mechanismus für die Behandlung von Ereignissen geändert (siehe Kapitel 12). Deshalb hat man eine Reihe von Methoden unterschiedlicher AWT-Klassen verworfen. Dennoch werden in diesem Kapitel viele dieser Methoden behandelt, um denjenigen zu helfen, die älteren Code dem neuen Mechanismus für die Ereignisbehandlung anpassen müssen.

Auf Grund des großen Umfangs von java.awt können an dieser Stelle nur die gebräuchlichsten Klassen und Schnittstellen beschrieben werden.

11.1 Die AWTEvent-Klasse

Die AWTEvent-Klasse kapselt GUI-Ereignisse ein. Sie definiert mehrere int-Konstanten: ACTION_EVENT_MASK, ADJUSTMENT_EVENT_MASK, COMPONENT_EVENT_MASK, CONTAINER_EVENT_MASK, FOCUS_EVENT_MASK, HIERARCHY_BOUNDS_EVENT_MASK, HIERARCHY_EVENT_MASK, INPUT_METHODE_EVENT_MASK, INVOCATION_EVENT_MASK, ITEM_EVENT_MASK, KEY_EVENT_MASK, MOUSE_EVENT_MASK, MOUSE_MOTION_EVENT_MASK, MOUSE_WHEEL_EVENT_MASK, PAINT_EVENT_MASK, RESERVED_ID_MAX, TEXT_EVENT_MASK, WINDOW_EVENT_MASK, WINDOW_FOCUS_EVENT_MASK und WINDOW_STATE_EVENT_MASK. Mit diesen Konstanten kann der Typ eines Ereignisses festgelegt werden. Der Maximalwert einer Ereignis-ID wird mit RESERVED_ID_MAX festgelegt.

Der Ereignistyp wird in der `id`-Instanzvariablen gespeichert, die zum Typ `int` gehört.

Diese Klasse wurde mit der Java-Spezifikation 1.1 eingeführt. Einige der häufiger verwendeten Konstruktoren und Methoden dieser Klasse werden hier beschrieben.

Verwandte Klasse: `EventObjekt`

AWTEvent

`public AWTEvent(Event e)`

Dieser Konstruktor erzeugt ein `AWTEvent`-Objekt des `Event`-Objekts e.

`public AWTEvent(Object` *QuellObj*, `int` *Typ*`)`

Dieser Konstruktor erzeugt ein `AWTEvent`-Objekt. Das *QuellObj* ist das vom Ereignis erzeugte Objekt, welches zur Kategorie *Typ* gehört.

getID

`public int getID()`

Diese Methode gibt den Ereignistyp zurück.

toString

`public String toString()`

Diese Methode gibt den `String`-Wert des aufrufenden Objekts zurück.

11.2 Die BorderLayout-Klasse

Die `BorderLayout`-Klasse implementiert ein allgemeines Layout für obere Fensterklassen. Sie besteht aus schmalen Komponenten fester Größe in den Ecken und einem großen Fensterbereich in der Mitte.

Jeder dieser Bereiche trägt eine Bezeichnung: »Nord«, »Süd«, »Ost« und »West« stehen für die vier Randbereiche und »Mitte« für den mittleren Bereich. Die `BorderLayout`-Klasse definiert die Konstanten `NORTH`, `SOUTH`, `CENTER`, `EAST` und `WEST`.

Die Konstruktoren dieser Klasse werden im Folgenden vorgestellt.

BorderLayout

`public BorderLayout()`

Dies ist der Standardkonstruktor. Er erzeugt ein Standardrahmenlayout.

`public BorderLayout(int` *horz*`, int` *vert*`)`

Mit diesem Konstruktor kann ein horizontaler und vertikaler Zwischenraum zwischen den Komponenten festgelegt werden.

11.3 Die Button-Klasse

Eine `Button`-Objekt ist eine beschriftete Schaltfläche, die nach dem Anklicken ein Ereignis auslöst.

Die gebräuchlichsten Methoden dieser Klasse werden im Folgenden beschrieben.

Verwandte Klasse: `Component`

Button

`public Button(String` *str*`)`

Dieser Konstruktor erstellt ein `Button`-Objekt mit der mit *str* angegebenen Bezeichnung.

addActionListener

`public void addActionListener(ActionListener` *al*`)`

Diese Methode fügt den Objekten, die von dem `Button`-Objekt Aktionsereignisse erhalten, den `ActionListener` *al* hinzu.

Sie wurde mit der Java-Spezifikation 1.1 eingeführt.

getActionCommand

`public String getActionCommand()`

Diese Methode gibt den Befehl zurück, der mit dem vom `Button`-Objekt ausgelösten Aktionsereignis verbunden ist.

Sie wurde mit der Java-Spezifikation 1.1 eingeführt.

getLabel

`public String getLabel()`

Diese Methode gibt die Beschriftung (das heißt die Bezeichnung) des aufrufenden `Button`-Objekts zurück.

removeActionListener

`public void removeActionListener(ActionListener` *al*`)`

Diese Methode entfernt den `ActionListener` *al* aus der Liste der Objekte, die vom `Button`-Objekt Aktionsereignisse erhalten.

Sie wurde mit der Java-Spezifikation 1.1 eingeführt.

setActionCommand

`public void setActionCommand(String c)`

Diese Methode weist *c* den Namen des Befehls zu, der mit dem vom `Button`-Objekt ausgelösten Aktionsereignis verknüpft ist. (Standardmäßig stimmt die Bezeichnung der Schaltfläche mit dem Befehlsnamen überein.)

Die Methode wurde mit der Java-Spezifikation 1.1 eingeführt.

setLabel

`public void setLabel(String` *`str`*`)`

Diese Methode weist dem `Button`-Objekt die Bezeichnung *str* zu.

11.4 Die Canvas-Klasse

Die `Canvas`-Klasse kapselt ein leeres Fenster ein, in dem gezeichnet werden kann. Diese Klasse dient normalerweise als Superklasse anderer Klassen.

Der gebräuchlichste Konstruktor und die am häufigsten verwendete Methode werden hier beschrieben.

Verwandte Klasse: `Component`

Canvas

`public Canvas()`

Dieser Konstruktor erstellt ein neues `Canvas`-Objekt.

paint

`public void paint(Graphics` *`g`*`)`

Diese Methode zeigt die Bildfläche in der aktuellen Hintergrundfarbe. Der grafische Kontext ist in *g* enthalten. Eine von `Canvas` abgeleitete Klasse überschreibt normalerweise die Methode `paint()`.

update

`public void update(Graphics g)`

Diese Methode erzwingt ein erneutes Zeichnen des `Canvas`-Objekt.

11.5 Die Checkbox-Klasse

Ein `Checkbox`-Objekt ist ein kleines Kästchen mit einer Bezeichnung. Das Kästchen ist entweder markiert oder nicht markiert.

Die gebräuchlichsten Methoden dieser Klasse werden im Folgenden beschrieben.

Verwandte Klassen: `CheckboxGroup`, `Component`

Checkbox

`public Checkbox()`

Dieser Konstruktor erstellt ein neues `Checkbox`-Objekt ohne Beschriftung. Die Optionsschaltfläche ist nicht markiert.

`public Checkbox(String` *str*`)`

Dieser Konstruktor erstellt ein neues `Checkbox`-Objekt mit der mit *str* angegebenen Beschriftung. Die Optionsschaltfläche ist nicht markiert.

`public Checkbox(String` *str*`, boolean` *ein*`)`

Dieser Konstruktor erstellt ein neues `Checkbox`-Objekt mit der mit *str* angegebenen Beschriftung. Der Wert *ein* gibt den Anfangszustand für das Kästchen an. Lautet der Wert `true`, wird die Optionsschaltfläche markiert.

Dieser Konstruktor wurde mit der Java-Spezifikation 1.1 eingeführt.

```
public Checkbox(String str, CheckboxGroup cbGruppe,
    boolean ein)
```

Dieser Konstruktor erstellt ein neues Checkbox-Objekt mit der mit *str* angegebenen Beschriftung. Der Wert *ein* gibt den Anfangszustand für das Kästchen an. Lautet der Wert true, wird das Kästchen markiert. Mit *cbGruppe* wird die Gruppe (CheckboxGroup) angegeben, zu der die Optionsschaltfläche gehört.

```
public Checkbox(String str, boolean ein,
    CheckboxGroup cbGruppe)
```

Dieser Konstruktor erstellt ein neues Checkbox-Objekt mit der mit *str* angegebenen Beschriftung. Der Wert *ein* gibt den Anfangszustand für das Kästchen an. Lautet der Wert true, wird das Kästchen markiert. Mit *cbGruppe* wird die Gruppe (CheckboxGroup) angegeben, zu der die Optionsschaltfläche gehört.

Dieser Konstruktor wurde mit der Java-Spezifikation 1.1 eingeführt.

addItemListener

```
public void addItemListener(ItemListener il)
```

Diese Methode fügt der Liste der Objekte, die vom Checkbox-Objekt erzeugte Elementereignisse empfangen, den ItemListener *il* hinzu.

Sie wurde mit der Java-Spezifikation 1.1 eingeführt.

getCheckboxGroup

```
public CheckboxGroup getCheckboxGroup()
```

Diese Methode gibt das CheckboxGroup-Objekt zurück, zu welchem das aufrufende Checkbox-Objekt gehört.

getLabel

`public String getLabel()`

Diese Methode gibt die Beschriftung des `Checkbox`-Objekts zurück.

getSelectedObjects

`public Object[] getSelectedObjects()`

Bei markierter Schaltfläche gibt diese Methode ein Array mit einem Element zurück, das die Beschriftung der Schaltfläche enthält. Andernfalls wird `null` zurückgegeben

Sie wurde mit der Java-Spezifikation 1.1 eingeführt.

getState

`public boolean getState()`

Diese Methode gibt den Status des `Checkbox`-Objekts zurück. Sie gibt `true` zurück, wenn die Schaltfläche markiert ist, beziehungsweise `false`, wenn dies nicht der Fall ist.

removeItemListener

`public void removeItemListener(ItemListener` *il*`)`

Diese Methode entfernt den `ItemListener` *il* aus der Liste der Objekte, die vom aufrufenden `Checkbox`-Objekt erzeugte Elementereignisse empfangen.

Sie wurde mit der Java-Spezifikation 1.1 eingeführt.

setCheckboxGroup

`public void setCheckboxGroup(CheckboxGroup` *Gruppe*`)`

Diese Methode ordnet das `Checkbox`-Objekt der angegebenen *Gruppe* zu.

setLabel

`public void setLabel(String str)`

Diese Methode weist der Beschriftung des Checkbox-Objekts die Zeichenfolge *str* zu.

setState

`public void setState(boolean Status)`

Diese Methode stellt fest, ob das Checkbox-Objekt markiert ist. Wenn *Status* den Wert true hat, wird die Optionsschaltfläche markiert. Andernfalls erhält es kein Häkchen.

11.6 Die CheckboxGroup-Klasse

Um eine Reihe von Optionsschaltflächen gemeinsam anordnen zu können, muss zuerst die Gruppe definiert werden, der sie angehören sollen, und anschließend beim Einrichten der Optionsschaltflächen diese Gruppe angegeben werden. Optionsschaltflächengruppen sind Objekte vom Typ CheckboxGroup.

Die gebräuchlichsten Methoden dieser Klasse werden im Folgenden beschrieben.

Verwandte Klasse: Checkbox

CheckboxGroup

`public CheckboxGroup()`

Dieser Konstruktor erzeugt eine leere Optionsschaltflächengruppe.

getCurrent

`public Checkbox getCurrent()`

Diese Methode gibt einen Verweis auf das gerade ausgewählte `Checkbox`-Objekt zurück. Es ist immer nur eine Optionsschaltfläche einer Gruppe gesetzt.

Diese Methode wurde mit der Java-Spezifikation 1.1 verworfen.

getSelectedCheckbox

`public Checkbox getSelectedCheckbox()`

Diese Methode gibt einen Verweis auf das markierte `Checkbox`-Objekt zurück.

Sie wurde mit der Java-Spezifikation 1.1 eingeführt.

setCurrent

`public void setCurrent(Checkbox cb)`

Diese Methode setzt die mit *cb* angegebene Optionsschaltfläche.

Sie wurde mit der Java-Spezifikation 1.1 verworfen.

setSelectedCheckbox

`public void setSelectedCheckbox(Checkbox cb)`

Diese Methode setzt die mit *cb* angegebene Optionsschaltfläche.

Die Methode wurde mit der Java-Spezifikation 1.1 eingeführt.

11.7 Die CheckboxMenuItem-Klasse

Die `CheckboxMenuItem`-Klasse kapselt ein markierbares Menüelement ein. Im Folgenden werden die gebräuchlichsten Konstruktoren und Methoden dieser Klassen beschrieben.

Verwandte Klassen: `Menu`, `MenuBar`, `MenuItem`

CheckboxMenuItem

`public CheckboxMenuItem(String str)`

Dieser Konstruktor erzeugt ein Objekt mit der mit *str* angegebenen Bezeichnung. Das Objekt ist nicht markiert.

`public CheckboxMenuItem(String str, boolean markiert)`

Dieser Konstruktor erzeugt ein Objekt mit der mit *str* angegebenen Bezeichnung. Hat *markiert* den Wert `true`, wird das Element markiert.

Der Konstruktor wurde mit der Java-Spezifikation 1.1 eingeführt.

addItemListener

`public void addItemListener(ItemListener il)`

Diese Methode fügt den `ItemListener` *il* der Liste der Objekte hinzu, die vom `CheckboxMenuItem`-Objekt erzeugte Elementereignisse empfangen.

Sie wurde mit der Java-Spezifikation 1.1 eingeführt.

getState

`public boolean getState()`

Diese Methode gibt den Wert `true` zurück, wenn das `CheckboxMenuItem` markiert ist. Ist das `CheckboxMenuItem` nicht markiert, gibt sie `false` zurück.

removeItemListener

`public void removeItemListener(ItemListener il)`

Diese Methode entfernt den `ItemListener` *il* aus der Liste der Objekte, die vom `CheckboxMenuItem`-Objekt erzeugte Elementereignisse empfangen.

Sie wurde mit der Java-Spezifikation 1.1 eingeführt.

setState

`public void setState(boolean *Status*)`

Diese Methode stellt fest, ob das `CheckboxMenuItem`-Objekt markiert ist. Hat *Status* den Wert `true`, wird das Menüelement markiert. Andernfalls wird die Markierung entfernt.

11.8 Die Choice-Klasse

Mit der `Choice`-Klasse werden Popup-Listen erzeugt, in denen der Benutzer auswählen kann. Ein gerade nicht benutztes `Choice`-Element benötigt nur den Platz zum Anzeigen der aktuellen Auswahl. Klickt der Benutzer das Element an, wird die gesamte Liste angezeigt und eine neue Auswahl kann getroffen werden. Jedes Element der Liste ist eine am linken Rand ausgerichtete Zeichenfolge, die in der Reihenfolge erscheint, in der sie dem `Choice`-Objekt hinzugefügt wurde.

Die gebräuchlichsten Methoden dieser Klasse werden im Folgenden beschrieben.

Verwandte Klasse: `Component`

Choice

`public Choice()`

Dies ist der Standardkonstruktor. Er erzeugt ein leeres `Choice`-Objekt.

add

`public void add(String *str*)`

Diese Methode fügt der Auswahlliste das `String`-Objekt *str* hinzu. Sie kann eine `NullPointerException` auslösen.

Die Methode wurde mit der Java-Spezifikation 1.1 eingeführt.

addItem

```
public void addItem(String str)
```

Diese Methode fügt der Auswahlliste das `String`-Objekt *str* hinzu. Sie kann eine `NullPointerException` auslösen.

addItemListener

```
public void addItemListener(ItemListener il)
```

Diese Methode fügt den `ItemListener` *il* der Liste der Objekte hinzu, die vom `Choice`-Objekt erzeugte Elementereignisse empfangen.

Sie wurde mit der Java-Spezifikation 1.1 eingeführt.

countItems

```
public int countItems()
```

Diese Methode gibt die Anzahl der Elemente des `Choice`-Objekts zurück.

Sie wurde mit der Java-Spezifikation 1.1 verworfen.

getItem

```
public String getItem(int i)
```

Diese Methode gibt das Element zurück, das am Index *i* im `Choice`-Objekt gespeichert ist. Die Indizierung beginnt mit Null.

getItemCount

```
public int getItemCount()
```

Diese Methode gibt die Anzahl der Elemente des `Choice`-Objekts zurück.

Sie wurde mit der Java-Spezifikation 1.1 eingeführt.

getSelectedIndex

```
public int getSelectedIndex()
```

Diese Methode gibt den Index des aktuell ausgewählten `Choice`-Objekts zurück. Die Indizierung beginnt mit Null.

getSelectedItem

```
public String getSelectedItem()
```

Diese Methode gibt das aktuell ausgewählte Element des `Choice`-Objekts zurück.

getSelectedObjects

```
public Object[] getSelectedObjects()
```

Wenn das aufrufende `Choice`-Objekt leer ist, gibt diese Methode den Wert `null` zurück. Andernfalls wird ein Array mit einem Objekt zurückgegeben, bei dem es sich um das aktuell ausgewählte Element handelt.

Die Methode wurde mit der Java-Spezifikation 1.1 eingeführt.

insert

public void insert(String *str*, int *i*)

Diese Methode fügt ein neues Element in das aufrufende `Choice`-Objekt ein. Das einzufügende Element wird mit *str* angegeben. Die Indexposition, an der das Element einzufügen ist, wird mit *i* angegeben. Die Indizierung beginnt mit Null. Die Methode kann eine `IllegalArgumentException` auslösen.

Sie wurde mit der Java-Spezifikation 1.1 eingeführt.

remove

`public void remove(String str)`

Diese Methode entfernt das mit *str* übereinstimmende Element aus dem aufrufenden `Choice`-Objekt. Sie kann eine `IllegalArgumentException` auslösen.

Die Methode wurde mit der Java-Spezifikation 1.1 eingeführt.

`public void remove(int i)`

Diese Methode entfernt das Element an der Indexposition *i* aus dem aufrufenden `Choice`-Objekt. Die Indizierung beginnt mit Null.

Die Methode wurde mit der Java-Spezifikation 1.1 eingeführt.

removeAll

`public void removeAll()`

Diese Methode entfernt alle Elemente aus dem aufrufenden `Choice`-Objekt.

Sie wurde mit der Java-Spezifikation 1.1 eingeführt.

removeItemListener

`public void removeItemListener(ItemListener il)`

Diese Methode entfernt den `ItemListener` *il* aus der Liste der Objekte, die vom `Choice`-Objekt erzeugte Elementereignisse empfangen.

Sie wurde mit der Java-Spezifikation 1.1 eingeführt.

select

`public void select(int i)`

Diese Methode wählt das Element an der Indexposition *i* im aufrufenden `Choice`-Objekt aus. Die Indizierung beginnt mit Null. Diese Methode kann `IllegalArgumentException` erzeugen.

`public void select(String` *str*`)`

Diese Methode wählt das mit *str* übereinstimmende Element des aufrufenden `Choice`-Objekts aus.

11.9 Die Color-Klasse

Die `Color`-Klasse definiert zahlreiche Methoden für den Umgang mit Farben. Es gibt mehrere statische Variablen mit Verweisen auf die verschiedenen `Color`-Objekte. Diese Variablen sind: `black`, `blue`, `cyan`, `darkGray`, `gray`, `green`, `lightGray`, `magenta`, `orange`, `pink`, `red`, `white` und `yellow`.

Die gebräuchlichsten Methoden dieser Klasse werden im Folgenden beschrieben.

Color

`public Color(float` *r*`, float` *g*`, float` *b*`)`

Dieser Konstruktor erstellt ein `Color`-Objekt, dessen Rot-, Grün- und Blaukomponenten mit *r*, *g* und *b* angegeben werden Diese Werte müssen zwischen 0.0f und 1.0f (einschließlich) liegen.

`public Color(int` *r*`, int` *g*`, int` *b*`)`

Dieser Konstruktor erstellt ein `Color`-Objekt, dessen Rot-, Grün- und Blaukomponenten mit *r*, *g* und *b* angegeben werden Diese Werte müssen zwischen 0 und 255 (einschließlich) liegen.

`public Color(int` *rgbWert*`)`

Dieser Konstruktor erstellt ein `Color`-Objekt, dessen Rot-, Grün- und Blaukomponenten mit *rgbWert* angegeben werden. Dieses einzelne Argument gibt eine Mischung aus Rot-, Grün- und Blauanteilen in Form einer ganzen Zahl an. Diese Ganzzahl enthält in den Bits 16 bis 23 den Rotwert, in den Bits 8 bis 15 den Grünwert und in den Bits 0 bis 7 den Blauwert.

brighter

`public Color brighter()`

Diese Methode gibt ein `Color`-Objekt in einer helleren Version des aufrufenden Objekts zurück.

darker

`public Color darker()`

Diese Methode gibt ein `Color`-Objekt in einer dunkleren Version des aufrufenden Objekts zurück.

decode

`public static Color decode(String` *Name*`)`

Diese Methode gibt ein `Color`-Objekt in der mit *Name* angegebenen Farbe zurück. Sie kann eine `NumberFormatException` auslösen.

Die Methode wurde mit der Java-Spezifikation 1.1 eingeführt.

equals

`public boolean equals(Object` *Obj*`)`

Diese Methode überprüft, ob das aufrufende Objekt und *Obj* den gleichen Wert haben.

getBlue

`public int getBlue()`

Diese Methode gibt einen `int`-Wert zwischen 0 und 255 für den Blauwert des aufrufenden Objekts zurück.

getColor

`public static Color getColor(String` *`Name`*`)`

Diese Methode gibt ein `Color`-Objekt in der mit *Name* angegebenen Farbe zurück.

Sie wurde mit der Java-Spezifikation 1.1 eingeführt.

getGreen

`public int getGreen()`

Diese Methode gibt einen `int`-Wert zwischen 0 und 255 für den Grünwert des aufrufenden Objekts zurück.

getHSBColor

`public static Color getHSBColor(float` *`h`*`, float` *`s`*`, float` *`b`*`)`

Diese Methode gibt ein `Color`-Objekt mit dem Farbton *h*, der Sättigung *s* und der Helligkeit *b* zurück.

getRed

`public int getRed()`

Diese Methode gibt einen `int`-Wert zwischen 0 und 255 für den Rotwert des aufrufenden Objekts zurück.

getRGB

`public int getRGB()`

Diese Methode gibt einen `int`-Wert mit den Rot-, Grün- und Blauanteilen des aufrufenden `Color`-Objekts zurück. Die Bits 23 bis 16 geben den Rotanteil, die Bits 15 bis 8 den Grünanteil und die Bits 7 bis 0 den Blauanteil an.

hashCode

```
public int hashCode()
```

Diese Methode gibt den Hash-Code des aufrufenden Objekts zurück.

HSBtoRGB

```
public static int HSBtoRGB(float h, float s, float b)
```

Diese Methode übernimmt die Werte für Farbton, Sättigung sowie Helligkeit und gibt den Rot-, Grün- und Blauanteilen als `int`-Wert zurück. Die Bits 23 bis 16 geben den Rotanteil, die Bits 15 bis 8 den Grünanteil und die Bits 7 bis 0 den Blauanteil an. Farbton, Sättigung und Helligkeit werden mit *h*, *s* und *b* angegeben.

RGBtoHSB

```
public static float[] RGBtoHSB(int r, int g, int b, float
    hsb[])
```

Diese Methode gibt die übergebenen Werte für den Rot-, Grün- und Blauanteil mit den entsprechenden Werten für Farbton, Sättigung und Helligkeit in einem `float`-Array zurück. Die Rot-, Grün- und Blauanteile werden mit *r*, *g* und *b* angegeben. Das Array, in welches die HSB-Informationen geschrieben werden, wird mit *hsb* angegeben.

toString

```
public String toString()
```

Diese Methode gibt den `String`-Wert des aufrufenden Objekts zurück.

11.10 Die Component-Klasse

An der Spitze der AWT-Hierarchie steht die abstrakte Klasse `Component`. Alle auf den Bildschirm angezeigten und mit dem Benutzer interagierenden Elemente der Benutzerschnittstelle sind Unterklassen von `Component`. Die Klasse definiert fast hundert öffentliche Methoden für den Umgang mit Ereignissen ,wie zum Beispiel Maus- oder Tastatureingaben, Platzierungen und Größenveränderungen von Fenstern oder Farbveränderungen.

Nachdem mit der Java-Spezifikation 1.1 der Mechanismus für die Behandlung von Ereignissen geändert wurde (siehe Kapitel 12), wurden zahlreiche Methoden der `Component`-Klasse verworfen. Für diejenigen, die älteren Code diesem neuen Ereignisbehandlungsmechanismus anpassen müssen, werden diese inzwischen veralteten Methoden aber trotzdem vorgestellt. In neu zu erstellenden Programmen sollte der Ereignisbehandlungsmechanismus mit den Event Listeners verwendet werden.

Die gebräuchlichsten Methoden dieser Klasse werden im Folgenden beschrieben.

Component

`public Component()`

Dies ist der Standardkonstruktor.

action

`public boolean action(Event` *evtObj*`, Object` *arg*`)`

Diese Methode wird aufgerufen, wenn ein Steuerelement ein Ereignis auslöst. Damit ein Programm diese Ereignisse verarbeiten kann, muss `action()` überschrieben werden. Diese überschreibende Methode muss `true` zurückgeben, wenn sie das Ereignis behandelt, beziehungsweise `false`, wenn sie dies nicht tut. Wird das Ereignis nicht behandelt, kann auch das Ergebnis der Methode `handleEvent()` der Superklasse zurückgegeben werden.

Die Methode wurde mit der Java-Spezifikation 1.1 verworfen.

addComponentListener

`public void addComponentListener(ComponentListener` *cl*`)`

Diese Methode fügt den `ComponentListener` *cl* derjenigen Reihe von Objekten hinzu, die von dieser Komponente erzeugte Komponentenereignisse empfangen.

Sie wurde mit der Java-Spezifikation 1.1 eingeführt.

addFocusListener

`public void addFocusListener(FocusListener` *fl*`)`

Diese Methode fügt den `FocusListener` *fl* derjenigen Reihe von Objekten hinzu, die von dieser Komponente erzeugte Fokusereignisse empfangen.

Sie wurde mit der Java-Spezifikation 1.1 eingeführt.

addInputMethodListener

`public void addInputMethodListener(InputMethodListener` *il*`)`

Diese Methode fügt den `InputMethodListener` *il* derjenigen Reihe von Objekten hinzu, die von dieser Komponente erzeugte Komponentenereignisse empfangen.

Sie wurde mit Java 2 eingeführt.

addKeyListener

`public void addKeyListener(KeyListener` *kl*`)`

Diese Methode fügt den `KeyListener` *kl* derjenigen Reihe von Objekten hinzu, die von dieser Komponente erzeugte Tastaturereignisse empfangen.

Sie wurde mit der Java-Spezifikation 1.1 eingeführt.

addMouseListener

`public void addMouseListener(MouseListener` *ml*`)`

Diese Methode fügt den `MouseListener` *ml* derjenigen Reihe von Objekten hinzu, die von dieser Komponente erzeugte Mausereignisse empfangen.

Sie wurde mit der Java-Spezifikation 1.1 eingeführt.

addMouseMotionListener

`public void addMouseMotionListener (MouseMotionListener` *mml*`)`

Diese Methode fügt den `MouseMotionListener` *mml* derjenigen Reihe von Objekten hinzu, die von dieser Komponente erzeugte Mausbewegungsereignisse empfangen.

Sie wurde mit der Java-Spezifikation 1.1 eingeführt.

contains

```
public boolean contains(int x, int y)
public boolean contains(Point p)
```

Diese Methode prüft, ob in der Komponete die angegebene (x,y)-Koordinate bzw. das `Point`-Objekt enthalten ist.

enableInputMethoden

`public void enableInputMethoden(boolean ein)`

Diese Methode aktiviert die Unterstützung von Input-Methoden, wenn *ein* den Wert `true` hat. Hat *ein* den Wert `false`, wird die Unterstützung deaktiviert

Die Methode wurde mit Java 2 eingeführt.

getBackground

`public Color getBackground()`

Diese Methode gibt das `Color`-Objekt für die Hintergrundfarbe des aufrufenden `Component`-Objekts zurück.

getComponentAt

`public Component getComponentAt(int x, int y)`

Diese Methode liefert die Komponente an der (x,y)-Koordinate zurück.

getFont

`public Font getFont()`

Diese Methode gibt das mit dem aufrufenden `Component`-Objekt verbundene `Font`-Objekt zurück.

getFontMetrics

`public FontMetrics getFontMetrics(Font f)`

Diese Methode gibt das `FontMetrics`-Objekt zurück, das mit dem aufrufenden `Component`-Objekt für die angegebene Schriftart *f* verbunden ist.

getForeground

```
public Color getForeground()
```

Diese Methode gibt das `Color`-Objekt für die Vordergrundfarbe des aufrufenden `Component`-Objekts zurück.

getGraphics

```
public Graphics getGraphics()
```

Diese Methode gibt das mit dem aufrufenden `Component`-Objekt verbundene `Graphics`-Objekt zurück.

getHeight

```
public int getHeight()
```

Diese Methode gibt die Höhe des aufrufenden `Component`-Objekts zurück.

Sie wurde mit Java 2 eingeführt.

getMaximumSize

```
public Dimension getMaximumSize()
```

Diese Methode gibt die maximale Höhe des aufrufenden `Component`-Objekts zurück.

Sie wurde mit der Java-Spezifikation 1.1 eingeführt.

getMinimumSize

```
public Dimension getMinimumSize()
```

Diese Methode gibt die minimale Höhe des aufrufenden `Component`-Objekts zurück.

Sie wurde mit der Java-Spezifikation 1.1 eingeführt.

getMousePosition

`public Point getMousePosition()`

Diese Methode gibt die (x,y)-Koordinate der Maus innerhalb der Komponente zurück. Die Methode ist erst ab J2SE 5.0 verfügbar.

getName

`public String getName()`

Diese Methode ermittelt den Namen der Komponente.

getParent

`public Container getParent()`

Diese Methode gibt einen Verweis auf den Container zurück, in dem das aufrufende `Component`-Objekt gespeichert ist.

getPreferredSize

`public Dimension getPreferredSize()`

Diese Methode gibt die Voreinstellungen des aufrufenden `Component`-Objekts zurück.

Sie wurde mit der Java-Spezifikation 1.1 eingeführt.

getSize

`public Dimension getSize()`

Diese Methode gibt die Größe des aufrufenden `Component`-Objekts zurück.

Sie wurde mit der Java-Spezifikation 1.1 eingeführt.

getWidth

`public int getWidth()`

Diese Methode gibt die Breite des aufrufenden Component-Objekts zurück.

Sie wurde mit Java 2 eingeführt.

getX

`public int getX()`

Diese Methode gibt die X-Koordinate des aufrufenden Component-Objekts zurück.

Sie wurde mit Java 2 eingeführt.

getY

`public int getY()`

Diese Methode gibt die Y-Koordinate des aufrufenden Component-Objekts zurück.

Sie wurde mit Java 2 eingeführt.

handleEvent

`public boolean handleEvent(Event` *evtObj*`)`

Diese Methode behandelt Ereignisse für das aufrufende Component-Objekt. Das von einer beliebigen Komponente erzeugt Event-Objekt wird mit *evtObj* übergeben. Die Methode muss true zurückgeben, wenn sie das Ereignis behandelt hat. Andernfalls muss sie false zurückgeben. Der Code überschreibt normalerweise diese Methode.

Sie wurde mit der Java-Spezifikation 1.1 verworfen.

hasFocus

`public boolean hasFocus()`

Diese Methode stellt fest, ob die aufrufende Komponente den Tastaturfokus hat. Sie gibt `true` zurück, wenn dies der Fall ist, andernfalls wird `false` zurückgegeben.

Die Methode wurde mit Java 2 hinzugefügt.

hide

`public void hide()`

Diese Methode entfernt das aufrufende Objekt vom Bildschirm.

Sie wurde mit der Java-Spezifikation 1.1 verworfen.

isVisible

`public boolean isVisible()`

Diese Methode gibt `true` zurück, wenn die Komponente sichtbar ist, andernfalls `false`.

keyDown

`public boolean keyDown(Event` *evtObj*`, int` *k*`)`

Diese Methode ist ein spezieller Ereignis-Handler für die Verarbeitung von Tastaturereignissen. Das von einer beliebigen Komponente erzeugte `Event`-Objekt wird mit *evtObj* übergeben. *k* enthält die gedrückte Taste. Die Methode muss `true` zurückgeben, wenn sie das Ereignis behandelt hat. Andernfalls muss sie `false` zurückgeben. Der Code überschreibt normalerweise diese Methode.

Sie wurde mit der Java-Spezifikation 1.1 verworfen.

keyUp

`public boolean keyUp(Event` *evtObj*`, int` *k*`)`

Diese Methode ist ein spezieller Ereignis-Handler für das Loslassen einer Taste. Das von einer beliebigen Komponente erzeugte `Event`-

Objekt wird mit *evtObj* übergeben. *k* enthält die Taste, die losgelassen wurde. Die Methode muss `true` zurückgeben, wenn sie das Ereignis behandelt hat. Andernfalls muss sie `false` zurückgeben. Der Code überschreibt normalerweise diese Methode.

Sie wurde mit der Java-Spezifikation 1.1 verworfen.

mouseDown

`public boolean mouseDown (Event` *evtObj*`, int` *x*`, int` *y*`)`

Diese Methode wird aufgerufen, wenn eine Maustaste gedrückt wird. Das `Event`-Objekt, welches das Ereignis beschreibt, wird mit *evtObj* übergeben. *x* und *y* geben die Koordinaten zum Zeitpunkt des Mausklicks an. Diese Methode muss `true` zurückgeben, wenn sie das Ereignis behandelt. Der Code überschreibt normalerweise diese Methode.

Sie wurde mit der Java-Spezifikation 1.1 verworfen.

mouseDrag

`public boolean mouseDrag (Event` *evtObj*`, int` *x*`, int` *y*`)`

Diese Methode wird aufgerufen, wenn die Maus bei gedrückter Taste bewegt wird. Das `Event`-Objekt, welches das Ereignis beschreibt, wird mit *evtObj* übergeben. *x* und *y* geben die Koordinaten zum Zeitpunkt des Mausklicks an. Diese Methode muss `true` zurückgeben, wenn sie das Ereignis behandelt. Bewegungsereignisse der Maus treten so lange auf, wie die Maus innerhalb des Fensters bewegt wird und dabei eine Taste gedrückt ist. Der Code überschreibt normalerweise diese Methode.

Sie wurde mit der Java-Spezifikation 1.1 verworfen.

mouseEnter

`public boolean mouseEnter(Event evtObj, int x, int y)`

Diese Methode wird aufgerufen, wenn die Maus in das Fenster bewegt wird. Das `Event`-Objekt, welches das Ereignis beschreibt, wird mit *evtObj* übergeben. *x* und *y* geben die Koordinaten zum Zeitpunkt des Mausklicks an. Diese Methode muss *true* zurückgeben, wenn sie das Ereignis behandelt. Der Code überschreibt normalerweise diese Methode.

Sie wurde mit der Java-Spezifikation 1.1 verworfen.

mouseExit

`public boolean mouseExit(Event evtObj, int x, int y)`

Diese Methode wird aufgerufen, wenn die Maus aus dem Bereich des Fensters heraus bewegt wird. Das `Event`-Objekt, welches das Ereignis beschreibt, wird mit *evtObj* übergeben. *x* und *y* geben die Koordinaten zum Zeitpunkt des Mausklicks an. Diese Methode muss `true` zurückgeben, wenn sie das Ereignis behandelt. Der Code überschreibt normalerweise diese Methode.

Sie wurde mit der Java-Spezifikation 1.1 verworfen.

mouseMove

`public boolean mouseMove(Event evtObj, int x, int y)`

Diese Methode wird aufgerufen, wenn die Maus bewegt wird. Das `Event`-Objekt, welches das Ereignis beschreibt, wird mit *evtObj* übergeben. *x* und *y* geben die Koordinaten zum Zeitpunkt des Mausklicks an. Diese Methode muss `true` zurückgeben, wenn sie das Ereignis behandelt. Mausbewegungsereignisse treten so lange auf, bis der Mauszeiger aus dem Fenster heraus bewegt wird und keine Taste mehr gedrückt ist. Der Code überschreibt normalerweise diese Methode.

Die Methode wurde mit der Java-Spezifikation 1.1 verworfen.

mouseUp

`public boolean mouseUp(Event evtObj, int x, int y)`

Diese Methode wird aufgerufen, wenn die Maustaste nicht mehr gedrückt wird. Das Event-Objekt, welches das Ereignis beschreibt, wird mit *evtObj* übergeben. *x* und *y* geben die Koordinaten zum Zeitpunkt des Mausklicks an. Diese Methode muss `true` zurückgeben, wenn sie das Ereignis behandelt. Der Code überschreibt normalerweise diese Methode.

Sie wurde mit der Java-Spezifikation 1.1 verworfen.

paint

`public void paint(Graphics g)`

Diese Methode zeichnet die Komponente auf das mit *g* angegebene `Graphics`-Objekt. Normalerweise überschreibt ein Programm diese Methode, um eigene anwendungsspezifische Aktionen durchführen zu können.

paintAll

`public void paintAll(Graphics g)`

Diese Methode zeichnet die Komponente und deren untergeordneten Komponenten auf das mit *g* angegebene `Graphics`-Objekt.

removeComponentListener

`public void removeComponentListener(ComponentListener cl)`

Diese Methode entfernt den `ComponentListener` *cl* aus der Reihe der Objekte, die Komponentenereignisse von der aufrufenden Komponente empfangen.

Sie wurde mit der Java-Spezifikation 1.1 eingeführt.

removeFocusListener

`public void removeFocusListener(FocusListener fl)`

Diese Methode entfernt den `FocusListener` *fl* aus der Reihe der Objekte, die Fokusereignisse von der aufrufenden Komponente empfangen.

Sie wurde mit der Java-Spezifikation 1.1 eingeführt.

removeInputMethodListener

```
public void removeInputMethodListener(InputMethodListener
    il)
```

Diese Methode entfernt den `InputMethodListener` *il* aus der Reihe der Objekte, die Fokusereignisse von der aufrufenden Komponente empfangen.

Sie wurde mit Java 2 eingeführt.

removeKeyListener

`public void removeKeyListener(KeyListener kl)`

Diese Methode entfernt den `KeyListener` *kl* aus der Reihe der Objekte, die Schlüsselereignisse von der aufrufenden Komponente empfangen.

Sie wurde mit der Java-Spezifikation 1.1 eingeführt.

removeMouseListener

`public void removeMouseListener(MouseListener ml)`

Diese Methode entfernt den `MouseListener` *ml* aus der Reihe der Objekte, die `MouseListener`-Ereignisse von der aufrufenden Komponente empfangen.

Sie wurde mit der Java-Spezifikation 1.1 eingeführt.

removeMouseMotionListener

```
public void removeMouseMotionListener(MouseMotionListener
    mml)
```

Diese Methode entfernt den `MouseMotionListener` *mml* aus der Reihe der Objekte, die `MouseMotionListener`-Ereignisse von der aufrufenden Komponente empfangen.

Sie wurde mit der Java-Spezifikation 1.1 eingeführt.

repaint

```
public void repaint()
```

Diese Methode verlangt von der Java Virtual Machine den Aufruf der Methoden `update()` und `paint()`. Dadurch wird das aufrufende Objekt neu gezeichnet.

setBackground

```
public void setBackground(Color bc)
```

Diese Methode setzt die Hintergrundfarbe der aufrufenden Komponente auf den Wert *bc*.

setFont

```
public void setFont(Font f)
```

Diese Methode weist dem aufrufenden `Component`-Objekt die Schriftart *f* zu.

setForeground

`public void setForeground(Color fc)`

Diese Methode setzt die Hintergrundfarbe der aufrufenden Komponente auf den Wert *fc*.

setVisible

`public void setVisible(boolean sichtbar)`

Wenn *sichtbar* den Wert `true` hat, wird das aufrufende Objekt sichtbar gemacht. Hat es den Wert `false`, wird das aufrufende Objekt vom Bildschirm entfernt.

Diese Methode wurde mit der Java-Spezifikation 1.1 eingeführt.

show

`public void show()`

Diese Methode zeigt das aufrufende Objekt auf dem Bildschirm an.

Sie wurde mit der Java-Spezifikation 1.1 verworfen.

`public void show(boolean sichtbar)`

Wenn *sichtbar* den Wert `true` hat, wird das aufrufende Objekt sichtbar gemacht. Hat es den Wert `false`, wird das aufrufende Objekt vom Bildschirm entfernt.

Diese Methode wurde mit der Java-Spezifikation 1.1 verworfen.

update

`public void update(Graphics g)`

Die Standardimplementierung dieser Methode setzt den gesamten Anzeigebereich der Komponente auf die Hintergrundfarbe und ruft anschließend die Methode `paint()` auf. Eigene Programme könne diese Methode überschreiben, um ein anderes Verhalten zu erreichen.

11.11 Die Container-Klasse

Die abstrakte `Container`-Klassen wurde von der Klasse `Component` abgeleitet. Sie besitzt zusätzliche Methoden, mit denen andere `Component`-Objekte innerhalb der Klasse verschachtelt werden können. Ein Container ist für das Layout (die Platzierung) aller seiner Komponenten verantwortlich. Dies geschieht mit unterschiedlichen *Layoutmanagern.*

Die gebräuchlichsten Methoden dieser Klasse werden im Folgenden beschrieben.

Verwandte Klasse: `Component`

Container

`protected Container()`

Dies ist der Standardkonstruktor. Er erzeugt ein leeres `Container`-Objekt.

add

`public Component add(Component c)`

Diese Methode fügt dem aufrufenden `Container`-Objekt die Komponente *c* hinzu.

`public Component add(String` *Name*`, Component c)`

Diese Methode fügt dem aufrufenden `Container`-Objekt die Komponente *c* hinzu. *Name* gibt an, wo die Komponente hinzugefügt werden soll, zum Beispiel `add("North", new Button("Start"));`.

addContainerListener

```
public void addContainerListener(ContainerListener cl)
```

Diese Methode fügt den `ContainerListener` *cl* derjenigen Reihe von Objekten hinzu, die Container-Ereignisse vom aufrufenden Container-Objekt empfangen.

Sie wurde mit der Java-Spezifikation 1.1 eingeführt.

getComponents

```
public Component[] getComponents()
```

Diese Methode ermittelt sämtliche `Component`-Objekt, die sich im `Container` befinden. Der Rückgabewert ist ein Array.

getLayout

```
public LayoutManager getLayout()
```

Diese Methode gibt das `LayoutManager`-Objekt des aufrufenden `Container`-Objekts zurück.

getMousePosition

```
public Point getMousePosition(boolean children)
```

Diese Methode gibt die (x,y)-Koordinate als Point-Objekt der Maus innerhalb des Containers zurück. Die Methode ist erst ab J2SE 5.0 verfügbar.

paint

```
public void paint(Graphics g)
```

Diese Methode zeichnet das aufrufende Objekt auf dem mit *g* angegebenen `Graphics`-Objekt. Eigener Code überschreibt in der Regel die Methode `paint()`.

remove

`public void remove(Component c)`

Diese Methode entfernt die Komponente *c* aus dem aufrufenden `Container`-Objekt.

removeAll

`public void removeAll()`

Diese Methode entfernt sämtliche Komponenten aus dem aufrufenden `Container`-Objekt.

setLayout

`public void setLayout(LayoutManager lm)`

Diese Methode wählt den Layoutmanager *lm* für das aufrufende `Container`-Objekt aus.

11.12 Die Dialog-Klasse

Mit der `Dialog`-Klasse werden Dialogfelder eingerichtet und verwaltet. Sie dienen in erster Linie zur Entgegennahme von Benutzereingaben. Sie sind mit Frames vergleichbar, mit dem Unterschied, das Dialogfelder immer untergeordnete Fenster eines übergeordneten Fensters sind. Außerdem besitzen Dialogfelder keine Menüleisten. Andererseits funktionieren Dialogfelder auch wie Frames. (Es können beispielsweise genau wie bei einem Frame Steuerelemente hinzugefügt werden.) Die Klasse unterscheidet *modale* und *nicht modale* Dialoge. Wenn ein modales Dialogfeld aktiv ist, werden alle Eingabe in dieses Feld gelenkt, bis es geschlossen wird. Das bedeutet, dass auf andere Teile des Programms erst wieder zugegriffen werden kann, wenn das Dialogfeld geschlossen wurde. Ist ein nicht modales Dialogfeld aktiv, kann der Fokus der Eingabe an ein anderes Programmfenster umgeleitet werden.

Die Klasse `Dialog` ist von `Window` abgeleitet und erbt deren Methoden.

Im Folgenden werden die beiden gebräuchlichsten Konstruktoren der `Dialog`-Klasse beschrieben.

Dialog

`public Dialog(Frame` *übergeordnetesFenster*`, boolean` *Modus*`)`

Dieser Konstruktor erstellt ein `Dialog`-Objekt. Eigentümer des Dialogfeldes ist das übergeordnete Fenster *übergeordnetesFenster*. Hat *Modus* den Wert `true`, handelt es sich um ein modales Dialogfeld, andernfalls ist es ein nicht modales Dialogfeld. In der Regel werden abgeleitete Klassen von `Dialog` eingerichtet, um einer Anwendung die erforderliche Funktionalität zu verleihen.

`public Dialog(Frame` *übergeordnetesFenster*`, String` *Titel*`,`
`boolean` *Modus*`)`

Dieser Konstruktor erstellt ein `Dialog`-Objekt. Eigentümer des Dialogfeldes ist das übergeordnete Fenster *übergeordnetesFenster*. Hat *Modus* den Wert `true`, handelt es sich um ein modales Dialogfeld, andernfalls ist es ein nicht modales Dialogfeld. Die Überschrift des Dialogfeldes kann mit *Titel* übergeben werden. In der Regel werden abgeleitete Klassen von `Dialog` eingerichtet, um einer Anwendung die erforderliche Funktionalität zu verleihen.

11.13 Die Dimension-Klasse

Die `Dimension`-Klasse besitzt zwei Instanzvariablen: `height` und `width`. Beide gehören zum Typ `int`.

Die gebräuchlichsten Konstruktoren und Methoden werden im Folgenden vorgestellt.

Dimension

`public Dimension()`

Dieser Konstruktor erzeugt ein Objekt, dessen Höhe und Breite null betragen.

`public Dimension(Dimension` *d*`)`

Dieser Konstruktor erzeugt ein Objekt, dessen Breite und Höhe mit *d* angegeben werden.

`public Dimension(int` *b*`, int` *h*`)`

Dieser Konstruktor erzeugt ein Objekt, dessen Breite und Höhe gleich *b* beziehungsweise *h* sind.

equals

`public boolean equals(Object` *Obj*`)`

Diese Methode überprüft, ob das aufrufende Objekt und *Obj* den gleichen Wert haben.

Sie wurde mit der Java-Spezifikation 1.1 eingeführt.

getSize

`public Dimension getSize()`

Diese Methode gibt ein `Dimension`-Objekt zurück, dessen Eigenschaften mit denen des aufrufenden Objekts identisch sind.

Sie wurde mit der Java-Spezifikation 1.1 eingeführt.

setSize

`public void setSize(Dimension d)`

Diese Methode setzt die Breite und Höhe des aufrufenden Objekts auf die Maße von *d*.

Sie wurde mit der Java-Spezifikation 1.1 eingeführt.

`public void setSize(int b, int h)`

Diese Methode setzt Breite und Höhe des aufrufenden Objekts auf die Wert *b* und *h*.

Sie wurde mit der Java-Spezifikation 1.1 eingeführt.

toString

`public String toString()`

Diese Methode gibt den `String`-Wert des aufrufenden Objekts zurück.

11.14 Die Event-Klasse

Die `Event`-Klasse unterstützt Ereignisse im älteren Java 1.0-Stil. Diese Klasse wird vom neuen Mechanismus für die Behandlung von Ereignissen nicht verwendet (siehe Kapitel 12). Sie wird hier für derjenigen erörtert, die älteren Code aktualisieren müssen.

Es gibt zehn Instanzvariablen. `arg` ist ein Verweis auf ein Objekt mit Hilfsinformationen zu einem Ereignis. `clickCount` ist eine `int`-Variable, die die Anzahl aufeinander folgender Mausklicks aufzeichnet. evt ist ein Verweis auf ein Event-Objekt. Er wird bei der Anlage einer verknüpften Liste von Ereignissen verwendet. id ist eine int-Variable, die das Ereignis eindeutig kennzeichnet. key ist eine int-Variable, die einen Tastendruck aufzeichnet. modifiers ist eine int-Variable mit dem Status der Umschalttasten (Strg, Alt, Hochstelltaste und Metatasten). target ist ein Verweis auf das Objekt, welches das Ereignis ausgelöst hat. when ist eine long-Variable, die den Zeitpunkt eines Ereigniseintritts aufzeichnet. x und y sind int-Variablen, die aufzeichnen, wo das Ereignis aufgetreten ist.

Darüber hinaus wurden auch zahlreiche int-Konstanten definiert: ACTION_EVENT, ALT_MASK, BACK_SPACE, CAPS_LOCK, CTRL_MASK, DELETE, DOWN, END, ENTER, ESCAPE, F1, F2, F3, F4, F5, F6, F7, F8, F9, F10, F11, F12, GOT_FOCUS, HOME, INSERT, KEY_ACTION, KEY_ACTION_RELEASE, KEY_PRESS, KEY_RELEASE, LEFT, LIST_DESELECT, LIST_SELECT, LOAD_FILE, LOST_ FOCUS, META_MASK, MOUSE_DOWN, MOUSE_DRAG, MOUSE_ENTER, MOUSE_EXIT, MOUSE_MOVE, MOUSE_UP, NUM_LOCK, PAUSE, PGDN, PGUP, PRINT_SCREEN, RIGHT, SAVE_FILE, SCROLL_ABSOLUTE, SCROLL_BEGIN, SCROLL_END, SCROLL_LINE_DOWN, SCROLL_LINE_UP, SCROLL_LOCK, SCROLL_PAGE_DOWN, SCROLL_PAGE_UP, SHIFT_MASK, TAB, UP, WINDOW_DEICONIFY, WINDOW _DESTROY, WINDOW_EXPOSE, WINDOW_ICONIFY und WINDOW_MOVED.

Einige der häufig verwendeten Methoden dieser Klasse werden beschrieben.

controlDown

```
public boolean controlDown()
```

Diese Methode gibt den Wert true zurück, wenn die Strg-Taste beim Ereigniseintritt gedrückt war, andernfalls wird der Wert false zurückgegeben.

metaDown

`public boolean metaDown()`

Diese Methode gibt den Wert `true` zurück, wenn die Metataste beim Ereigniseintritt gedrückt war, andernfalls wird der Wert `false` zurückgegeben.

shiftDown

`public boolean shiftDown()`

Diese Methode gibt den Wert `true` zurück, wenn die Hochstelltaste beim Auftreten des Ereignisses gedrückt war, andernfalls wird der Wert `false` zurückgegeben.

toString

`public String toString()`

Diese Methode gibt den `String`-Wert des aufrufenden Objekts zurück.

11.15 Die FileDialog-Klasse

Mit der `FileDialog`-Klasse wird ein modales Dialogfeld dargestellt, in dem der Benutzer eine Datei auswählen kann. Die beiden `int`-Konstanten `LOAD` und `SAVE` geben an, ob der Benutzer eine Datei laden oder speichern möchte.

Die gebräuchlichsten Methoden dieser Klasse werden im Folgenden beschrieben.

Verwandte Klassen: `Component`, `Container`, `Dialog`, `Window`

FileDialog

`public FileDialog(Frame` *übergeordneterFrame*`)`

Dieser Konstruktor erstellt ein `FileDialog`-Objekt, das dem *übergeordnetenFrame* gehört. Die Überschrift des Dialogfeldes ist leer.

Der Konstruktor wurde mit der Java-Spezifikation 1.1 eingeführt.

`public FileDialog(Frame` *übergeordneterFrame*`, String` *DialogTitel*`)`

Dieser Konstruktor erstellt ein `FileDialog`-Objekt, das dem *übergeordnetenFrame* gehört. Die Überschrift des Dialogfeldes wird mit *DialogTitel* angegeben.

`public FileDialog(Frame` *übergeordneterFrame*`,`
`String` *DialogTitel*`, int` *Modus*`)`

Dieser Konstruktor erstellt ein `FileDialog`-Objekt, das dem *übergeordnetenFrame* gehört. Die Überschrift des Dialogfeldes wird mit *DialogTitel* angegeben. Als *Modus* kann `LOAD` oder `SAVE` angegeben werden.

getDirectory

`public String getDirectory()`

Diese Methode holt den vom Benutzer eingegebenen Verzeichnisnamen.

getFile

`public String getFile()`

Diese Methode holt den vom Benutzer eingegebenen Dateinamen.

getFilenameFilter

`public FilenameFilter getFilenameFilter()`

Diese Methode gibt den `FilenameFilter` des aufrufenden `FileDialog`-Objekts zurück.

getMode

`public int getMode()`

Diese Methode gibt den Modus (`LOAD` oder `SAVE`) für das aufrufende `FileDialog`-Objekt zurück.

setDirectory

`public void setDirectory(String` *VerzName*`)`

Diese Methode gibt mit *VerzName* das Standardverzeichnis für das aufrufende `FileDialog`-Objekt an.

setFile

`public void setFile(String` *Dateiname*`)`

Diese Methode gibt den Standarddateinamen für das aufrufende `FileDialog`-Objekt mit *Dateiname* an.

setFilenameFilter

`public void setFilenameFilter(FilenameFilter` *DateiFilter*`)`

Diese Methode weist dem `FilenameFilter`-Objekt des aufrufenden `FileDialog`-Objekts den mit *DateiFilter* angegebenen Dateifilter zu.

setMode

`public void setMode(int` *Modus*`)`

Diese Methode setzt den *Modus* des aufrufenden `FileDialog`-Objekts entweder auf `LOAD` oder auf `SAVE`. Der Modus legt fest, ob eine Datei für die Eingabe (`LOAD`) oder für die Ausgabe (`SAVE`) geöffnet wird.

Die Methode wurde mit der Java-Spezifikation 1.1 eingeführt.

11.16 Die FlowLayout-Klasse

`FlowLayout` implementiert einen einfachen Layoutstil, was mit dem Wortfluss in einem Texteditor vergleichbar ist. Die Bestandteile werden von der linken oberen Ecke, von links nach rechts und von oben nach unten angeordnet. Passt ein Bestandteil nicht mehr in die Zeile, dann erscheint er in der folgenden Zeile. Oberhalb und unterhalb sowie rechts und links von jeder Komponente wird ein kleiner Zwischenraum gelassen.

`FlowLayout` definiert drei `int`-Konstanten, die die Anordnung der Komponenten bestimmen: `FlowLayout.LEFT`, `FlowLayout.RIGHT`, `FlowLayout.CENTER`, `FlowLayout.LEADING`, `FlowLayout.TRAILING`.

Verwandte Schnittstelle: `LayoutManager`

FlowLayout

`public FlowLayout()`

Dies ist der Standardkonstruktor. Er ordnet die Komponenten zentriert an.

`public FlowLayout(int` *Anordnung*`)`

Dieser Konstruktor erzeugt ein Objekt in der angegebenen *Anordnung.*

`public FlowLayout(int` *Anordnung*`, int` *horizontalAbst*`, int` *vertikalAbst*`)`

Dieser Konstruktor erzeugt ein Objekt in der angegebenen *Anordnung.* Die Werte von *horizontalAbst* und *vertikalAbst* geben den horizontalen und vertikalen Abstand zwischen den Komponenten an.

setAlignment

`public void setAlignment(int align)`

Diese Methode setzt die Ausrichtung des Inhalts. Die möglichen Werte sind `FlowLayout.LEFT`, `FlowLayout.RIGHT`, `FlowLayout.CENTER`, `FlowLayout.LEADING`, `FlowLayout.TRAILING`.

11.17 Die Font-Klasse

Die `Font` Klasse kapselt Schriftarten ein. AWT unterstützt mehrere Schriftarten.

Es gibt drei Stilkonstanten vom Typ `int`: `BOLD`, `ITALIC` und `PLAIN`. Ferner gibt es zahlreiche geschützte Instanzvariablen. `name` ist ein `String`-Objekt, welches die Bezeichnung der Schriftart enthält. `style` ist eine `int`-Variable, die den Stil der Schriftart angibt. Dabei kann es sich um `PLAIN` oder `ITALIC` handeln. `BOLD` kann mit `PLAIN` oder `ITALIC` kombiniert werden. `size` ist eine `int`-Variable, die die Schriftgröße angibt. Die Punktgröße der Schriftart wird mit der `float`-Variablen `PointSize` angegeben.

Die gebräuchlichsten Methoden dieser Klasse werden im Folgenden beschrieben.

Verwandte Klasse: `FontMetrics`

Font

`public Font(String` *Schriftart*`, int` *StilID*`, int` *Punktgröße*`)`

Dieser Konstruktor erstellt ein `Font`-Objekt. *Schriftart* gibt die Bezeichnung der Schriftart (zum Beispiel Courier, Helvetica), *StilID* den Stil und *Punktgröße* die Größe der Schriftart an.

createFont

```
public static Font createFont(int fontFormat,
   File fontFile)
```

Diese Methode erzeugt ein neues Font-Objekt auf der Basis eines bestehenden Font-Objekts. fontFormat kann entweder TRUETYPE_FONT (für einen TrueType Font) oder TYPE1_FONT (für einen Type 1 Font) sein. Die Methode ist erst ab J2SE 5.0 verfügbar.

decode

public static Font decode(String *Schriftart*)

Diese Methode gibt ein Font-Objekt für die angegebene *Schriftart* zurück.

Sie wurde mit der Java-Spezifikation 1.1 eingeführt.

deriveFont

```
public Font deriveFont(float size)
```

Diese Methode erzeugt ein neues Font-Objekt, in dem das aktuelle Font-Objekt kopiert wird. size gibt die neue Fontgröße an.

getFamily

```
public string getFamily()
```

Diese Methode gibt den Namen der Schriftartfamilie des aufrufenden Font-Objekts zurück.

Sie wurde mit Java 2 eingeführt.

getFont

public static Font getFont(String *Eigenschaft*,
   Font *StandardSchrift*)

Diese Methode gibt die mit der angegebenen *Eigenschaft* verbundene Schriftart zurück. Ist die *Eigenschaft* nicht vorhanden, wird die *StandardSchrift* zurückgegeben.

`public static Font getFont(String` *Eigenschaft*`)`

Diese Methode gibt die mit der Systemeigenschaft *Eigenschaft* verbundene Schriftart zurück. Existiert die Eigenschaft nicht, wird `null` zurückgegeben.

getFontName

`public String getFontName()`

Diese Methode gibt den Namen des aufrufenden `Font`-Objekts zurück.

Sie wurde mit Java 2 eingeführt.

getName

`public String getName()`

Diese Methode gibt den Namen des aufrufenden `Font`-Objekts zurück.

getSize

`public int getSize()`

Diese Methode gibt die Größe des aufrufenden `Font`-Objekts in Punkt zurück.

getSize2D

`public float getSize2D()`

Diese Methode gibt die Größe des aufrufenden `Font`-Objekts als `float`-Wert zurück.

Sie wurde mit Java 2 eingeführt.

getStyle

`public int getStyle()`

Diese Methode gibt die Stilwerte des aufrufenden `Font`-Objekts zurück.

isBold

`public boolean isBold()`

Diese Methode stellt fest, ob die Schriftart den Stilwert `BOLD` enthält.

isItalic

`public boolean isItalic()`

Diese Methode stellt fest, ob die Schriftart den Stilwert `ITALIC` enthält.

isPlain

`public boolean isPlain()`

Diese Methode stellt fest, ob die Schriftart den Stilwert `PLAIN` enthält.

toString

`public String toString()`

Diese Methode gibt den `String`-Wert des aufrufenden Objekts zurück.

11.18 Die FontMetrics-Klasse

Die `FontMetrics`-Klasse kapselt unterschiedliche Informationen zur Schriftart ein. Mit ihr können die Maße und verschiedene andere Attribute der aktuell ausgewählten Schriftart bestimmt werden. Hierzu gehören unter anderem:

Schriftgrad: die Höhe des höchsten Zeichens der Schriftart

Schriftlinie: die Linie, an der der untere Rand der Zeichen ausgerichtet wird (ohne Berücksichtigung der Unterlänge)

Versalhöhe: der Abstand von der Schriftlinie bis zum höchsten Zeichen

Unterlänge: der Abstand zwischen der Schriftlinie und dem unteren Ende des Zeichens

Zeilenabstand: der Abstand zwischen dem unteren Rand einer Zeile und dem oberen Rand der höchsten Zeile

Es gibt nur die Instanzvariable `font`, bei der es sich um einen geschützten Verweis auf ein `Font`-Objekt handelt.

Die gebräuchlichsten Methoden dieser Klasse werden im Folgenden beschrieben.

Verwandte Klasse: `Font`

FontMetrics

```
public FontMetrics(Font f)
```

Dieser Konstruktor erstellt ein `FontMetrics`-Objekt für die Schriftart *f*.

getHeight

```
public int getHeight()
```

Diese Methode gibt die Höhe einer Textzeile in der Schriftart zurück, die augenblicklich im aufrufenden `Font`-Objekt vorhanden ist.

stringWidth

`public int stringWidth(String str)`

Diese Methode gibt die Breite der Zeichenfolge *str* für die Schriftart, die augenblicklich im aufrufenden `Font`-Objekt vorhanden ist, in Pixel zurück.

Programmiertipp

Wenn Text in einem Fenster angezeigt werden soll, wird in den meisten Fällen `FontMetrics` zur Bestimmung des Zeilenabstandes verwendet. Sehr häufig wird die Klasse auch zur Bestimmung der Länge einer anzuzeigenden Zeichenfolge verwendet. Das folgende Beispiel zeigt, wie dies gemacht wird.

Um mehrere Textzeilen in einem Fenster anzeigen zu können, muss ein Programm normalerweise die aktuelle Ausgabeposition verfolgen. Ist eine neue Zeile erforderlich, muss die `y`-Koordinate an den Anfang der nächsten Zeile verschoben werden.

Wird eine Zeichenfolge angezeigt, dann muss die `x`-Koordinate auf den Punkt gesetzt werden, an dem die Zeichenfolge endet. Auf diese Weise kann die nächste Zeichenfolge nach dem Ende der vorherigen geschrieben werden.

Zur Bestimmung des Zeilenabstands wird die Gesamthöhe der Textzeile benötigt. Der Wert wird am einfachsten über einen Aufruf von getHeight() ermittelt. Bei der Textausgabe muss für jeden Zeilenvorschub die y-Koordinate um diesen Wert erhöht werden.

Um mit der Ausgabe am Ende der vorherigen Ausgabe in der gleichen Zeile zu beginnen, muss die Länge jeder anzuzeigenden Zeichenfolge in Pixel bekannt sein. Diesen Wert ermittelt man über einen Aufruf von stringWidth(). Mit diesem Wert wird bei jeder Anzeige einer Zeile die x-Koordinate verschoben.

Das folgende Applet veranschaulicht, wie mehrere Textzeilen in einem Fenster angezeigt werden. Dabei werden auch mehrere Sätze in einer Zeile angezeigt. Die Variablen curX und curY zeichnen jeweils die aktuelle Position der Textausgabe auf.

```
// Beispiel für eine mehrzeilige Ausgabe
import java.applet.*;
import java.awt.*;
/*
Die Einbindung sollte in HTML über das <object>-Tag erfol-
gen:
  <object  classid="java:MultiLine.class"  width="400"
   height="400" codetype="application/octet-stream">
</object>
*/
public class MultiLine extends Applet {
  int curX=0, curY=0; // aktuelle Position
```

```
public void init() {
  Font f = new Font("Helvetica", Font.PLAIN, 12);
  setFont(f);
}

public void paint(Graphics g) {
  FontMetrics fm = g.getFontMetrics();

  nextLine("Ausgabe in Zeile eins.", g);
  nextLine("Ausgabe in Zeile zwei.", g);
  sameLine(" Ausgabe in der gleichen Zeile.", g);
  sameLine(" Nochmal gleiche Zeile.", g);
  nextLine("Ausgabe in Zeile drei.", g);
}

// Zeilenvorschub
void nextLine(String s, Graphics g) {
  FontMetrics fm = g.getFontMetrics();

  curY += fm.getHeight(); // nächste Zeile
  curX = 0;
  g.drawString(s, curX, curY);
  // bis zum Ende der Zeile
  curX = fm.stringWidth(s);
```

```
  }

  // Anzeige in der gleichen Zeile
  void sameLine(String s, Graphics g) {
    FontMetrics fm = g.getFontMetrics();

    g.drawString(s, curX, curY);
    // bis zum Ende der Zeile
    curX += fm.stringWidth(s);
  }
}
```

Die folgende Abbildung zeigt die Ausgabe des Applets:

11.19 Die Frame-Klasse

Die `Frame`-Klasse kapselt das ein, was gemeinhin unter einem »Fenster« verstanden wird. Diese Klasse ist eine Ableitung der Klasse `Window`. Sie beinhaltet Titelleiste, Menüleiste, Rahmen und Möglichkeiten zur Veränderung der Größe.

Die gebräuchlichsten Methoden dieser Klasse werden im Folgenden beschrieben.

Verwandte Klassen: `Component`, `Container`, `Window`

Frame

`public Frame()`

Dieser Konstruktor erstellt ein `Frame`-Objekt (ein Fenster) ohne Titel.

`public Frame(String` *Titel*`)`

Dieser Konstruktor erstellt ein `Frame`-Objekt, in dessen Titelleiste der angegebene *Titel* angezeigt wird. Das Fenster ist zunächst unsichtbar.

setMenuBar

`public void setMenuBar(MenuBar` *mLeiste*`)`

Diese Methode weist dem aufrufenden `Frame`-Objekt die Menüleiste *mLeiste* zu.

setTitle

`public void setTitle(String` *Titel*`)`

Diese Methode weist dem Frame den angegebenen *Titel* zu.

11.20 Die Graphics-Klasse

Die abstrakte Klasse `Graphics` ist die Superklasse für alles, was mit Grafiken zusammenhängt.

Die gebräuchlichsten Methoden dieser Klasse werden im Folgenden beschrieben.

drawLine

```
public abstract void drawLine(int StartX, int StartY, int
    EndeX, int EndeY)
```

Diese Methode zeigt eine Zeile in der aktuellen Farbe an, die an der Position *StartX, StartY* beginnt und an der Position *EndeX, EndeY* endet.

drawOval

```
public abstract void drawOval(int oben, int links, int
    Breite, int Höhe)
```

Diese Methode zeichnet eine Ellipse innerhalb der Maße eines Rechtecks, dessen obere linke Ecke mit *oben, links* und dessen Breite und Höhe mit *Breite* und *Höhe* angegeben werden. Zum Zeichnen eines Kreises wird ein Quadrat anstelle eines Rechtecks angegeben.

drawRect

```
public void drawRect(int oben, int links, int Breite, int
    Höhe)
```

Diese Methode zeigt ein Rechteck an, dessen obere linke Ecke an der Position *oben, links* liegt. Die Dimensionen des Rechtecks werden mit *Breite* und *Höhe* angegeben.

drawString

```
public abstract void drawString(String Nachricht, int x, int
    y)
```

Diese Methode gibt an der Position *x*, *y* eine Zeichenfolge aus.

fillOval

```
public abstract void fillOval(int oben, int links, int
    Breite, int Höhe)
```

Diese Methode zeichnet eine Ellipse innerhalb der Maße eines Rechtecks, dessen obere linke Ecke mit *oben*, *links* und dessen Breite und Höhe mit *Breite* und *Höhe* angegeben werden. Zum Zeichnen eines Kreise wird ein Quadrat anstelle eines Rechtecks angegeben. Die Ellipse wird mit der aktuellen Farbe gefüllt.

fillRect

```
public abstract void fillRect(int oben, int links, int
    Breite, int Höhe)
```

Diese Methode zeigt ein Rechteck an, dessen obere linke Ecke an der Position *oben*, *links* liegt. Die Dimensionen des Rechtecks werden mit *Breite* und *Höhe* angegeben. Das Rechteck wird mit der aktuellen Farbe gefüllt.

getFont

```
public abstract Font getFont()
```

Diese Methode ermittelt den gesetzten Font.

getFontMetrics

```
public abstract FontMetrics getFontMetrics(Font f)
```

```
public abstract FontMetrics getFontMetrics()
```

Diese Methode ermittelt die Schrift-Informationen zu einem gesetzten Font.

setColor

`public abstract void setColor(Color f)`

Diese Methode weist dem aufrufenden `Graphics`-Kontext die Farbe *c* zu.

setFont

`public abstract void setFont(Font s)`

Diese Methode weist dem aufrufenden `Graphics`-Kontext die Schriftart *f* zu.

11.21 Die Label-Klasse

Ein `Label`-Objekt ist eine Komponente, die eine Zeichenfolge anzeigt. Drei `int`-Konstanten sind definiert: `CENTER`, `LEFT` und `RIGHT`. Mit diesen Konstanten kann die Anordnung der Zeichenfolge gesteuert werden.

Die gebräuchlichsten Methoden dieser Klasse werden im Folgenden beschrieben.

Verwandte Klasse: `Component`

Label

`public Label()`

Dies ist der Standardkonstruktor. Er verwendet eine leere Zeichenfolge.

`public Label(String str)`

Dieser Konstruktor erzeugt ein Objekt, das *str* anzeigt.

`public Label(String str, int wie)`

Dieser Konstruktor erzeugt ein Objekt, das *str* anzeigt. *wie* legt die Anordnung fest. Der Wert von *wie* muss `Label.LEFT`, `Label.RIGHT` oder `Label.CENTER` lauten.

getText

`public String getText()`

Diese Methode gibt ein `String`-Objekt mit dem Text des aufrufenden `Label`-Objekts zurück.

setText

`public void setText(String str)`

Diese Methode ändert die Beschriftung des aufrufenden `Label`-Objekts entsprechend der Zeichenfolge *str*.

11.22 Die List-Klasse

Die `List`-Klasse stellt eine kompakte, abrollbare Auswahlliste mit mehreren Auswahlalternativen bereit.

Die gebräuchlichsten Methoden dieser Klasse werden im Folgenden beschrieben.

Verwandte Klasse: `Component`

List

`public List()`

Dieser Konstruktor erzeugt eine leere Listenkomponente. Es kann jeweils nur ein Element ausgewählt werden.

`public List(int` *AnzZeilen*`)`

Dieser Konstruktor erzeugt eine leere Listenkomponente. *AnzZeilen* gibt die Anzahl der Listeneinträge an, die immer sichtbar sind (die übrigen Elemente können durch Abrollen angezeigt werden).

Dieser Konstruktor wurde mit der Java-Spezifikation 1.1 eingeführt.

`public List(int` *AnzZeilen*`, boolean` *multi*`)`

Dieser Konstruktor erzeugt eine leere Listenkomponente. *AnzZeilen* gibt die Anzahl der Listeneinträge an, die immer sichtbar sind (die übrigen Elemente können durch Abrollen angezeigt werden). Hat *multi* den Wert `true`, kann der Benutzer zwei oder mehr Elemente gleichzeitig auswählen. Ist der Wert `false`, darf nur ein Element gewählt werden.

addActionListener

`public void addActionListener(ActionListener` *al*`)`

Diese Methode fügt den `ActionListener` *al* der Gruppe der Objekte hinzu, die vom aufrufenden `List`-Objekt erzeugte Aktionsbefehle entgegennehmen.

Die Methode wurde mit der Java-Spezifikation 1.1 eingeführt.

add

`public void add(String` *str*`)`

Diese Methode fügt die Zeichenfolge *str* am Ende der Liste des aufrufenden `List`-Objekts ein.

Sie wurde mit der Java-Spezifikation 1.1 eingeführt.

`public void add(String` *str*`, int` *Index*`)`

Diese Methode fügt die Zeichenfolge *str* an der mit *Index* angegebenen Position in die Liste des aufrufenden `List`-Objekts ein. Die Indizierung beginnt mit Null.

Die Methode wurde mit der Java-Spezifikation 1.1 eingeführt.

addItemListener

`public void addItemListener(ItemListener` *il*`)`

Diese Methode fügt der Liste der Objekte, die vom `List`-Objekt erzeugte Elementereignisse erhalten, den `ItemListener` *il* hinzu, .

Die Methode wurde mit der Java-Spezifikation 1.1 eingeführt.

deselect

`public void deselect(int index)`

Deselektiert einen ausgewählten Eintrag, dessen Indexnummer übergeben wird.

getItem

`public String getItem(int` *Index*`)`

Diese Methode gibt das Element an der mit *Index* angegebenen Position aus der Liste des aufrufenden `List`-Objekts zurück.

getItems

`public String[] getItems()`

Diese Methode gibt ein `String`-Array mit allen Elementen des aufrufenden `List`-Objekts zurück.

Sie wurde mit der Java-Spezifikation 1.1 eingeführt.

getSelectedIndex

`public int getSelectedIndex()`

Diese Methode gibt den Index des ausgewählten Elements zurück. Die Indizierung beginnt mit Null. Wurde kein Element ausgewählt, wird -1 zurückgegeben.

getSelectedIndexes

```
public int[] getSelectedIndexes()
```

Diese Methode gibt ein `int`-Array mit den ausgewählten Elementen zurück. Die Indizierung beginnt mit Null.

getSelectedItem

```
public String getSelectedItem()
```

Diese Methode ermittelt den Namen eines ausgewählten Eintrags.

getSelectedItems

```
public String[] getSelectedItems()
```

Diese Methode ermittelt die Namen der ausgewählten Einträge und gibt diese als ein Array zurück.

isIndexSelected

```
public boolean isIndexSelected(int index)
```

Diese Methode gibt `true` zurück, wenn der Eintrag, dessen Indexnummer an die Methode übergeben wird, vom Anwender ausgewählt wurde. Andernfalls ist der Rückgabewert `false`.

isMultipleMode

```
public boolean isMultipleMode()
```

Diese Methode gibt `true` zurück, wenn zwei oder mehr Einträge ausgewählt werden können. Andernfalls ist der Rückgabewert `false`.

remove

`public void remove(int` *Index*`)`

Diese Methode löscht das Element an der mit *Index* angegebenen Position aus der Liste des aufrufenden `List`-Objekts.

Sie wurde mit der Java-Spezifikation 1.1 eingeführt.

`public void remove(string` *Name*`)`

Diese Methode löscht das Element *Name* aus Liste des aufrufenden `List`-Objekts. Stimmen mehrere Elemente mit *Name* überein, wird das erste Element entfernt.

Die Methode wurde mit der Java-Spezifikation 1.1 eingeführt.

removeActionListener

`public void removeActionListener(ActionListener` *al*`)`

Diese Methode entfernt den `ActionListener` *al* aus der Gruppe der Objekte, die vom aufrufenden `List`-Objekt erzeugte Aktionsereignisse entgegennehmen.

Sie wurde mit der Java-Spezifikation 1.1 eingeführt.

removeAll

`public void removeAll()`

Diese Methode entfernt sämtliche Einträge.

removeItemListener

`public void removeItemListener(ItemListener` *il*`)`

Diese Methode entfernt den `ItemListener` *il* aus der Liste der Objekte, die vom `List`-Objekt erzeugte Elementereignisse empfangen.

Sie wurde mit der Java-Spezifikation 1.1 eingeführt.

select

`public void select(int` *Index*`)`

Diese Methode markiert in der Liste des aufrufenden `List`-Objekts das Element an der Position *Index*. Die Indizierung beginnt mit Null.

setMultipleMode

`public void setMultipleMode(boolean b)`

Diese Methode legt fest, ob ein Anwender zwei oder mehr Einträge selektieren kann (`true`) oder nicht (`false`).

11.23 Die Menu-Klasse

Ein Menü befindet sich innerhalb einer Menüleiste. Unter der Klasse `MenuBar` finden Sie einen Überblick hierzu.

Die gebräuchlichsten Methoden dieser Klasse werden im Folgenden beschrieben.

Verwandte Klassen: `CheckboxMenuItem`, `MenuBar`, `MenuComponent`, `MenuItem`

Menu

`public Menu(String` *MenüName*`)`

Dieser Konstruktor erstellt ein `Menu`-Objekt. *MenüName* gibt den Namen des Menüs an.

`public Menu(String` *MenüName*`, boolean` *entfernbar*`)`

Dieser Konstruktor erstellt ein `Menu`-Objekt. *MenüName* gibt den Namen des Menüs an. Hat *entfernbar* den Wert `true`, kann das Popup-Menü entfernt und frei verschoben werden. Andernfalls ist es an die

Menüleiste gebunden. (Es hängt von der Implementierung ab, ob Menüs entfernt werden können.)

add

`public MenuItem add(MenuItem` *`Element`*`)`

Diese Methode fügt das *Element* dem Menü hinzu. Der Rückgabewert ist *Element*.

`public void add(String` *`str`*`)`

Diese Methode fügt ein Element hinzu, dessen Name dem Menü mit *str* übergeben wird.

getItem

`public MenuItem getItem(int index)`

Diese Methode ermittelt einen speziellen Menüeintrag und gibt diesen als ein Objekt der Klasse `MenuItem` zurück.

insert

`public void insert(MenuItem menuitem, int index)`

Diese Methode fügt einen neuen Menüeintrag als ein Objekt der Klasse `MenuItem` ein

insertSeparator

`public void insertSeparator(int index)`

Diese Methode fügt an der übergebenen Indexnummer eine Trennsymbol ein, in der Regel ist die eine gerade Linie.

remove

`public void remove(int index)`

`public void remove(MenuComponent item)`

Diese Methode entfernt einen bestimmten Menüeintrag, dessen Indexnummer oder Objekte der Klasse `MenuComponent` an die Methode übergeben wird.

11.24 Die MenuBar-Klasse

Ein `MenuBar`-Objekt enthält ein oder mehrere `Menu`-Objekte. Jedes `Menu`-Objekt enthält eine Liste von `MenuItem`-Objekten. Jedes `MenuItem`-Objekt bietet dem Benutzer eine Auswahlmöglichkeit. Da `Menu` eine von `MenuItem` abgeleitete Klasse ist, kann eine Hierarchie verschachtelter Untermenüs eingerichtet werden. Es können auch markierbare Menüelemente angelegt werden. Hierbei handelt es sich um Menüoptionen vom Typ `CheckboxMenuItem`, an deren Seite eine Markierung erscheint, wenn sie ausgewählt wurden.

Die gebräuchlichsten Methoden dieser Klasse werden im Folgenden beschrieben.

Verwandte Klassen: `CheckboxMenuItem`, `Menu`, `MenuComponent`, `MenuItem`

MenuBar

`public MenuBar()`

Dieser Konstruktor erzeugt eine leere Menüleiste.

add

`public Menu add(Menu` *m*`)`

Diese Methode fügt dem aufrufenden `MenuBar`-Objekt das Menü *m* hinzu. Der Rückgabewert ist *m*.

getHelpMenu

`public Menu getHelpMenu()`

Diese Methode ermittelt das Hilfe-Menü und gibt es als Objekt der Klasse `Menu` zurück

getMenu

`public Menu getMenu(int` *Position*`)`

Diese Methode gibt das `Menu`-Objekt an der angegebenen *Position* aus dem `MenuBar`-Objekt zurück. Die Indizierung beginnt mit Null.

remove

`public void remove(int` *Position*`)`

Diese Methode entfernt das `Menu`-Objekt an der angegebenen *Position* aus dem `MenuBar`-Objekt. Die Indizierung beginnt mit Null.

`public void remove(MenuComponent` *mc*`)`

Diese Methode entfernt die Menükomponente *mc* aus dem aufrufenden `MenuBar`-Objekt.

setHelpMenu

`public void setHelpMenu(Menu` *neueHilfe*`)`

Diese Methode weist dem `MenuBar` das Hilfemenü *neueHilfe* zu.

11.25 Die MenuComponent-Klasse

Die `MenuComponent`-Klasse ist eine Superklasse von `MenuBar`, `Menu` und `MenuItem`.

Die gebräuchlichsten Methoden dieser Klasse werden im Folgenden beschrieben.

MenuComponent

`public MenuComponent()`

Dies ist der Standardkonstruktor.

getFont

`public Font getFont()`

Diese Methode gibt die vom aufrufenden Objekt verwendete Schriftart zurück.

getName

`public String getName()`

Diese Methode gibt den Namen des aufrufenden Objekts zurück.

Sie wurde mit der Java-Spezifikation 1.1 eingeführt.

postEvent

`public boolean postEvent(Event` *evtObj*`)`

Diese Methode sendet das Ereignis *evtObj* an das aufrufende Objekt.

Die Methode wurde mit der Java-Spezifikation 1.1 verworfen.

setFont

`public void setFont(Font` *f*`)`

Diese Methode weist dem aufrufenden Objekt die Schriftart *f* zu.

setName

`public void setName(String` *str*`)`

Diese Methode weist dem aufrufenden Objekt den mit *str* angegebenen Namen zu.

Sie wurde mit der Java-Spezifikation 1.1 eingeführt.

11.26 Die MenuItem-Klasse

`MenuItem` kapselt ein einzelnes Menüelement ein. Unter `MenuBar` finden Sie eine Übersicht.

Die gebräuchlichsten Methoden dieser Klasse werden im Folgenden beschrieben.

Verwandte Klassen: `CheckboxMenuItem`, `MenuBar`, `MenuComponent`

MenuItem

`public MenuItem(String` *ElementName*`)`

Dieser Konstruktor erzeugt ein Objekt, für das die mit *ElementName* angegebene Bezeichnung im Menü angezeigt wird. Für das Element ist kein Tastenkürzel vorgesehen.

addActionListener

`public void addActionListener(ActionListener` *al*`)`

Diese Methode fügt den `ActionListener` *al* der Gruppe der Ereignisse hinzu, die Aktionsereignisse des aufrufenden `MenuItem`-Objekts entgegennehmen.

Die Methode wurde mit der Java-Spezifikation 1.1 eingeführt.

getActionCommand

`public String getActionCommand()`

Diese Methode gibt den Namen des Befehls zurück, der mit dem Aktionsereignis verbunden ist, das vom aufrufenden `MenuItem`-Objekt erzeugt wurde.

Sie wurde mit der Java-Spezifikation 1.1 eingeführt.

getLabel

`public String getLabel()`

Diese Methode gibt die Beschriftung des Menüeintrags zurück.

removeActionListener

`public void removeActionListener(ActionListener` *al*`)`

Diese Methode entfernt den `ActionListener` *al* aus der Gruppe der Ereignisse, die Aktionsereignisse des aufrufenden `MenuItem`-Objekts entgegennehmen.

Die Methode wurde mit der Java-Spezifikation 1.1 eingeführt.

setActionCommand

`public void setActionCommand(String` *c*`)`

Diese Methode weist *c* den Namen des Befehls zu, der mit dem Aktionsereignis des aufrufenden `MenuItem`-Objekts verbunden ist. (Der Standardname ist der Name des Elements.)

Sie wurde mit der Java-Spezifikation 1.1 eingeführt.

setLabel

`public void setLabel(String` *str*`)`

Diese Methode weist dem Menüelement den Namen *str* zu.

11.27 Die Panel-Klasse

Die `Panel`-Klasse ist eine von `Container` abgeleitete konkrete Klasse. Sie fügt keine neuen Methoden hinzu, sondern implementiert nur `Container`. `Panel` ist eine Superklasse für `Applet`. Werden Bildschirmausgaben an ein Applet gelenkt, werden sie auf der Oberfläche eines `Panel`-Objekts angezeigt. Im Prinzip handelt es sich bei einem `Panel`-

Objekt um ein Fenster ohne Titelleiste, Menüleiste oder Rahmen. Daher sind diese Element während der Ausführung des Applets innerhalb eines Browsers nicht zu sehen. Wird ein Applet mit einem Applet-Viewer ausgeführt, dann stellt der Applet-Viewer Titel und Rahmen zur Verfügung.

Mit der `add()`-Methode können einem `Panel`-Objekt weitere Komponenten hinzugefügt werden. Anschließend können diese Komponenten mit der Methode `move()` positioniert und mit `resize()` oder `reshape()` kann man ihre Größe manuell ändern.

An dieser Stelle werden die wichtigsten Konstruktoren dieser Klasse beschrieben.

Verwandte Klassen: `Component`, `Container`, `Applet`

Panel

`public Panel()`

Dieser Konstruktor erstellt ein `Panel`-Objekt mit einem `FlowLayout`-Objekt als standardmäßigem Layoutmanager.

`public Panel(LayoutManager` *lm*`)`

Dieser Konstruktor erstellt ein `Panel`-Objekt mit *lm* als Layoutmanager.

Er wurde mit der Java-Spezifikation 1.1 eingeführt.

11.28 Die Point-Klasse

Ein `Point`-Objekt kapselt eine x-/y-Position ein. Es enthält die zwei öffentlichen `int`-Variablen `x` und `y`, die die Koordinaten speichern.

Die gebräuchlichsten Methoden dieser Klasse werden im Folgenden beschrieben.

Point

`public Point(int x, int y)`

Dieser Konstruktor erzeugt ein Objekt an der Position *x*, *y*.

`public Point(Point p)`

Dieser Konstruktor erzeugt an der Position von Punkt *p*.

Er wurde mit der Java-Spezifikation 1.1 eingeführt.

equals

`public boolean equals(Object Obj)`

Diese Methode überprüft, ob das aufrufende Objekt und *Obj* den gleichen Wert haben.

getLocation

`public Point getLocation()`

Diese Methode gibt ein `Point`-Objekt mit derjenigen Position zurück, die auch das aufrufende Objekt besitzt.

Sie wurde mit der Java-Spezifikation 1.1 eingeführt.

getX

`public double getX()`

Diese Methode ermittelt die X-Koordinate, die durch das `Point`-Objekt repräsentiert wird.

getY

`public double getY()`

Diese Methode ermittelt die Y-Koordinate, die durch das `Point`-Objekt repräsentiert wird.

move

`public void move(int` *xneu*`, int` *yneu*`)`

Diese Methode weist den Feldern `x` und `y` des aufrufenden Objekts die Werte *xneu* und *yneu* zu.

setLocation

`public void setLocation(int` *xneu*`, int` *yneu*`)`

Diese Methode weist den Feldern `x` und `y` des aufrufenden Objekts die Werte *xneu* und *yneu* zu.

Sie wurde mit der Java-Spezifikation 1.1 eingeführt.

`public void setLocation(Point` *Punktneu*`)`

Diese Methode ändert die Felder `x` und `y` des aufrufenden Objekts zu *Punktneu.*

toString

`public String toString()`

Diese Methode gibt den `String`-Wert der `x`- und `y`-Koordinaten des aufrufenden Objekts zurück.

translate

`public void translate(int` *deltax*`, int` *deltay*`)`

Diese Methode addiert *deltax* und *deltay* zu den `x`- und `y`-Feldern des aufrufenden Objekts hinzu.

11.29 Die Rectangle-Klasse

Ein `Rectangle`-Objekt zeigt eine rechteckige Form mit einer oberen linken Ecke, einer Breite und einer Höhe an. Es gibt vier Instanzvariablen. `x` und `y` geben die x- und y-Koordinaten der oberen linken Ecke des Rechtecks und `height` und `width` die Maße an.

In den folgenden Abschnitten werden einige der Methoden aus dieser Klasse vorgestellt.

Rectangle

`public Rectangle()`

Dieser Konstruktor erstellt ein `Rectangle`-Objekt, dessen Eigenschaften `x`, `y`, `height` und `width` alle null sind.

`public Rectangle(Dimension` *d*`)`

Dieser Konstruktor erstellt an der Position 0, 0 ein `Rectangle`-Objekt mit den Maßen *d*.

`public Rectangle(int` *b*`, int` *h*`)`

Dieser Konstruktor erstellt an der Position 0, 0 ein `Rectangle`-Objekt mit der Breite und Höhe *b* und *h*.

`public Rectangle(int` *xObenLinks*`, int` *yObenLinks*`, int` *b*`, int` *h*`)`

Dieser Konstruktor erstellt an der Position *xObenLinks*, *yObenLinks* ein `Rectangle`-Objekt mit der Breite und Höhe *b* und *h*.

`public Rectangle(Point` *p*`)`

Dieser Konstruktor erstellt an der Position *p* ein `Rectangle`-Objekt mit der Breite und Höhe null.

`public Rectangle(Point` *p*`, Dimension` *d*`)`

Dieser Konstruktor erstellt an der Position *p* ein `Rectangle`-Objekt mit der Breite und Höhe *d*.

`public Rectangle(Rectangle rec)`

Dieser Konstruktor erstellt ein `Rectangle`-Objekt, dessen Position und Maße mit *rec* übereinstimmen.

Er wurde mit der Java-Spezifikation 1.1 eingeführt.

contains

Diese Methoden wurden mit der Java-Spezifikation 1.1 eingeführt.

`public boolean contains(int x, int y)`

Diese Methode gibt den Wert `true` zurück, wenn der mit *x* und *y* angegebene Punkt innerhalb des aufrufenden `Rectangle`-Objekts liegt, beziehungsweise `false`, wenn dies nicht der Fall ist.

`public boolean contains(Point p)`

Diese Methode gibt den Wert `true` zurück, wenn der mit *p* angegebene Punkt innerhalb des aufrufenden `Rectangle`-Objekts liegt, beziehungsweise `false`, wenn dies nicht der Fall ist.

equals

`public boolean equals(Object Obj)`

Diese Methode überprüft, ob das aufrufende Objekt und *Obj* den gleichen Wert haben.

setLocation

`public void setLocation(int xneu, int yneu)`

Diese Methode weist den Feldern `x` und `y` des aufrufenden Objekts *xneu* und *yneu* zu.

Sie wurde mit der Java-Spezifikation 1.1 eingeführt.

`public void setLocation(Point PunktNeu)`

Diese Methode weist den Feldern x und y des aufrufenden Objekts die Koordinaten des Punktes *PunktNeu* zu.

Sie wurde mit der Java-Spezifikation 1.1 eingeführt.

translate

`public void translate(int deltax, int deltay)`

Diese Methode addiert *deltax* und *deltay* zu den Feldern x und y des aufrufenden Objekts.

11.30 Die Scrollbar-Klasse

Mit Schiebereglern werden Werte aus einer aufsteigenden Liste ausgewählt. Diese Komponenten werden mit der Klasse `Scrollbar` realisiert. `Scrollbar` definiert zwei `int`-Konstanten: `HORIZONTAL` und `VERTICAL`. Mit diesen Konstanten kann die Ausrichtung der Schieberegler gesteuert werden.

Die folgenden Abschnitte erläutern einige der Methoden dieser Klasse.

Verwandte Klasse: `Component`

Scrollbar

`public Scrollbar()`

Dieser Standardkonstruktor erzeugt einen vertikalen Schieberegler.

`public Scrollbar(int Stil)`

Dieser Standardkonstruktor erzeugt einen vertikalen oder horizontalen Schieberegler. Für *Stil* kann `Scrollbar.VERTICAL` oder `Scrollbar.HORIZONTAL` angegeben werden.

`public Scrollbar(int` *Stil*`, int` *Anfangswert*`, int` *Größe*`, int` *min*`, int` *max*`)`

Dieser Parameter bietet mehr Steuerungsmöglichkeiten über die Parameter des Schiebereglers. *Stil* kann die Werte `Scrollbar.VERTICAL` oder `Scrollbar.HORIZONTAL` haben. Die Anfangsposition des Schiebereglers wird mit *Anfangswert* übergeben. Die Anzahl der Einheiten für die Größe des Reglers wird mit *Größe* angegeben. *min* und *max* geben die Minimal- und Maximalwerte des Schiebereglers an.

addAdjustmentListener

`public void addAdjustmentListener(AdjustmentListener` *al*`)`

Diese Methode fügt den `AdjustmentListener` *al* der Liste derjenigen Objekte hinzu, die Ereignisse bezüglich der Einstellung des Schiebereglers des aufrufenden `Scrollbar`-Objekts entgegennehmen.

Die Methode wurde mit der Java-Spezifikation 1.1 eingeführt.

getValue

`public int getValue()`

Diese Methode ermittelt die aktuelle Position des aufrufenden `Scrollbar`-Objekts.

removeAdjustmentListener

`public void removeAdjustmentListener(AdjustmentListener` *al*`)`

Diese Methode entfernt den `AdjustmentListener` *al* aus der Liste der Objekte, die Ereignisse bezüglich der Einstellung des Schiebereglers des aufrufenden `Scrollbar`-Objekts entgegennehmen.

Diese Methode wurde mit der Java-Spezifikation 1.1 eingeführt.

11.31 Die TextArea-Klasse

Die `TextArea`-Klasse repräsentiert ein mehrzeiliges Eingabefeld. Die Klasse ist von `TextComponent` abgeleitet und erbt deren Methoden.

Sie definiert vier `int`-Konstanten: `SCROLLBARS_BOTH`, `SCROLBARS_HORIZONTAL_ONLY`, `SCROLLBARS_NONE` und `SCROLLBARS_VERTICAL_ONLY`. Sie können in Verbindung mit den einzelnen Konstruktoren die Anzeige des Schiebereglers im Textbereich beeinflussen.

Die folgenden Abschnitte beschreiben einige der Methoden dieser Klasse.

Verwandte Klassen: `Component`, `TextComponent`, `TextField`

TextArea

`public TextArea(int` *AnzZeilen*`, int` *AnzZeichen*`)`

Dieser Konstruktor erstellt ein `TextArea`-Objekt mit der durch *AnzZeilen* angegebenen Zeilenanzahl. Jede Zeile ist so breit, wie mit *AnzZeichen* angegeben wird.

`public TextArea(String` *str*`)`

Dieser Konstruktor erstellt ein `TextArea`-Objekt. Das Steuerelement wird mit der Zeichenfolge *str* initialisiert.

`public TextArea(String` *str*`, int` *AnzZeilen*`, int` *AnzZeichen*`)`

Dieser Konstruktor erstellt ein `TextArea`-Objekt mit der durch *AnzZeilen* angegebenen Zeilenanzahl. Jede Zeile ist so breit, wie mit *AnzZeichen* angegeben wird. Das Steuerelement wird mit der Zeichenfolge *str* initialisiert.

`public TextArea(String` *str*`, int` *AnzZeilen*`,`
`    int` *AnzZeichen*`, int` *ReglerOption*`)`

Dieser Konstruktor erstellt ein `TextArea`-Objekt mit der durch *AnzZeilen* angegebenen Zeilenanzahl. Jede Zeile ist so breit, wie mit *AnzZeichen* angegeben wird. Das Steuerelement wird mit der Zeichenfolge *str* initialisiert. Mit dem Parameter *ReglerOption* kann eine der oben erwähnten Konstanten übergeben werden.

append

`public void append(String str)`

Diese Methode hängt die Zeichenfolge *str* an das Ende einer vorhandenen Zeichenfolge des aufrufenden Objekts an.

Sie wurde mit der Java-Spezifikation 1.1 eingeführt.

appendText

`public void appendText(String str)`

Diese Methode hängt die Zeichenfolge *str* an das Ende einer vorhandenen Zeichenfolge des aufrufenden Objekts an.

Sie wurde mit der Java-Spezifikation 1.1 verworfen.

insert

`public void insert(String str, int Index)`

Diese Methode fügt die Zeichenfolge *str* in die aktuelle Zeichenfolge des aufrufenden Objekts an der mit *Index* angegebenen Position ein. Die Indizierung beginnt mit Null.

Die Methode wurde mit der Java-Spezifikation 1.1 eingeführt.

insertText

`public void insertText(String str, int Index)`

Diese Methode fügt die Zeichenfolge *str* in die aktuelle Zeichenfolge des aufrufenden Objekts an der mit *Index* angegebenen Position ein. Die Indizierung beginnt mit Null.

Die Methode wurde mit der Java-Spezifikation 1.1 verworfen.

replaceRange

```
public void replaceRange(String str, int Startindex,
    int Endindex)
```

Diese Methode ersetzt im aufrufenden Objekt die Zeichen zwischen *Startindex* und *Endindex* durch die Zeichenfolge *str*.

Sie wurde mit der Java-Spezifikation 1.1 eingeführt.

replaceText

```
public void replaceText(String str, int Startindex, int
    Endindex)
```

Diese Methode ersetzt im aufrufenden Objekt die Zeichen zwischen *Startindex* und *Endindex* durch die Zeichenfolge *str*.

Sie wurde mit der Java-Spezifikation 1.1 verworfen.

11.32 Die TextComponent-Klasse

Die `TextComponent`-Klasse ist die Superklasse der Klassen `TextArea` und `TextField`. Die einzige Instanzvariable `textListener` kann einen Verweis auf ein `TextListener`-Objekt enthalten.

Die folgenden Abschnitte beschreiben einige der Methoden dieser Klasse.

Verwandte Klassen: `Component`, `TextArea`, `TextField`

addTextListener

`public void addTextListener(TextListener tl)`

Diese Methode fügt den `TextListener` *tl* der Reihe der Objekte hinzu, die Textereignisse vom aufrufenden Objekt entgegennehmen.

Die Methode wurde mit der Java-Spezifikation 1.1 eingeführt.

getSelectedText

`public String getSelectedText()`

Diese Methode gibt ein `String`-Objekt mit dem ausgewähltem Text des aufrufenden Objekts zurück.

getSelectionEnd

`public int getSelectionEnd()`

Diese Methode ermittelt das Ende der Zeichenposition einer Textmarkierung

getSelectionStart

`public int getSelectionStart()`

Diese Methode ermittelt den Anfang der Zeichenposition einer Textmarkierung

getText

`public String getText()`

Diese Methode gibt ein `String`-Objekt mit dem gesamten Text des aufrufenden Objekts zurück.

isEditable

`public boolean isEditable()`

Diese Methode stellt fest, ob das aufrufende Objekt bearbeitet werden kann.

removeTextListener

`public void removeTextListener(TextListener` *tl*`)`

Diese Methode entfernt den `TextListener` *tl* aus der Reihe der Objekte, die Textereignisse vom aufrufenden Objekt entgegennehmen.

Sie wurde mit der Java-Spezifikation 1.1 eingeführt.

select

`public void select(int` *Startindex*`, int` *Endindex*`)`

Diese Methode markiert im aufrufenden Objekt den Text zwischen den Positionen *Startindex* und *Endindex*.

selectAll

`public void selectAll()`

Diese Methode markiert den gesamten Text des aufrufenden Objekts.

setEditable

`public void setEditable(boolean` *editieren*`)`

Mit dieser Methode wird die Möglichkeit zum Editieren einer Komponente aktiviert oder deaktiviert. Hat *editieren* den Wert `true`, darf der Text der Komponente geändert werden.

setSelectionEnd

`public void setSelectionEnd(int selectionEnd)`

Diese Methode setzt das Ende der Zeichenposition für eine Textmarkierung

setSelectionStart

`public void setSelectionStart(int selectionStart)`

Diese Methode setzt den Anfang der Zeichenposition für eine Textmarkierung

setText

`public void setText(String` *str*`)`

Diese Methode weist dem Text des aufrufenden Objekts die Zeichenfolge *str* zu.

11.33 Die TextField-Klasse

Die `TextField`-Klasse repräsentiert eine einzelne Textzeile. Die Klasse ist von `TextComponent` abgeleitet und erbt deren Methoden.

Die folgenden Abschnitte beschreiben einige der Methoden dieser Klasse.

Verwandte Klassen: `Component`, `TextArea`, `TextComponent`

TextField

`public TextField(int` *AnzZeichen*`)`

Dieser Konstruktor erstellt ein neues Objekt, das anfangs keinen Text enthält. Die Anzahl der Spalten wird mit *AnzZeichen* angegeben.

`public TextField(String` *str*`)`

Dieser Konstruktor erstellt ein neues Objekt, das die Zeichenfolge *str* enthält.

`public TextField(String` *str*`, int` *AnzZeichen*`)`

Dieser Konstruktor erstellt ein neues Objekt, das die Zeichenfolge *str* enthält. Die Anzahl der Spalten wird mit *AnzZeichen* angegeben.

addActionListener

`public void addActionListener(ActionListener al)`

Diese Methode fügt den `ActionListener` *al* der Reihe der Objekte hinzu, die Aktionsereignisse vom aufrufenden `TextField`-Objekt entgegennehmen.

Die Methode wurde mit der Java-Spezifikation 1.1 eingeführt.

removeActionListener

`public void removeActionListener(ActionListener al)`

Diese Methode entfernt den `ActionListener` *al* aus der Reihe der Objekte, die Aktionsereignisse vom aufrufenden `TextField`-Objekt entgegennehmen.

Sie wurde mit der Java-Spezifikation 1.1 eingeführt.

setText

`public void setText(String str)`

Diese Methode setzt eine Zeichenfolge *str*.

11.34 Die Window-Klasse

Die `Window`-Klasse erzeugt Fenster der obersten Ebene. Ein Fenster der obersten Ebene ist in keinem anderen Objekt enthalten, sondern befindet sich direkt auf dem Desktop. Normalerweise werden `Window`-Objekte nicht direkt erstellt, sondern die von `Window` abgeleitete Klasse `Frame` verwendet. Der standardmäßige Layoutmanager für ein Fenster ist `BorderLayout`.

Einige der üblicherweise verwendeten Methoden dieser Klasse werden im Folgenden beschrieben.

Verwandte Klassen: `Component`, `Container`

Window

`public Window(Frame` *f*`)`

Dieser Konstruktor erstellt ein neues `Window`-Objekt. *f* ist das übergeordnete Fenster dieses Fensters. Das Fenster ist anfangs nicht sichtbar.

`public Window(Window` *w*`)`

Dieser Konstruktor erstellt ein neues `Window`-Objekt. *w* ist das übergeordnete Fenster dieses Fensters. Das Fenster ist anfangs nicht sichtbar.

Dieser Konstruktor wurde mit Java 2 eingeführt.

addWindowListener

`public void addWindowListener(WindowListener` *wl*`)`

Diese Methode fügt den `WindowListener` *wl* der Liste der Objekte hinzu, die Fensterereignisse vom aufrufenden `Window`-Objekt empfangen.

Die Methode wurde mit der Java-Spezifikation 1.1 eingeführt.

pack

`public void pack()`

Diese Methode berechnet die Maße des Fensters, wobei die Voreinstellungen der darin enthaltenen Komponenten berücksichtigt werden.

removeWindowListener

```
public void removeWindowListener(WindowListener wl)
```

Diese Methode entfernt den `WindowListener` *wl* aus der Liste der Objekte, die Fensterereignisse vom aufrufenden `Window`-Objekt empfangen.

Sie wurde mit der Java-Spezifikation 1.1 eingeführt.

show

```
public void show()
```

Diese Methode macht ein Fenster sichtbar. Standardmäßig sind neue Fenster unsichtbar.

12 Die Event-Klassen und -Schnittstellen

Mit der Java-Spezifikation 1.1 wurde das moderne Ereignismodell eingeführt. Die Klassen und Schnittstellen für diese neue Art der Ereignisbehandlung befinden sich in dem Paket `java.awt.event`.

Das Paket `java.awt.event` enthält die folgenden Klassen:

ActionEvent	AdjustmentEvent	AWTEventListenerProxy
ComponentAdapter	ComponentEvent	ContainerAdapter
ContainerEvent	FocusAdapter	FocusEvent
HierarchyBoundsAdapter	HierarchyEvent	InputEvent
InputMethodEvent	InvocationEvent	ItemEvent
KeyAdapter	KeyEvent	MouseAdapter
MouseEvent	MouseMotionAdapter	MouseWheelEvent
PaintEvent	TextEvent	WindowAdapter
WindowEvent		

Darüber hinaus sind in dem Paket `java.awt.event` die folgenden Schnittstellen definiert:

ActionListener	AdjustmentListener	AWTEventListener
ComponentListener	ContainerListener	FocusListener
HierarchyBoundsListener	HierarchyListener	InputMethodListener
ItemListener	KeyListener	MouseListener
MouseMotionListener	MouseWheelListener	TextListener
WindowFocusListener	WindowListener	WindowStateListener

Die folgenden Klassen und Schnittstellen werden weniger häufig verwendet und daher in diesem Buch nicht behandelt: AWTEventListener, ComponentAdapter, ComponentEvent, ComponentListener, ContainerAdapter, ContainerEvent, ContainerListener, FocusAdapter, FocusEvent, InputEvent, InputMethodEvent, InputMethodListener, InvocationEvent, KeyAdapter, MouseAdapter, MouseMotionAdapter, PaintEvent, TextEvent, TextListener und WindowAdapter.

Die folgenden Klassen und Schnittstellen kamen mit der Java 2 Version 1.2 hinzu: InputMethodEvent, InvocationEvent, AWTEventListener und InputMethodListener. J2SE 1.3 definiert diese zusätzlichen Klassen und Schnittstellen: HierarchyBoundsAdapter, HierarchyEvent, HierarchyBoundsListener und HierarchyListener. Ab J2SE 1.4 sind diese Klassen und Schnittstellen enthalten: WindowFocusListener, WindowStateListener, MouseWheelListener und MouseWheelEvent.

12.1 Die ActionEvent-Klasse

Die Instanzen dieser Klassen beschreiben Aktionsereignisse.

ActionEvent definiert sieben Konstanten vom Typ int: ACTION_FIRST, ACTION_LAST, ACTION_PERFORMED, ALT_MASK, CTRL_MASK, META_MASK und SHIFT_MASK.

Die gebräuchlichsten Methoden dieser Klasse werden im Folgenden beschrieben.

getActionCommand

```
public String getActionCommand()
```

Diese Methode gibt dem aufrufenden ActionEvent-Objekt den Befehlsnamen zurück.

getModifiers

`public int getModifiers()`

Diese Methode gibt einen `int`-Wert zurück, der anzeigt, welche Umschalttaste beim Erzeugen des Ereignisses gedrückt waren (Strg, Alt, Umschalt- oder Metataste).

12.2 Die ActionListener Schnittstelle

Diese Schnittstelle definiert eine Methode zur Entgegennahme von Aktionsereignissen.

actionPerformed

`public abstract void actionPerformed(ActionEvent` *`ae`*`)`

Diese Methode wird aufgerufen, wenn ein Ereignis stattfindet. *ae* enthält dieses Ereignis.

12.3 Die AdjustmentEvent-Klasse

Instanzen dieser Klasse beschreiben Adjustment-Ergeinisse, wie sie beispielsweise bei der Einstellung eines Rollbalken entstehen.

`AdjustmentEvent` definiert acht `int`-Konstanten: `ADJUSTMENT_FIRST`, `ADJUSTMENT_LAST`, `ADJUSTMENT_WERT_CHANGED`, `BLOCK_DECREMENT`, `BLOCK_INCREMENT`, `TRACK`, `UNIT_DECREMENT` und `UNIT_INCREMENT`.

Die gebräuchlichsten Methoden dieser Klasse werden im Folgenden beschrieben.

getAdjustable

`public Adjustable getAdjustable()`

Diese Methode gibt das Objekt zurück, welches das Ereignis ausgelöst hat.

getAdjustmentType

```
public int getAdjustmentType()
```

Diese Methode gibt den Typ dieses Ereignisses zurück. Dabei handelt es sich um eine der von `AdjustmentEvent` definierten Konstanten.

getValue

```
public int getValue()
```

Diese Methode gibt den Wert für die Einstellungsveränderung zurück.

12.4 Die AdjustmentListener Schnittstelle

Diese Schnittstelle definiert eine Methode zum Empfang von Adjustment-Ereignissen.

adjustmentValueChanged

```
public abstract void adjustmentValueChanged(AdjustmentEvent ae)
```

Diese Methode wird beim Auftreten eines Adjustment-Ereignisses aufgerufen. *ae* enthält das Ereignis selbst.

12.5 Die FocusListener-Schnittstelle

Diese Schnittstelle definiert Methoden für über die Tastatur ausgelöste Fokusereignisse.

focusGained

```
public abstract void focusGained(FocusEvent fe)
```

Diese Methode wird aufgerufen, wenn ein Objekt den Tastaturfokus verlangt. *fe* enthält das Ereignis.

focusLost

`public abstract void focusLost(FocusEvent fe)`

Diese Methode wird aufgerufen, wenn einem Objekt der Tastaturfokus entzogen wird. *fe* enthält das Ereignis.

12.6 Die ItemEvent-Klasse

Die Instanzen dieser Klasse beschreiben Item-Ereignisse (Elementereignisse).

`ItemEvent` definiert fünf `int`-Konstanten: `DESELECTED`, `ITEM_FIRST`, `ITEM_LAST`, `ITEM_STATE_CHANGED` und `SELECTED`.

Die gebräuchlichsten Methoden dieser Klasse werden im Folgenden beschrieben.

getItem

`public Object getItem()`

Diese Methode gibt das mit Ereignis verbundene Element zurück.

getItemSelectable

`public ItemSelectable getItemSelectable()`

Diese Methode gibt das Objekt zurück, welches das Ereignis ausgelöst hat.

getStateChange

`public int getStateChange()`

Diese Methode gibt den Statuswechsel für dieses Ereignis zurück (beispielsweise `SELECTED` oder `DESELECTED`).

12.7 Die ItemListener Schnittstelle

Diese Schnittstelle definiert eine Methode zum Empfang von Item-Ereignissen.

itemStateChanged

`public abstract void itemStateChanged(ItemEvent` *`ie`*`)`

Diese Methode wird beim Auftritt eines Item-Ereignisses aufgerufen. *ie* enthält das Ereignis.

12.8 Die KeyEvent-Klasse

Instanzen dieser Klasse beschreiben Ereignisse nach einem Tastendruck. `KeyEvent` definiert viele Konstanten. Hierzu gehören unter anderem `KEY_PRESSED`, `KEY_RELEASED` und `KEY_TYPED`.

Die gebräuchlichsten Methoden dieser Klasse werden im folgenden Abschnitt beschrieben.

getKeyChar

`public char getKeyChar()`

Diese Methode gibt die Taste zurück, die gedrückt wurde.

getKeyCode

`public int getKeyCode()`

Diese Methode ermittelt den ASCII-Code der gedrückten Taste.

getKeyText

`public static String getKeyText(int keyCode)`

Diese Methode gibt eine Beschreibung der Taste aus, deren ASCII-Code übergeben wurde, z.B. F1 oder Enter.

12.9 Die KeyListener Schnittstelle

Diese Schnittstelle definiert Methoden zum Empfang von Tastaturereignissen.

keyPressed

`public abstract void keyPressed(KeyEvent ke)`

Diese Methode wird aufgerufen, wenn eine Taste gedrückt wird. *ke* enthält das Ereignis.

keyReleased

`public abstract void keyReleased(KeyEvent ke)`

Diese Methode wird aufgerufen, wenn eine Taste wieder losgelassen wird. *ke* enthält das Ereignis.

keyTyped

`public abstract void keyTyped(KeyEvent ke)`

Diese Methode wird aufgerufen, wenn eine Taste gedrückt und wieder losgelassen wird. *ke* enthält das Ereignis.

12.10 Die MouseEvent-Klasse

Die Instanzen dieser Klasse beschreiben Mausereignisse.

`MouseEvent` definiert folgende `int`-Konstanten: `MOUSE_CLICKED`, `MOUSE_DRAGGED`, `MOUSE_ENTERED`, `MOUSE_EXITED`, `MOUSE_FIRST`, `MOUSE_LAST`, `MOUSE_MOVED`, `MOUSE_PRESSED` und `MOUSE_RELEASED`.

Die am häufigsten verwendeten Methoden dieser Klasse werden im Folgenden beschrieben.

getButton

`public int getButton()`

Diese Methode gibt die Maustaste zurück, die betätigt wurde. Die möglichen Werte sind `NOBUTTON`, `BUTTON1`, `BUTTON2` oder `BUTTON3`. Die Methode ist erst ab J2SE 1.4 verfügbar.

getClickCount

`public int getClickCount()`

Diese Methode gibt die Anzahl der Mausklicks zurück, die mit diesem Ereignis verbunden sind.

getPoint

`public Point getPoint()`

Diese Methode gibt die aktuelle Position, an der das Ereignis aufgetreten ist, als ein Point-Objekt zurück.

getX

`public int getX()`

Diese Methode gibt die X-Koordinate der Maus beim Eintritt des Ereignisses zurück.

getY

`public int getY()`

Diese Methode gibt die Y-Koordinate der Maus beim Eintritt des Ereignisses zurück.

isPopupTrigger

`public boolean isPopupTrigger()`

Diese Methode gibt `true` zurürck, wenn die rechte Maustaste oder die entsprechende Taste betätigt wurde, wenn im Betriebssystem keine rechte Maustaste unterstützt wird (z.B. Mac OS Classic) oder allgemein keine Maus verwendet wird und die rechte Maustaste über die Tastatur simuliert wird.

12.11 Die MouseListener Schnittstelle

Diese Schnittstelle definiert Methoden zum Empfang von Mausereignissen.

mouseClicked

```
public abstract void mouseClicked(MouseEvent me)
```

Diese Methode wird aufgerufen, wenn die Maus geklickt wird. *me* enthält das Ereignis.

mouseEntered

```
public abstract void mouseEntered(MouseEvent me)
```

Diese Methode wird aufgerufen, wenn ein Objekt den Mausfokus verlangt. Das Ereignis ist in *me* enthalten.

mouseExited

```
public abstract void mouseExited(MouseEvent me)
```

Diese Methode wird aufgerufen, wenn ein Objekt den Mausfokus verliert. Das Ereignis ist in *me* enthalten.

mousePressed

```
public abstract void mousePressed(MouseEvent me)
```

Diese Methode wird aufgerufen, wenn die Maus geklickt wird. Das Ereignis ist in *me* enthalten.

mouseReleased

`public abstract void mouseReleased(MouseEvent me)`

Diese Methode wird aufgerufen, wenn die Maustaste gelöst wird. Das Ereignis ist in *me* enthalten.

12.12 Die MouseMotionListener-Schnittstelle

Diese Schnittstelle definiert Methoden zum Empfang von Mausbewegungsereignissen.

mouseDragged

`public abstract void mouseDragged(MouseEvent me)`

Diese Methode wird aufgerufen, wenn die Maus gezogen wird. Das Ereignis ist in *me* enthalten.

mouseMoved

`public abstract void mouseMoved(MouseEvent me)`

Diese Methode wird aufgerufen, wenn die Maus bewegt wird. Das Ereignis ist in *me* enthalten.

12.13 Die WindowEvent-Klasse

Die Instanzen dieser Klasse beschreiben Ereignisse in Verbindung mit einem Fenster.

WindowEvent definiert die folgenden int-Konstanten: WINDOW_ACTIVATED, WINDOW_CLOSED, WINDOW_CLOSING, WINDOW_DEACTIVATED, WINDOW_DEICONIFIED, WINDOW_FIRST, WINDOW_GAINED_FOCUS, WINDOW_ICONIFIED, WINDOW_LAST, WINDOW_LOST_FOCUS, WINDOW_STATE_CHANGED und WINDOW_OPENED.

Die gebräuchlichsten Methoden dieser Klasse werden im Folgenden beschrieben.

WindowEvent

`public WindowEvent(Window` *src*`, int` *Typ*`)`

Dieser Konstruktor erstellt ein `WindowEvent`-Objekt. *src* ist das Objekt, welches das Ereignis ausgelöst hat, und *Typ* gibt den Ereignistyp an.

getWindow

`public Window getWindow()`

Diese Methode gibt das `Window`-Objekt zurück, welches das Ereignis ausgelöst hat.

12.14 Die WindowListener-Schnittstelle

Diese Schnittstelle definiert Methoden zum Empfang von Fensterereignissen.

windowActivated

`public abstract void windowActivated(WindowEvent` *we*`)`

Diese Methode wird aufgerufen, wenn ein Fenster aktiviert wird. *we* enthält das Ereignis.

windowClosed

`public abstract void windowClosed(WindowEvent we)`

Diese Methode wird aufgerufen, wenn ein Fenster geschlossen wurde. *we* enthält das Ereignis.

windowClosing

`public abstract voidwindowClosing(WindowEvent we)`

Diese Methode wird aufgerufen, wenn ein Fenster geschlossen wird. *we* enthält das Ereignis.

windowDeactivated

`public abstract void windowDeactivated(WindowEvent we)`

Diese Methode wird aufgerufen, wenn ein Fenster deaktiviert wurde. *we* enthält das Ereignis.

windowDeiconified

`public abstract void windowDeiconified(WindowEvent we)`

Diese Methode wird aufgerufen, wenn ein Fenster wiederhergestellt wird. *we* enthält das Ereignis.

windowIconified

`public abstract void windowIconified(WindowEvent we)`

Diese Methode wird aufgerufen, wenn ein Fenster minimiert wird. *we* enthält das Ereignis.

windowOpened

`public abstract void windowOpened(WindowEvent we)`

Diese Methode wird aufgerufen, wenn ein Fenster geöffnet wird. *we* enthält das Ereignis.

Programmiertipp

Gemäß der Java-Spezifikation 1.0 kann ein Ereignis von der das Ereignis auslösenden Komponente oder von einem der übergeordneten Container verarbeitet werden. Eine Ereignisbehandlungsmethode wie `mouseDrag()` gibt beispielsweise den Wert `true` zurück, wenn dieses Ereignis vollständig verarbeitet wurde. Der Wert `false` wird zurückgegeben, wenn das Ereignis an den übergeordneten Container weitergereicht werden sollte. Auf diese Weise werden Ereignisse innerhalb der GUI-Hierarchie nach oben weitergereicht. Muss ein Programmierer festlegen, wie eine Komponente auf ein bestimmtes Ereignis reagiert, dann geschieht dies durch Einrichten einer Unterklasse dieser Komponente und durch Überschreiben dieser einen Methode für die Ereignisbehandlung.

Diese Strategie ist aber auch mit einigen Nachteilen verbunden. Die Leistungsfähigkeit kann nachlassen, wenn sehr viele Ereignisse innerhalb der GUI-Hierarchie weitergereicht werden. Ferner ist es nicht sehr komfortabel, wenn für Komponenten nur deshalb Unterklassen einzurichten, um von ihnen ausgelöste Ereignisse zu behandeln.

Die Java-Spezifikation 1.1 definiert einen neuen Mechanismus für den Umgang mit Ereignissen der Benutzerschnittstelle, der auf *Ereignisquellen* (*Event Sources*) und den *Event Listeners* basiert. Auch die Java-Version 2 verwendet diese Methode, bei der für die Ereignisquelle ein Event Listener registriert wird. Tritt das Ereignis ein, wird es an alle Event Listeners gesendet, die ihr Interesse für dieses Ereignis angemeldet haben.

Das folgende Programm zeigt ein einfaches Beispiel zur Veranschaulichung dieses Konzepts:

```
// Das neue Ereignismodell.
import java.applet.*;
import java.awt.*;
import java.awt.event.*;
public class ButtonTest {
  public static void main(String args[]) {
    Frame frame = new Frame("Schaltflächentest");
    ButtonApplet buttonApplet = new ButtonApplet();
    buttonApplet.init();
    frame.add("Center", buttonApplet);
    frame.pack();
    frame.setVisible(true);
  }
}

class ButtonApplet extends Applet
                   implements ActionListener {
  Button b1, b2, b3;
  public void init()
    b1 = new Button("Eins");
    b1.addActionListener(this);
```

```
    add(b1);
    b2 = new Button("Zwei");
    b2.addActionListener(this);
    add(b2);
    b3 = new Button("Drei");
    b3.addActionListener(this);

    add(b3);
  }
}
  public void actionPerformed(ActionEvent ae) {
    System.out.println(ae);
  }
}
```

Dieses Programm erzeugt drei Schaltflächen und registriert das `ButtonApplet` als Event-Listener für Ereignisse dieser Schaltflächen. Die `ActionListener`-Schnittstelle enthält die Methode `actionPerformed()`, die aufgerufen wird, wenn mit einer dieser Schaltflächen etwas geschieht.

Dieser neue Mechanismus für die Ereignisbehandlung erlaubt ein effektiveres Aufrufen der Methode eines Ereignis-Handlers. Ferner wird der Code für Elemente der Benutzerschnittstelle von der eigentlichen Programmlogik getrennt.

S Stichwortverzeichnis

Symbole

A

B

G

William J. Brown, Raphael C. Malveau, Hays W. „Skip" McCormick III, Thomas J. Mowbray

Anti Patterns

Entwurfsfehler erkennen und vermeiden

- **Ursachen, Symptome und Konsequenzen von Entwurfsfehlern**
- **Refactoring und Beispiellösungen**
- **Patterns für die Bereiche Entwicklung, Architektur und Projektmanagement**

Dieses Buch vermittelt Ihnen, wie Sie immer wiederkehrende Hürden bei der Software-Entwicklung erkennen und vermeiden können. AntiPatterns beschreiben typische Entwurfsfehler, die uns in der Praxis sehr häufig unterlaufen, und die sich in den meisten Fällen vermeiden lassen. Sie verdeutlichen die negativen Muster, die die Entwicklung blockieren, und zeigen, wie Probleme bei der Software-Entwicklung in Chancen umgewandelt werden. Sie helfen beim Erkennen von Problemen und bei der Implementierung von Lösungen.

Die gebräuchlichsten dieser sogenannten Anti-Patterns, die in der Praxis, in Produkten und in der Literatur immer wieder anzutreffen sind, werden in diesem Buch anschaulich dargestellt und ausführlich erklärt. Für jedes AntiPattern werden anhand eines Beispiels die typischen Ursachen, die Symptome und die Konsequenzen erläutert. Anschließend wird ein Refactoring mit einer geeigneten Lösung beschrieben, die auf praktischen Erfahrungen basiert.

Die Autoren haben die immer wieder auftretenden AntiPatterns der Software-Entwicklung für dieses Buch systematisch zusammengetragen und in drei Bereiche gegliedert:

Software-Entwicklung
Diese AntiPatterns behandeln Fehler, die während des Programmierens auftreten. Beispiele sind: Spaghetti-Code, Cut-and-Paste-Programmierung und Mushroom-Management.

Software-Architektur
Hier werden Probleme des Systemdesigns, also Fehler in der Struktur von Systemen behandelt. Beispiele sind: Vendor Lock-In, Swiss Army Knife und Reinvent the Weel.

Software-Projektmanagement
Hier geht es um Probleme organisatorischer Natur, die während der Planung von Systemen auftreten. Beispiele sind: Analysis Paralysis, Death by Planning und Irrational Management.

Probekapitel und Infos erhalten Sie unter: **www.mitp.de**

ISBN 3-8266-1479-8